BIBLIOTHÈQUE CLASSIQUE D'OUVRAGES PHILOSOPHIQUES

M. T. CICÉRON

DE NATURA DEORUM

LIVRE II

D'APRÈS LES MEILLEURES ÉDITIONS

AVEC DES VARIANTES, DES NOTES PHILOLOGIQUES, GRAMMATICALES,
HISTORIQUES, PHILOSOPHIQUES ET UNE INTRODUCTION

PAR

F. PICAVET

Agrégé de philosophie
Secrétaire-bibliothécaire des conférences de philosophie
à la Faculté des Lettres de Paris.

PARIS
ANCIENNE LIBRAIRIE GERMER BAILLIÈRE ET Cie
FÉLIX ALCAN, ÉDITEUR
108, BOULEVARD SAINT-GERMAIN, 108
1886

CICÉRON

DE NATURA DEORUM

(LIVRE II)

ANCIENNE LIBRAIRIE GERMER BAILLIÈRE ET Cⁱᵉ
FÉLIX ALCAN, ÉDITEUR

BIBLIOTHÈQUE CLASSIQUE D'OUVRAGES PHILOSOPHIQUES

AUTEURS
Devant être expliqués dans les classes de philosophie
Conformément aux programmes de l'enseignement secondaire classique prescrits par arrêté du 22 janvier 1885

Auteurs français

DESCARTES. — *Discours sur la méthode; première méditation*, avec notes, introduction et commentaires par M. V. BROCHARD, professeur de philosophie au lycée Condorcet. 1 vol. in-12. 2ᵉ édition . . . . 2 fr.

DESCARTES. — *Les principes de la Philosophie*, livre Iᵉʳ, avec notes, par M. V. BROCHARD, professeur au lycée Condorcet. 1 vol. in-12, broché. 1 fr. 25

LEIBNIZ. — *Monadologie*, avec notes, introduction et commentaires par M. D. NOLEN, recteur de l'Académie de Douai. 1 vol. in-12. . . . . 2 fr.

LEIBNIZ. — *Nouveaux essais sur l'entendement humain*, avant-propos et livre Iᵉʳ, avec notes par M. Paul JANET, professeur à la Faculté des lettres de Paris. 1 vol. in-12. 1 fr.

MALEBRANCHE. — *De la recherche de la vérité*, livre II (de l'Imagination), avec notes, par M. Pierre JANET, professeur au lycée du Havre. 1 vol. in-12. 1 fr. 80

PASCAL. — *De l'autorité en matière de Philosophie. — De l'esprit géométrique. — Entretien avec M. de Sacy*, avec notes par M. ROBERT, doyen de la Faculté des lettres de Rennes. 1 vol. in-12. 1 fr.

CONDILLAC. — *Traité des sensations*, livre Iᵉʳ, avec notes, par M. Georges LYON, professeur au lycée Henri IV. 1 vol. in-12. 1 fr. 40

Auteurs latins

LUCRÈCE. — *De natura rerum*, livre V, avec notes, introduction et commentaires, par M. Georges LYON, professeur au lycée Henri IV. 1 vol. in-12.

CICÉRON. — *De natura deorum*, livre II, avec notes, introduction et commentaires, par M. PICAVET, agrégé de l'Université. 1 vol. in-12. 2 fr.

CICÉRON. — *De officiis*, livre Iᵉʳ, avec notes, introduction et commentaires par M. BOIRAC, professeur au lycée Condorcet. 1 vol. in-12. 1 fr. 40

SÉNÈQUE. — *Lettres à Lucilius* (les 10 premières), avec notes, par M. DAURIAC, professeur à la Faculté des lettres de Montpellier. 1 vol. in-12.

Auteurs grecs

XÉNOPHON. — *Mémorables*, livre Iᵉʳ, avec notes, introduction et commentaires, par M. PENJON, professeur à la Faculté des lettres de Douai. 1 vol. in-12. 1 fr. 25

PLATON. — *La République*, livre VI, avec notes, introduction et commentaires, par M. ESPINAS, professeur à la Faculté des lettres de Bordeaux. 1 vol in-12.

ARISTOTE. — *Éthique à Nicomaque*, livre X, avec notes, introduction et commentaires, par M. L. CARRAU, Directeur des conférences de philosophie à la Faculté des lettres de Paris. 1 vol. in-12. 1 fr. 25

ÉPICTÈTE. — *Manuel*, avec notes, introduction et commentaires, par M. MONTARGIS, agrégé de l'Université. 1 vol. in-12. 1 fr.

OUVRAGES SCIENTIFIQUES POUR LA CLASSE DE PHILOSOPHIE

RICHE. — *Cours de chimie*. 1 vol. in-12 cartonné, 2ᵉ édition . . . . . 3 fr. »

DUFET. — *Cours élémentaire de physique*. 1 fort volume in-12 avec 643 figures dans le texte, cartonné . . . . 10 fr. »

LE MONNIER. — *Anatomie et physiologie végétales*. 1 vol. in-12, avec figures . . . . 3 fr. »

PORCHON. — *Éléments d'arithmétique*. 1 vol. in-12, cart . . . . 2 fr. »
PORCHON. — *Éléments de géométrie*. 1 vol. in-12, cart . . . . 3 fr. 50
PORCHON. — *Éléments d'algèbre*. 1 vol. in-12, cart . . . . 2 fr. 50
PORCHON. — *Éléments de cosmographie*. 1 vol. in-12, cart . . . . . . 3 fr. 50

BOURLOTON. — Imprimeries réunies, B.

BIBLIOTHÈQUE CLASSIQUE D'OUVRAGES PHILOSOPHIQUES

M. T. CICÉRON

DE NATURA DEORUM

LIVRE II

D'APRÈS LES MEILLEURES ÉDITIONS

AVEC DES VARIANTES, DES NOTES PHILOLOGIQUES, GRAMMATICALES,
HISTORIQUES, PHILOSOPHIQUES ET UNE INTRODUCTION

PAR

F. PICAVET

Agrégé de philosophie
secrétaire-bibliothécaire des conférences de philosophie
à la Faculté des Lettres de Paris.

PARIS
ANCIENNE LIBRAIRIE GERMER BAILLIÈRE ET Cie
FÉLIX ALCAN, ÉDITEUR
108, BOULEVARD SAINT-GERMAIN, 108
1886
Tous droits réservés

INTRODUCTION

LE TEXTE

Nous avons de nombreux manuscrits, de nombreuses éditions et de nombreux commentaires pour nous aider à donner aujourd'hui une édition satisfaisante du *De Natura Deorum* et en particulier du IIe livre.

Nous nous bornerons à mentionner, parmi les manuscrits qui ont servi aux derniers éditeurs :

Le Codex *Vindobonensis*, n° 189, qui ne donne ni le livre I ni les § 1 à 16, 86 à 92 du livre II. Il date du xe siècle ;

Le Codex *Leidensis* (Vossianus), n° 84, qui date du xie siècle ;

Le Codex *Leidensis* (Vossianus), n° 86 ; le Codex *Leidensis* (Heinsianus) n° 118, un des quatre *Oxford Codices* (o), qui sont du xiie siècle ;

Le Codex *Erlangensis*, n° 38 ; le Codex *Uffenbachianus* ; trois des *Oxford Codices* (c, u, ψ) ; les *Harleian Codices*, 2465, 2511, 4662, 5114, 11932, qui datent du xve siècle ;

Le Codex *Palatinus*, n° 1519, incomplet, mais très ancien ; le Codex *Glogavensis*, etc[1].

Parmi les éditions très nombreuses de cet ouvrage, on peut citer les suivantes :

---

1. Sur ces manuscrits et sur ceux que nous ne nommons pas, on peut consulter Davies, préfaces du *De Natura Deorum*, du *De Legibus*, des *Tusculanes* (2e édition) ; *Bentley's Life and Letters* (Monk) ; Madwig, *De Finibus*, et surtout Mayor, *De Natura deorum*, I et II.

Ed. *Petri Marsi*, Venise, 1 508 (Œuvres complètes);

Ed. *Pierre Victorius*, Venise, 1 534, réimprimée par Robert Estienne, 1 538-39 (Œ. C);

Ed. *Paul Manuce*, Venise, 1 540-41 (Œ. C);

Ed. *Lambin*, Paris, 1 566 (Œ. C);

De Natura Deorum, J. *Davies et Walker*, 1718, 1723, 1733, 1744;

Ed. d'*Olivet*, Paris, 1739-43 (Œ. C) [1];

De Natura Deorum, Ed. *Heindorf*, 1 815; *Creuzer* et *Moser* avec notes de *Wyttenbach*, Leipzig, 1818;

Ed. *V. Le Clerc*, Paris, 1821 (Œ. C.);

Ed. *Lemaire*, Paris, 1827 (Œ. C);

Ed. d'*Orelli*, de *Baiter* et *Kayser*, de *Schömann*, de *Müller*, de *Klotz*, de *Mayor*.

Parmi les commentaires les plus utiles à consulter, nous citerons :

Xysti Betuleii Augustani in Ciceronis libros III de *Natura Deorum* et *Paradoxa* Commentarii, etc. Basileæ, 1550 [2];

Petri Lescaloperii Parisini, e S. Jesu. — Parisiis, 1660;

Ceux de l'édition de Cambridge (*Davies et Walker*, 1718);

Les remarques du président *Bouhier*, 1721-1746;

Les notes de l'*abbé d'Olivet*; celles de *J. V. Le Clerc*; celles de *Klotz* et surtout celles de *Mayor* dont le commentaire sur le premier et le second livre du *De Natura Deorum* est un modèle de précision, d'exactitude et d'érudition sobre et sûre [3].

Nous avons donné le texte établi par Mayor, mais nous avons consulté avec soin les variantes qu'il nous fournit lui-même; nous

---

1. Sur les éditions postérieures au XVIe siècle, on peut consulter pour plus de détails J. V. Le Clerc, *Œuvres complètes de Cicéron*, 2e édit., 1er vol., p. 423-499.

2. Nous y avons trouvé, au milieu d'erreurs et de puérilités, un certain nombre d'indications précieuses, reproduites en parties seulement par la plupart des commentateurs modernes.

3. *M. Tullii Ciceronis, Natura Deorum libri tres with introduction and commentary*, by J. B. Mayor, M. A., professor of moral philosophy at King's College, London, formerly fellow and tutor of S. John's college, Cambridge, together with a new collation of several of the english MSS. by J. H. Swainson, M. A. formerly fellow of Trinity College, Cambridge. Vol. I et II, Cambridge 1880, 1883.

avons examiné de même les leçons différentes acceptées par les précédents éditeurs, surtout par Orelli, Klotz, Baiter, Schömann, Müller, Heindorf, Walker, etc[1]. On comprend sans peine que pour un texte dont les nombreux manuscrits, postérieurs de dix siècles à l'auteur, présentent des divergences quelquefois considérables, dont les éditions sont rarement d'accord, il soit nécessaire de recourir à une critique incessante, éclairée par la philologie, la grammaire et la philosophie elle-même. Nous n'avons eu toutefois recours à des corrections que ne donnait aucun manuscrit que dans les cas d'absolue nécessité et nous nous sommes tenu en garde contre les conjectures séduisantes, mais peu fondées de certains éditeurs.

Quant à l'orthographe, nous nous sommes rappelé que nous faisions une édition à l'usage des classes : nous n'avons donc introduit ni la nouvelle orthographe acceptée généralement en Allemagne et même en France, ni les innovations beaucoup moins considérables de Mayor. Nous n'avons pas à examiner la valeur de cette nouvelle orthographe : aussi longtemps qu'elle n'aura pas été acceptée universellement, qu'elle n'aura pas été introduite dans les éditions faites à l'usage des classes de grammaire et de lettres, on risquerait de dérouter complètement et sans utilité les élèves de philosophie, en l'introduisant dans les textes qui leur sont destinés.

Nous avons joint au texte les notes philologiques, grammaticales, historiques et philosophiques qui étaient *absolument* nécessaires pour en donner l'intelligence. Nous l'avons fait précéder d'une *Introduction* où nous avons essayé de faire connaître brièvement la vie philosophique de Cicéron, examiné sa valeur comme historien de la philosophie et comme philosophe, exposé la théologie stoïcienne traitée dans le texte que nous éditons; fait connaître enfin les personnages, le plan et les sources du second livre. Nous avons fait ce que nous avons pu pour rendre clair

---

1. Nous avons cru qu'il ne fallait pas moins apporter de soin à la constitution d'un texte destiné aux élèves d'une classe de philosophie qu'à celle des textes destinés aux érudits. Il nous semble qu'il convient d'être aussi précis et aussi consciencieux avec les uns qu'avec les autres, sans que toutefois il faille donner aux premiers les raisons que devineront les seconds.

un ouvrage qui, écrit en une langue que les élèves ont longuement étudiée, leur permettra d'acquérir une connaissance suffisante de la philosophie et de la religion romaines; des notions assez étendues sur la philosophie et la religion grecques; qui les mettra à même enfin de réfléchir sur plusieurs des grandes questions que l'humanité s'est posées à toutes les époques de son existence.

I

LA VIE DE CICÉRON

Nous ne nous proposons pas d'exposer complètement la vie de Cicéron. L'ouvrage de Plutarque, celui de Middleton, le premier volume de l'édition V. Le Clerc, l'*Histoire de la Littérature romaine* de Teuffel, la *Römische Litteratur* de Bernhardy, les histoires romaines de MM. Mommsen et Duruy, l'article de Hand dans l'*Allgemeine Encyclopedie* de Gruber, enfin le livre de M. Boissier sur Cicéron et ses amis, pour ne citer que les ouvrages les plus connus, ne laissent à peu près rien de nouveau à dire sur ce sujet. Nous voulons simplement donner une idée de la vie philosophique de Cicéron, qui a été moins étudiée [1], afin de faire comprendre plus aisément sa doctrine dans son ensemble, puis d'y replacer la théologie dont il a exposé certains points dans le *De Natura Deorum*. Nous nous occuperons de l'orateur, de l'homme d'État et de l'écrivain dans la mesure nécessaire pour mettre mieux en lumière le philosophe, et nous rencontrerons ainsi bon nombre d'indications précieuses qui ont été trop sou-

1. On peut voir cependant dans Ueberweg (I, 258) une liste assez longue d'ouvrages qui traitent cette question : on comprendra, en lisant ce que nous avons fait, pourquoi ils ne nous ont pas satisfait.

vent négligées, quoique Cicéron ait lui-même rappelé que ses discours étaient pleins de pensées philosophiques (*N. D.* 1, 3).

Sa jeunesse, son éducation.

Cicéron (Marcus Tullius) naquit à Arpinum, un petit municipe du Latium qui avait déjà donné naissance à Marius, le 3 janvier 106 avant J.-C. (648 de la fondation de Rome), la même année que Pompée et six ans avant César. Sa mère s'appelait Helvia; son père appartenait à une famille équestre très ancienne, mais d'origine plébéienne, qui faisait partie de la tribu Cornélia. Aucun de ses ancêtres n'ayant occupé de magistrature à Rome, il devait être rangé plus tard parmi ces hommes *nouveaux* que les *nobles*, descendants de patriciens ou de plébéiens chargés de fonctions publiques, regardaient avec le plus grand dédain. Une sœur de sa mère avait épousé C. Furius Aculeo; Cicéron fut élevé avec ses cousins, les fils d'Aculeo et avec son jeune frère Quintus. L'orateur Crassus, ami d'Aculeo, avait tracé, pour ainsi dire, le plan de leurs études et choisi leurs maîtres. Son enfance s'écoula dans sa famille où il put prendre, comme l'a dit M. Boissier[1], le respect du passé, l'amour de son pays et une préférence instinctive pour le gouvernement républicain. Ajoutons que l'année même de sa naissance, Marius faisait en Numidie la guerre contre Jugurtha : l'année suivante, Jugurtha était prisonnier; en 104 Marius obtenait le triomphe. Puis venait la guerre contre les Cimbres et les Teutons : Marius battait en 102 les Teutons à Aix; consul pour la cinquième fois, il était vainqueur des Cimbres auprès de l'Adige. On comprend avec quelle admiration les habitants d'Arpinum devaient parler de leur glorieux compatriote, combien les récits de ses merveilleuses campagnes, l'énumération des honneurs qui étaient accordés à cet homme nouveau étaient propres à enflammer l'imagination des jeunes gens, à leur inspirer l'ambition et l'amour de la gloire. Cicéron a été ambitieux, passionné pour la gloire, il s'est attaché à ses débuts au parti populaire, qui avait comblé d'honneurs son compatriote : on peut conjecturer, sans trop craindre de se tromper, que l'exemple

---

1. *Cicéron et ses amis*, p. 29.

de Marius a eu une influence considérable sur la formation de son caractère et la direction de sa conduite [1].

Nous ne savons pas exactement quelles furent les études de sa première jeunesse. Il semble qu'il apprit le grec, qu'il se tourna d'abord vers la poésie, puisque Plutarque parle d'un poème, *Pontius Glaucus*, composé par Cicéron encore adolescent. Il est possible aussi que ce qu'il entendit raconter de l'orateur Crassus, l'étude de ses discours [2] et la fréquentation, à certains moments, de l'orateur lui-même, éveillèrent en lui le goût de l'éloquence. Peut-être reçut-il quelques notions de droit civil, de son oncle Aculeo qui le connaissait très bien.

En 91, à l'âge de seize ans, Cicéron prit la robe virile. Son père le conduisit, pour qu'il fît son apprentissage de la vie publique et du barreau, à l'augure Q. Mucius Scœvola. Encore adolescent, Scévola avait entendu Carnéade dont les discours avaient produit à Rome une impression si profonde [3]; il avait entendu plus tard le stoïcien Panétius et lui-même se rattachait au stoïcisme; enfin, sans être un orateur, il l'emportait sur tous ses contemporains par sa science du droit civil. Cicéron passa auprès de lui le plus de temps qu'il put; il écouta religieusement L. Aelius Stilon, le grammairien qui fut aussi le maître de Varron, et acquit ainsi quelques notions sur les antiquités romaines. En même temps, il suivit attentivement les plaidoyers des orateurs illustres qu'il avait ardemment désiré d'entendre. Crassus mourut l'année même de son arrivée; Cotta, l'ami du tribun Drusus tué en voulant faire donner le droit de cité aux Italiens, fut exilé au grand regret de Cicéron; Hor-

---

1. Il compose vers sa vingtième année, en l'honneur de Marius, un poème dont il est question au début du *De Legibus* et dont un certain nombre de vers sont cités dans le *De Divinatione* (I, 106). Il parle de Marius dans presque tous ses ouvrages (Voy. l'*Index* de Baiter); il rappelle avec plaisir (*De Off.*, III, 79) comment il s'est élevé au consulat; il l'appelle le père de la patrie et le père de la liberté (*Pr. C. Rabirio*). Sans doute il le juge sévèrement dans les dernières années de sa vie; c'est qu'alors il avait abandonné le parti populaire auquel d'ailleurs il fut souvent tenté de revenir (Cf. G. Boissier, *Op. cit.*, p. 56 sqq.). — Voy. Plutarque, vie de Cicéron.
2. *Brutus*, 44.
3. Voy. C. Martha, *Études morales sur l'antiquité*.

tensius, qui était alors à l'époque de ses plus grands succès, servit comme soldat, puis l'année suivante comme tribun dans la guerre sociale. Cicéron écoutait avec le plus grand soin les autres orateurs et tous les jours il écrivait, il lisait, il composait. En 89, il fut lui-même soldat dans la guerre des Marses et servit sous les ordres du consul Cnéius Pompéius Strabo. En 88, sous le consulat de Sylla et de Q. Pompéius Rufus, il apprit à connaître à fond le genre d'éloquence du tribun Sulpicius. Les principaux citoyens d'Athènes, quittant leur patrie pour échapper à Mithridate, vinrent alors à Rome. Avec eux était Philon de Larisse, le chef de l'Académie qui, après avoir suivi les leçons de Clitomaque, lui avait succédé dans la direction de l'école. L'enthousiasme que la jeunesse romaine avait témoigné au temps de Carnéade pour le représentant de la nouvelle Académie paraît également avoir animé les contemporains du jeune Cicéron. Ce dernier conçut pour la philosophie un zèle incroyable et se livra tout entier à l'enseignement de Philon. Il prit de lui des leçons de rhétorique et apprit à traiter de deux manières différentes un sujet donné[1]. Il étudia la philosophie avec d'autant plus de soin que la guerre civile semblait devoir lui interdire pour longtemps l'accès du barreau, et que d'un autre côté il trouvait, dans l'examen des questions en nombre presque infini qu'agite la philosophie, des lieux communs qu'il pouvait, si le calme renaissait, introduire dans ses plaidoyers. Dès cette époque, il est facile de se rendre compte de la situation prise par Cicéron à l'égard des questions philosophiques : elles l'intéressent par elles-mêmes (*Brutus*, 306); mais il les étudie surtout comme il étudie le droit et l'histoire, pour se préparer à devenir un orateur, quitte à revenir à la philosophie et à s'y consacrer tout entier si la carrière oratoire se ferme un jour pour lui.

Avant d'avoir rencontré Philon, qui a exercé sur lui une influence si considérable, il avait connu l'épicurien Phèdre et l'avait considéré comme un philosophe tout à fait digne de ce nom. Il

---

[1]. On sait que les sophistes, sur tous les sujets, et la nouvelle Académie, sur les sujets qui relevaient de la métaphysique, enseignaient à soutenir deux thèses opposées. Voy. Zeller, *Die philosophie der Griechen*, I et III, 1; C. Martha, *Op. cit.*

trouva ensuite que sa doctrine était assez peu satisfaisante, mais il continua à voir en lui un homme de bien, aimable et complaisant.

En 87, il connut le stoïcien Diodote qui devint son ami, vécut longtemps chez lui et mourut aveugle en 59 dans sa maison, en le faisant son héritier. Avec Diodote, il connut la philosophie stoïcienne, il s'exerça avec soin à la dialectique, à cette espèce d'éloquence abrégée (*contracta*) et resserrée (*adstricta*) sans laquelle il est impossible d'atteindre la véritable éloquence : tous les jours, il se livrait à la déclamation avec M. Pison, Q. Pompée ou quelque autre ; il déclamait aussi bien en grec qu'en latin, parce que d'un côté la langue grecque lui fournissait bon nombre d'ornements qu'il pouvait transporter en latin et que, de l'autre, il n'eût pu recevoir les conseils et les leçons des plus grands maîtres de la Grèce, s'il n'eût déclamé qu'en latin.

Cicéron ne se bornait pas à consulter les philosophes de son temps ; il cherchait à connaître ceux dont les noms revenaient toujours dans les entretiens de ses maîtres. Les stoïciens, après Panétius, faisaient le plus grand éloge de Platon et de Socrate son maître. Cicéron lut Xénophon et traduisit ses *Economiques* : Columelle, Servius et Nonius nous ont conservé quelques fragments de sa traduction.

Il lut aussi Platon ou du moins un certain nombre de ses dialogues, il en traduisit quelques-uns et nous avons encore quelques fragments de la traduction du *Protagoras*[1]. Il traduisit en vers[2] les poèmes d'Aratus, les *Phenomena* et les *Prognostica* : il introduisit plus tard dans ses ouvrages, dans le *De Natura Deorum* (II) et dans le *De Divinatione* un certain nombre de ces vers qui nous ont ainsi été transmis. A cette époque, il étudia et traduisit peut-être aussi, au moins en partie, quelques-uns des grands poètes grecs, Homère et Eschyle, Sophocle, Euripide, Aristophane, dont il a introduit quelques fragments en vers dans ses ouvrages. Ces traductions lui fournissaient des tours nouveaux, le forçaient à dire en latin des choses que cette langue n'avait jamais eu

---

1. Nous suivons Schütze qui place à cette époque la traduction du *Protagoras*.
2. Grotius a complété les fragments de la traduction de Cicéron : il a eu presque tout à faire pour le second des poèmes. Voy. *Edition Bailer et Kayser*, 11ᵉ vol.

à exprimer : les vers le préparaient à introduire dans sa langue le *nombre* qui auparavant lui faisait défaut.

C'est à cette période de sa vie qu'il convient probablement aussi de rapporter la composition du poème de *Marius* et celle de quelques ouvrages de rhétorique, dont il nous reste deux livres sur l'*Invention*. On trouve dans ce dernier ouvrage de nombreux exemples de cette union de la philosophie et de l'éloquence que Cicéron jugeait nécessaire chez l'orateur : l'art de disserter sur chaque question de deux manières opposées y apparaît manifestement et sert à la découverte des arguments probables. Cicéron y cite Gorgias, Aristote, Eschine le Socratique, auquel il emprunte un entretien, rapporté par Socrate, entre Xénophon, sa femme et Aspasie ; enfin Théophraste et Isocrate. A la façon de Philon, il intercale dans son ouvrage des citations poétiques.

Remarquons que Cicéron avait mené de front ses études littéraires, juridiques, historiques, philosophiques et oratoires dans le moment même où Rome était ensanglantée par les proscriptions de Marius et de ses partisans. Puis vinrent celles de Sylla nommé dictateur en 82. Cicéron fit ses débuts au barreau et eut soin de venir toujours au forum parfaitement instruit de la cause qu'il devait défendre. Il défendit d'abord Publius Quinctius ; puis, Molon le Rhodien ayant été envoyé auprès de Sylla par le sénat de Rhodes, Cicéron prit des leçons de ce maître d'éloquence qui était en même temps un habile avocat. En 80, il défend Roscius d'Amérie accusé de parricide. Il a le courage de s'élever contre l'affranchi Chrysogonus ; il dépeint le luxe, l'arrogance, les crimes des misérables qui s'étaient enrichis dans les massacres. Il acquit dès ce jour la faveur du parti démocratique qui le suivit jusqu'à son consulat[1]. Il nous apprend lui-même que ce discours eut un tel succès (*Br.*, 312), qu'aucune cause n'était jugée au-dessus de son éloquence.

En 79, Cicéron fit un voyage en Grèce : « J'étais, nous dit-il lui-
» même, fort maigre à cette époque ; j'avais le cou long et mince ;
» mon extérieur et ma figure semblaient indiquer que ma vie était
» menacée, si je faisais de grands efforts de poitrine. » Suivant les conseils de ses amis et de ses médecins, il renonça momentanément

---

1. Cf. Boissier, *Op. cit.*, p. 43.

à plaider et partit pour essayer de changer sa manière de dire qui le fatiguait trop. Il passa six mois à Athènes et partagea son temps entre l'étude de la philosophie et celle de l'éloquence.

Il n'avait jamais, nous dit-il, cessé depuis sa première jeunesse de chercher tous les jours quelque nouvelle connaissance en philosophie. Il entendit Antiochus d'Ascalon, le disciple de *Philon* l'académicien et de *Mnésarque* le stoïcien. Antiochus s'était d'abord prononcé dans ses écrits pour la doctrine de la nouvelle Académie, selon laquelle on ne peut atteindre en métaphysique que la vraisemblance et non la vérité. Mais bientôt, sous l'influence de Mnésarque, qui après son maître Panétius avait uni le platonisme au stoïcisme, il abandonna les doctrines acataleptiques, et tout en se donnant comme le successeur de Socrate et de Platon, il fit au stoïcisme une part tellement large dans sa doctrine, qu'on l'accusait, selon Sextus (*P.H.*, *I*, 235), d'avoir fait entrer le Portique dans l'Académie; il eût fallu, dit Cicéron, changer bien peu de choses à sa philosophie pour en faire un stoïcien. Avec lui, Cicéron connut une doctrine éclectique qui se rapprochait beaucoup du stoïcisme et il conçut pour Socrate et pour Platon une admiration de plus en plus grande. Il suivit en même temps les leçons des épicuriens Phèdre et Zénon avec son ami Atticus qui les admirait tous deux et aimait tendrement le premier. Phèdre, que Cicéron avait déjà entendu, était l'auteur d'un livre sur les Dieux; il se fâchait quand Cicéron discutait avec trop de vivacité. Zénon avait entendu Carnéade et était nommé par Philon le *choryphée* des Épicuriens. Il s'expliquait avec méthode (*distincte*), avec force, avec élégance (*graviter*, *ornate*), il maltraitait non seulement les philosophes contemporains comme Apollodore, mais encore Chrysippe et Socrate qu'il appelait le bouffon d'Athènes. L'un et l'autre, nous apprend Cicéron (*Fin.*, I, 16), reconnaissaient qu'il possédait parfaitement la doctrine d'Épicure, et dans les discussions qu'il avait chaque jour avec son ami Atticus, il n'était jamais question de ce qu'il *comprenait*, mais de ce qu'il *approuvait* dans les doctrines épicuriennes.

Cicéron s'exerça à l'art oratoire avec Démétrius de Syrie. Avant de quitter Athènes, il fut avec Atticus initié aux mystères d'Eleusis.

En 78 il parcourt l'Asie et prend les leçons de Ménippe de Stratonice, le plus éloquent des orateurs asiatiques de cette époque, de Denys le Magnésien, d'Eschyle le Cnidien, de Xénoclès d'Adramytte. Il va ensuite à Rhodes, et Molon, qu'il avait déjà entendu à Rome, réussit à réprimer les écarts où l'entraînait la fougue d'un tempérament impunément audacieux. En même temps il suit les leçons de Posidonius. Posidonius d'Apamée, que Cicéron appelle le plus grand des stoïciens, avait été le disciple de Panétius dont il suivit la direction, mais avec moins de pénétration critique et de liberté d'esprit [1]. Cicéron acquit avec lui une connaissance complète du stoïcisme qu'il avait déjà étudié avec Diodote et Antiochus; mais il conserva une admiration profonde pour Platon que Posidonius appelait lui-même *le divin philosophe*. Il devint l'ami de Posidonius avec lequel il fut en relations toute sa vie.

Après une absence de deux ans, Cicéron revint à Rome en 77. Il était changé presque complètement : sa déclamation était devenue moins véhémente, son style moins impétueux, sa poitrine s'était fortifiée, son corps avait pris un embonpoint raisonnable. Il était admirablement préparé pour les luttes du forum : les maîtres les plus habiles dans l'art oratoire lui avaient donné des leçons; il avait acquis des connaissances littéraires, juridiques et historiques assez étendues (*Brutus*, 322). Enfin les leçons de Diodote, de Posidonius, celles de Philon et d'Antiochus, celles de Zénon et de Phèdre, ses lectures et ses traductions lui avaient fait connaître le stoïcisme, l'épicurisme et le platonisme. Il avait passé sa jeunesse au travail, il avait renoncé à tous les plaisirs, fui tous les amusements, laissé de côté les distractions, les jeux, les festins, et en partie le commerce de ses amis [2]. Il s'annonçait à l'âge de trente ans comme devant être un orateur incomparable, mais aussi comme pouvant faire une exposition éloquente de la philosophie grecque s'il se trouvait un jour, par suite de nouvelles guerres civiles, réduit à ne plus prendre la parole au forum.

1. Cf. Zeller, III, 1. 575. Voy. également la *Théologie stoïcienne*.
2. Cf. G. Boissier, p. 94.

Cicéron avocat et homme politique.

L'année même de son retour, Cicéron épousa Térentia, qui appartenait à une famille distinguée et riche, qui était elle-même économe et rangée, mais aigre, désagréable et avare[1]. En 76, il fut nommé questeur à l'unanimité des suffrages; en 75, il alla comme questeur en Sicile; il découvrit le tombeau d'Archimède, dont les Syracusains niaient l'existence, caché sous les ronces et les broussailles. Il revint à Rome après deux ans de séjour en Sicile : il avait gagné, par son administration intègre et bienveillante, l'affection des Siciliens. En 73 commence la guerre des gladiateurs conduits par Spartacus; Lucullus combat Mithridate, Verrès est préteur en Sicile. Spartacus, d'abord vainqueur, est vaincu par Crassus en 71, Mithridate est battu par Lucullus. En 70, sous le consulat de Pompée et de Crassus, Cicéron, édile désigné, accuse Verrès au nom des Siciliens. Malgré l'appui des nobles, quoiqu'il eût pour défenseur Hortensius, le plus grand des orateurs de cette époque et l'un des consuls désignés, Verrès fut obligé de s'exiler, et Cicéron fut reconnu dès lors pour le plus grand orateur de Rome. Notons (*Actio sec. in Verr.*), l'invocation à Jupiter, à Junon, à Minerve, à Latone, Apollon et Diane, à Hercule, etc.; le récit des déprédations commises par le préteur dans les temples ou de ses autres crimes religieux : Cicéron s'y exprime sur la religion populaire comme Cotta le fait dans le troisième livre du *De Natura Deorum* : « *En matière de religion, je me rends à ce que disent les grands pontifes Coruncanius, Scipion et Scévola... Je préfère ce qu'en a écrit C. Lélius, un de nos augures et un de nos sages, dans son célèbre discours, à tout ce que les plus grands stoïciens m'en voudraient apprendre.* »

Nous ne faisons qu'indiquer les discours pour Fontéius, Cécina, ...cius, prononcés en 69; pour Oppius, en 67, l'année même où Cicéron fut le premier des huit préteurs désignés;

---

1. Cf. G. Boissier, p. 96.

pour la loi Manilia, pour Cluentius, Fundanius et Gallius en 66.
En 64 naît Marcus, le fils de Cicéron; sa fille Tullia épouse
C. Pison Frugi auquel elle était fiancée depuis trois ans. Cicéron
est désigné consul de préférence à Catilina.

L'année 63 est une des plus importantes de la vie de Cicéron.
Il inaugure son consulat en combattant, lui consul *populaire*,
la loi agraire proposée par le tribun P. Servilius Rullus; il prononce des discours pour C. Pison, L. Roscius Othon, pour Rabirius, etc. Puis vient la lutte célèbre dans laquelle il déploie le
plus grand courage et ne craint pas de risquer sa situation, sa
fortune, sa vie et la sécurité de sa famille [1], pour sauver sa
patrie des fureurs de Catilina. Des *Catilinaires*, comme des
autres discours politiques de Cicéron, on peut dire qu'on y trouve
beaucoup de rhétorique et un peu de philosophie. La philosophie, que nous avons uniquement ici en vue, lui fournit ces
grands lieux communs développés avec talent, mais qui ne
tiennent pas toujours très bien au sujet [2]. Nous nous bornerons
à citer la péroraison du premier discours, où nous rencontrons
certaines idées qui se retrouvent dans l'exposition de Balbus :
« *O toi, Jupiter, qui as été établi avec les mêmes auspices que*
» *notre ville elle-même, que nous appelons à bon droit le con-*
» *servateur (Stator) de Rome et de son empire, tu éloigneras*
» *Catilina et ses compagnons de tes temples et de ceux de tous*
» *les autres Dieux... tu les frapperas de supplices éternels et*
» *pendant leur vie et après leur mort* »; un passage du second
discours où il parle du secours que les dieux immortels doivent
donner à ce peuple invaincu, à un empire aussi illustre, à une
ville aussi belle[3]; la péroraison de ce même discours : « Des
» signes nombreux et précis lui ont été envoyés par les Dieux
» immortels pour lui annoncer que Rome sera sauvée : les Dieux
» ne se préparent plus comme autrefois à défendre au loin la
» ville contre un ennemi étranger : ils sont ici présents pour
» défendre leurs temples, la ville qu'ils ont voulu rendre la plus

---

1. Cf. *In L. Cat. oratio*, IV, 3. Voy. Mommsen (*Römische Geschichte*,
III), G. Boissier, *Op. cit*, 49 et V. Duruy, *Histoire romaine, III*.
2. Cf. G. Boissier, *Op. cit.*, p. 47.
3. Cette idée est développée dans le *De Natura Deorum*. Voy. notre
texte, ch. III, § 8, n. 3.

» belle, la plus florissante de toutes et à laquelle ils ont donné,
» sur terre et sur mer, de vaincre tous ses ennemis [1]. » « Tout
» ce qu'il a fait, dit-il encore, semble avoir été préparé et con-
» duit par les indications (*nutu*) et avec les conseils de Jupiter
» Optimus Maximus et des Dieux immortels [2]. »

La même année, Cicéron prononce en faveur de Muréna, attaqué par Caton, un discours où il aborde encore plus franchement les questions philosophiques. Il explique à ses auditeurs que toutes les qualités de Caton viennent de sa nature propre, toutes ses imperfections de la doctrine qu'il a choisie. « *Il a existé,*
» *dit-il, un certain Zénon, homme très distingué, dont les dis-*
» *ciples sont appelés stoïciens. Voici quelques-uns de leurs pré-*
» *ceptes : le sage n'éprouve jamais d'indulgence, ne pardonne*
» *rien à personne : il n'y a de miséricordieux que les hommes*
» *insensés et légers : un homme ne doit ni se laisser adresser*
» *des prières ni se laisser apaiser. Les sages sont seuls*
» *beaux, même s'ils sont tout à fait disgracieux (distortis-*
» *simi), riches quoique plongés dans la dernière misère, rois,*
» *quoique réduits en servitude. Nous qui ne sommes pas des*
» *sages, nous sommes pour eux des fugitifs, des exilés, des*
» *ennemis, des insensés. Toutes les fautes sont égales, tout*
» *délit est un crime horrible : celui qui tue un coq sans néces-*
» *sité ne commet pas un crime moindre que celui qui étrangle*
» *son père; le sage n'a pas d'opinions, ne se repent de rien,*
» *n'est trompé en rien, ne change jamais d'avis.* » Après avoir ainsi présenté sous leur forme paradoxale les doctrines de son adversaire, Cicéron fait connaître son école : « *Les nôtres,*
» *dit-il, car j'avouerai que dans mon adolescence j'ai, me*
» *défiant de mon esprit, cherché des secours dans l'étude; les*
» *nôtres, qui relèvent de Platon et d'Aristote, sont des gens*
» *modérés et mesurés, etc.* »

En 62 Catilina est vaincu et tué. Métellus Nepos accuse Cicéron d'avoir fait mourir sans jugement les complices de Catilina; dès lors, les attaques vont se succéder et Cicéron sera sans cesse obligé de se justifier. De là ces apologies si souvent répétées,

---

1. Cf. ch. III, § 8, n. 3.
2. Cf. ch. XXIX, sqq., ch. XXV, § 64.

qui nous fatiguent aujourd'hui et qui l'ont fait accuser d'une vanité immodérée. On se serait montré plus juste, si l'on s'était souvenu que Cicéron faisait son éloge pour se défendre et qu'il devait le recommencer souvent, parce que souvent les mêmes accusations se reproduisaient contre lui. C'est ce que nous montre, entre autres, le discours pour Cornélius Sylla, accusé de complicité dans la conjuration de Catilina : Cicéron y rapporte aux dieux les desseins qu'il a conçus et le courage avec lequel il a, en les exécutant, sauvé la République.

En 61, Cicéron défend le poète Archias; il fait l'éloge des lettres et de la poésie dont l'étude nourrit l'adolescence et charme la vieillesse, qui ajoutent du prix aux succès et consolent dans le malheur, délassent dans l'intimité et ne nuisent pas au dehors, qui nous accompagnent dans nos voyages et à la campagne.

L'année suivante, Cicéron écrit en latin et en grec des commentaires de son consulat; il envoie le second de ces ouvrages à Posidonius pour qu'il écrive sur ce sujet d'une manière plus ornée. Il compose en outre sur son consulat un poème en trois livres. Crassus, Pompée et César forment le premier triumvirat. En voyant l'année précédente les attaques de ses adversaires, Cicéron écrivait à Atticus qu'il convenait de se livrer à la philosophie comme le faisait son ami et de faire fi de tous ces consulats (*non flocci facteon*). Un consul nous est imposé, dit-il en 60, que personne, excepté des philosophes comme nous, ne saurait regarder sans soupirer. Il parle à Atticus de plusieurs livres de Dicéarque et lui demande le livre de Théophraste sur l'ambition, en même temps qu'il fait allusion aux images (εἴδωλα) d'Epicure (II, 23).

En 59, Cicéron combat la loi agraire présentée par César, alors consul. César obtient pour cinq ans la Gaule ultérieure et citérieure, avec l'Illyrie et quatre légions; il excite Clodius à se faire adopter par le plébéien Fonteius; Clodius inaugure son tribunat en décembre. Dans ses lettres à Atticus, Cicéron parle de son désir de renoncer aux affaires pour s'occuper de philosophie (II, 613); il s'appelle le philosophe Cicéron (ὁ φιλόσοφος); il oppose Dicéarque, l'ami d'Atticus, qui préfère la vie pratique, à Théophraste qu'il aime et qui préfère la vie spéculative; il se propose, après avoir si longtemps suivi l'avis de Dicéarque, de se ranger à celui de Théophraste.

L'année suivante Clodius propose une loi d'après laquelle celui qui a fait périr sans condamnation un citoyen romain doit être condamné à l'exil. Cicéron, abandonné par Pompée, quitte Rome à la fin de mars. Clodius propose qu'il lui soit interdit d'approcher la ville de plus de 400 milles : il brûle la maison de Cicéron sur le Palatin, ses villas de Tusculum et de Formies; il pille ses biens. Cicéron se rend à Vibon, à Thurium, à Tarente, à Brindes, d'où il gagne Thessalonique; à la fin de décembre, il revient à Dyrrhachium.

Le consul Lentulus Spinther, soutenu par presque tous les tribuns du peuple et surtout par Milon, propose de rappeler Cicéron. La loi est acceptée par toutes les centuries. Cicéron traverse toute l'Italie en triomphe et rentre à Rome après dix-sept mois d'absence. Toutefois le sénat se décide avec peine à l'indemniser des pertes qu'il a subies et Cicéron, se tournant vers les triumvirs, devient leur défenseur ordinaire auprès du sénat; il obtient ainsi quelque tranquillité [1], mais il ne peut s'empêcher de déplorer dans ses lettres à Atticus la misérable situation qui lui est faite. Dans le discours qu'il prononça après son retour devant les pontifes, nous pourrions retrouver quelques-unes des idées déjà signalées dans les *Verrines* et introduites plus tard dans le *De Natura Deorum*. Mais elles se trouvent bien plus nettement indiquées encore dans le *De Haruspicum responso*, prononcé l'année suivante en réponse à Clodius. Des prodiges s'étaient produits [2], dont l'une des causes, disaient les haruspices, était la profanation de lieux consacrés : la maison de Cicéron selon Clodius était un de ces lieux profanés. Dans sa réponse, Cicéron fait une profession de foi religieuse : « *Je ne suis pas de ceux*, dit-il, *que l'étude des lettres éloigne de la religion. Mes maîtres et mes autorités en cette matière sont nos ancêtres qui ont réglé les fonctions des pontifes, des augures, qui ont déterminé dans quelles circonstances il fallait consulter les livres sybillins et les haruspices* [3]; *dans mes moments de loisir, j'ai appris à connaître*

---

1. Cf. G. Boissier, *Op. cit.*, p. 231, sqq.
2. Cf. Ch. III et IV avec les notes.
3. Cf. Analyse du *De Natura Deorum*, et ch. III, § 10, n. 4 et 5.

» *ce qu'ont dit et écrit, sur la puissance des dieux, des hommes*
» *instruits et sages. Ils ont, à vrai dire, divinement parlé sur*
» *ce sujet, mais ils semblent plutôt avoir été instruits par nos*
» *ancêtres que les avoir eux-mêmes instruits : qui, en effet,*
» *pourvu qu'il jette les yeux vers le ciel, nie qu'il y a des dieux,*
» *ou ayant admis leur existence, niera que notre empire a*
» *été formé, augmenté et conservé par leur puissance? Car*
» *c'est par la religion et par la piété que nous l'emportons sur*
» *tous les autres peuples*[1]. »

La même année Crassus et Pompée se rencontrèrent avec César; il fut convenu que les deux premiers demanderaient de nouveau le consulat. Devenus consuls (55), ils se font décerner pour cinq ans, le premier la Syrie, le second l'Espagne et l'Afrique. César est maintenu pour cinq ans dans la Gaule. Cicéron prononce le discours contre Pison. Comme il avait critiqué le stoïcisme pour combattre Caton, il critique l'épicurisme pour triompher plus aisément de Pison. Mais, tandis que le stoïcisme avait, selon Cicéron, gâté l'heureuse nature de Caton, Pison a compris l'épicurisme dans son plus mauvais sens. Cicéron rappelle que, selon Épicure, le sage est heureux même dans le taureau de Phalaris; que la vertu rend toujours l'homme heureux; que les dieux n'éprouvent ni bienveillance ni colère pour qui que ce soit. Pison est un épicurien formé d'argile et de fange (*ex argilla et luto fictus Epicureus*); Cicéron oppose le portrait du Grec épicurien, de Philodème, l'auteur du Περὶ εὐσεβείας, le poète homme d'esprit et érudit, à Pison qui comprend l'épicurisme dans son sens le plus grossier et ne cherche dans cette doctrine que la justification de ses vices.

« *Je trouve du plaisir*, écrivait Cicéron à Atticus en mai 55,
» *dans l'étude des lettres, et je préfère m'asseoir sur le petit*
» *siège qui est au-dessous de la statue d'Aristote plutôt que*
» *dans une chaise curule.* » Cicéron en effet était revenu à ses études et avait composé le *De Oratore* en trois livres : « *Il a*
» *repris*, dit-il, *les commentaires inachevés et trop dépourvus*

---

1. § 18, 19. Voy. notre édition, ch. III, § 8, n. 3 et 4.
2. Voy. *De Finib.*, II, 119. Nous nous sommes occupé ailleurs de Philodème et de son ouvrage.

» *d'art de ses jeunes années pour en faire quelque chose de*
» *plus parfait et de plus orné.* » De cet ouvrage si curieux au
point de vue des idées de Cicéron sur l'éloquence, nous ne voulons extraire qu'un certain nombre de renseignements qui montrent clairement combien à cette époque, comme aux temps de sa
jeunesse, Cicéron s'occupait des questions philosophiques. La philosophie est, dit-il, la créatrice et la mère de tous les arts : le philosophe est celui qui cherche à connaître la puissance de toutes
les choses divines et humaines, la nature et ses causes ; qui
cherche à connaître et à suivre les règles qui doivent présider à
une vie vertueuse [1]. Démocrite, Pythagore et Anaxagore sont présentés comme ayant passé du gouvernement des cités à la connaissance de la nature ; Démocrite s'est exprimé avec beaucoup d'élégance ; Pythagore a été le maître de la Grande-
Grèce, autrefois remplie de pythagoriciens ; Anaxagore a été le
maître de Périclès. Gorgias, Protagoras d'Abdère, Prodicus de
Cos, Thrasymaque, Hippias ont cru que la connaissance des
autres arts était nécessaire à l'orateur : Hippias se vantait même
de savoir faire ses vêtements et ses chaussures. Prodicus, Thrasymaque, Protagoras ont discuté et écrit sur la nature. Socrate
qui, au témoignage de tous les gens instruits et d'après le jugement de toute la Grèce, réunissait en lui la prudence, l'esprit, la
grâce, la subtilité et l'éloquence, la variété et l'abondance, sépara
la science de bien penser de la science de bien dire, qui avaient
été jusque-là réunies sous le nom de *philosophie*. Platon qui a,
dans ses écrits divins, rapporté les entretiens de son maître,
nous laisse encore soupçonner chez Socrate quelque chose de plus
grand que ce qu'il nous révèle. Socrate a donné naissance à de
nombreuses écoles qui toutes ont voulu être et se sont crues ses
héritières. De Platon relèvent Aristote, le chef des péripatéticiens
et Xénocrate, le chef des académiciens ; d'Antisthène, les cyniques
et les stoïciens ; d'Aristippe, les cyrénaïques et les épicuriens.
Les écoles d'Érétrie, de Mégare, les Hérilliens et les Pyrrhoniens
ont depuis longtemps disparu.

Scévola propose à Crassus de faire ce que font, dans le dia-

---

[1]. Sur cette définition, voy. notre édition ch. XIII, XVI, XXII, XXX,
XXXII et les notes.

logue de Platon, Socrate et Phèdre; Crassus trouve que le lieu où ils sont est tout à fait propre à donner de l'ombre et de la fraîcheur. Cicéron annonce ainsi l'intention d'imiter Platon; il parle de ses écrits divins dans lesquels Socrate prend *presque* (*fere*) toujours la parole; il cite le *Gorgias* où Crassus trouve surtout Platon admirable et s'en occupe longuement; il mentionne la *République*; il rapporte à propos du poète une opinion que Platon a exprimée dans le *Phèdre*, sans qu'on puisse affirmer toutefois que Cicéron l'y ait prise (*dicunt a Platone.. relictum in scriptis*). Cicéron fait de même un très grand éloge de Carnéade, qui n'a jamais soutenu une thèse sans la faire accepter, qui n'en a jamais attaqué une sans la renverser : il cite ses successeurs Clitomaque, Charmadas et Eschines; son disciple Métrodore; ses prédécesseurs, Arcésilas qui, dans les livres de Platon, dans les entretiens de Socrate, s'attacha surtout à cette proposition que ni les sens, ni l'esprit ne peuvent nous faire percevoir quelque chose de certain, Polémon, le maître d'Arcésilas, Crantor, Xénocrate et Spensippe, le neveu de Platon.

Il est fréquemment question d'Aristote, dont il cite un ouvrage historique et des livres théoriques sur l'art oratoire, de son disciple Théophraste, qui a aussi beaucoup écrit sur l'éloquence; il cite également les péripatéticiens Cristolaüs, qui avec Carnéade et Diogène fut envoyé en ambassade à Rome, et Staséas, homme savant et éloquent. Crassus soutient l'identité des doctrines péripatéticiennes et académiques; il ne voit aucune différence entre Aristote d'un côté, et Speusippe, Xénocrate, Polémon et Crantor de l'autre; c'est à ces *philosophes politiques* que doit s'adresser l'orateur. Quant à l'épicurisme, Crassus, auquel Cicéron fait exposer en grande partie ses propres idées[1], reconnaît qu'à vrai dire les hommes qui le professent sont des gens de bien, mais que l'orateur n'a rien à voir avec une doctrine qui recommande l'éloignement des affaires publiques.

---

1. Nous avons apporté le plus grand soin dans l'examen des opinions que Cicéron prête à ses divers personnages. Sauf lorsqu'il s'agit d'expositions historiques que nous relevons toujours pour déterminer quelle a été l'instruction philosophique de Cicéron, nous nous gardons bien de lui attribuer tout ce qu'il leur fait dire. On le mettrait ainsi en contradiction avec lui-même sur presque toutes les questions.

Il est fait mention des stoïciens Chrysippe, Diogène de Babylone, Panétius, Mnésarque. Crassus ne croit pas qu'ils soient capables de former le véritable orateur, parce qu'il serait absurde qu'un homme cherchât à persuader ceux qu'il considère comme des fous ou des insensés; parce que leur manière de dire, à vrai dire subtile et fine, est sèche, maigre, obscure, s'éloigne de l'usage et ne saurait en aucune façon convenir aux oreilles du vulgaire; parce que leur manière de voir sur les biens et sur les maux est absolument opposée à celle des autres hommes.

Remarquons encore qu'il est question dans ce livre des historiens Cælius et Timée, de l'épicurien Velléius, de Cotta, qui sont cités ou qui figurent comme personnages dans le *De Natura Deorum*[1].

L'année suivante (54) Cicéron, tout en plaidant souvent, revient encore aux études de sa jeunesse et surtout à la philosophie. Il écrit son ouvrage sur la *République* : « *C'est un grand sujet,* » disait-il (*de Div.*, II, 3), *qui appartient en propre à la philo-* » *sophie et qui a été traité avec ampleur par Platon, Aristote,* » *Théophraste et tous les péripatéticiens.* » Il composa ce livre dans ses villas de Cumes et de Pompéies, se promettant de le jeter dans la mer qui était sous ses yeux s'il n'en était pas satisfait (*Ad Quint.*, II, 12). Il songea un instant à en changer le plan : Salluste[2], auquel il le lisait, l'engageait à parler en son propre nom comme avait fait Aristote, car un consulaire qui avait l'expérience du gouvernement[3] n'était pas à comparer avec un Héraclide Ponticus (*Id.*, III, 51, 52). Cependant il le conserva et se présenta dans le dialogue comme un de ces personnages muets dont Héraclide faisait un fréquent usage (*Ad Att.*, XIII, 19, 3). Il nous reste de cet ouvrage en six livres le songe

---

1. Nous ne mentionnons pas les deux Balbus stoïciens qui ne sauraient ni l'un ni l'autre être le personnage du liv. II (*Zeller*, III, 1, 569, n. 1).

2. *Cn. Sallustius*, qu'il ne faut pas confondre avec l'historien C. Sallustius Crispus.

3. Quand Cicéron dit qu'il a écrit ces livres, *quum gubernacula rei publicæ tenebamus*, il ne faut donc pas l'entendre du temps où il était consul, mais de l'époque où, consulaire, il avait une grande part aux résolutions du Sénat.

de Scipion conservé par Macrobe et des fragments des cinq autres livres retrouvés par Angelo Maï en 1820.

Dans le premier livre, Cicéron réfutait probablement la théorie épicurienne qui recommandait l'éloignement des affaires publiques; puis il introduisait les personnages du dialogue : Scipion l'Africain, Tubéron, Philus, Rutilius Rufus, C. Lælius, Mummius Fannius, Scœvola, M. Manilius. Scipion exposait l'origine de l'État, il étudiait les différentes formes de gouvernement, monarchie, aristocratie et démocratie, et recommandait l'union des trois formes dans un gouvernement tempéré ou mixte[1]. Cicéron cite Xénocrate qu'il appelle un philosophe éminent (*nobilis*); Panétius que Scipion désirerait avoir avec lui; Socrate, Platon, dont il traduit un passage et dont il mentionne les relations avec Archytas de Tarente et Timée de Locres; Eudoxe de Cnide, le disciple de Platon, l'auteur après Thalès des sphères que perfectionnèrent par la suite Archimède et Posidonius[2]; Anaxagore, Polybe, en présence de qui Scipion et Panétius avaient coutume de soutenir que le gouvernement de Rome était la meilleure des constitutions. Notons sur l'origine de la société la réfutation de l'hypothèse soutenue par Lucrèce et d'après laquelle les hommes auraient commencé par vivre isolés, ayant pour lit du feuillage et du gazon, pour demeures des cavernes et des antres où ils se défendaient avec peine contre les bêtes féroces[3]. Peut-être est-ce de Lucrèce lui-même qu'il s'agit, si nous rapportons à l'année 54, comme le fait Baiter, la lettre de Cicéron à son frère, dans laquelle il est question des poèmes de Lucrèce[4]. Cicéron cite encore Aratus et devait, selon Lactance, s'être occupé, en parlant de la monarchie, de la nature des dieux. On a souvent comparé l'éloge de la monarchie idéale chez Cicéron et chez Aristote : mais on comprend

---

1. Voy. Paul Janet, *Histoire de la science politique*.
2. Cf. notre texte du liv. II, ch. xxxiv, p. 167, n.7.
3. Voy. dans Lactance, *Instit. div.*, vi, 10, tout ce passage qui présente un très grand intérêt historique. Cf. Lubbock, *Les origines de la civilisation*.
4. IX, 11. *Lucretii poemata ut scribis, ita sunt, multis luminibus ingenii, multæ etiam artis.* Sur les rapports de Cicéron et de Lucrèce voy. C. Martha, *le Poëme de Lucrèce, notes*, et les notes de l'éd. *Munro* (avec traduction anglaise, *Cambridge*, 1866).

que Cicéron, habitué dès sa jeunesse à admirer les hommes qui avaient vécu aux premiers temps de la République, ait remonté plus haut encore quand il vit la République sur le point de périr. Le souvenir de certains rois était d'ailleurs resté en grande vénération à Rome, quoique personne n'y eût accepté le rétablissement de la royauté.

Le livre II contient l'histoire de Rome et l'apologie de la constitution romaine. Il y est fait mention de Démétrius de Phalère, de Socrate cité par Platon. Cicéron suit sur certains points Polybe, que personne n'a surpassé dans les *recherches chronologiques;* il combat la légende qui faisait de Numa un pythagoricien, il s'inspire de Caton pour établir que la constitution de Rome est excellente, parce qu'elle est l'œuvre de tous et non d'un seul, l'œuvre des siècles et non d'un jour.

Dans le livre III, Cicéron examine s'il faut observer la justice ou s'il est permis d'être injuste. Philus soutient la seconde hypothèse d'après Carnéade [1], comme Thrasymaque, Adimante et Glaucon la soutenaient chez Platon; Lélius affirme au contraire qu'il n'y a rien de plus nuisible à l'État que l'injustice. Il semble, d'après un fragment conservé par Augustin (*Contr. J. Pelag.*, IV, 12), que Cicéron avait encore repris l'hypothèse de Lucrèce et admis que la nature, comme une marâtre, a jeté l'homme nu et faible sur la terre; mais qu'il la complétait et en changeait le caractère, puisqu'il ajoutait à cette enveloppe misérable une sorte de feu divin capable de produire l'intelligence. Il nomme Chrysippe dont il n'attend rien de grand ni d'élevé; Pythagore et Empédocle qui ont cru qu'un même droit s'applique à tous les êtres animés. Il parle de la loi divine dans des termes qu'il reproduit plus tard dans le *De Natura Deorum* [2] : c'est la droite raison, conforme à la nature, constante, éternelle... qui n'est pas autre à Athènes et à Rome, etc.

Dans le livre IV, dont il ne nous reste que quelques phrases, *la poussière du marbre de la statue,* Cicéron s'occupait de la famille et de l'éducation. Il y citait Polybe à propos des institutions romaines, y combattait les théories platoniciennes et rap-

---

1. Voy. C. Martha, *Études morales sur l'antiquité*, p. 61.
2. Voy. notre texte, ch. XIII, p. 122, n. 2.

pelait les prescriptions de la loi des douze tables contre les poëtes trop libres.

Le livre V est encore plus mutilé. Scipion y déterminait quelles doivent être les connaissances de l'homme appelé à gouverner son pays.

Le VI⁰ livre est rempli par le songe de Scipion auquel le premier Africain révèle ce qu'est la vie future. Cicéron a voulu éviter les objections que faisaient les Épicuriens au récit de Er le Pamphylien et donner sur ce sujet, non les fables ou les mensonges inventés par les philosophes dans leurs rêves, mais les conjectures des sages. Notons le passage où il est question des neuf sphères renfermant le monde entier, que nous retrouvons dans le livre II du *De Natura Deorum*[1]; les preuves de l'immortalité de l'âme qui rappellent les dialogues de Platon et surtout le *Phédon*. Quant au passage où il s'agit du mépris de la gloire humaine, il n'est pas besoin d'en chercher la source dans le *Protrepticos* d'Aristote[2] ou dans celui de Posidonius[3]; il suffit de se rappeler par quelles déceptions avait passé Cicéron depuis son consulat.

La *République* est un des ouvrages les plus importants de Cicéron et Célius nous apprend qu'il était partout en grande faveur.

En 53, Cicéron est nommé augure à la place du jeune Crassus tué avec son père dans l'expédition contre les Parthes. L'année suivante, Clodius est tué dans une rencontre avec Milon. Cicéron, troublé par les acclamations des partisans de Clodius, ne peut prononcer qu'en partie le plaidoyer préparé pour Milon. Il défend ensuite Sauféius et attaque Bursa. Il compose cette même année le *De Legibus*.

« *Puisque vous avez écrit sur la République*, se fait-il dire par
» Atticus, *il faut que vous écriviez sur les lois : ainsi a fait*
» *Platon que vous admirez, que vous placez au-dessus de tous,*
» *que vous aimez le plus.* » « *Platon*, répond Cicéron, *avec Cli-*
» *nias de Crète et le Lacédémonien Mégille, un jour d'été ainsi*

---

1. Voy. notre texte, ch. xx, § 51, n. 1, 2, 3, etc.
2. Usener, *Musée Rhénan*, XXVIII, p. 397.
3. Thiaucourt, *Essai sur les traités philosophiques de Cicéron*, p. 19.

» *qu'il le raconte, tantôt marchant, tantôt se reposant dans ces*
» *allées champêtres qu'ombragent les cyprès de Gnosse, dis-*
» *serte sur les institutions des Républiques et les meilleures*
» *lois. Voulez-vous que comme lui, entre ces hauts peupliers,*
» *sur cette rive pleine de verdure et de fraîcheur, maîtres à*
» *notre gré de nous promener ou de nous asseoir, nous recher-*
» *chions ensemble sur ce sujet quelque chose d'un peu plus pro-*
» *fond que ne le demandent les besoins du barreau ?* »

Dans une introduction, Cicéron rappelle son poème sur Marius; il fait passer en revue par Atticus, qui lui demande d'écrire l'histoire de Rome, les historiens romains depuis Fabius, Caton, Fannius, Cœlius jusqu'à Sisenna. Il examine ensuite la nature du droit. Il donne, d'après les stoïciens, la définition de la loi qu'il a déjà donnée dans la *République* et que nous retrouvons dans le *De Natura Deorum* : « *C'est*, dit-il, *la raison suprême qui*
» *réside dans la nature, qui ordonne ce qu'on doit faire et*
» *défend ce qu'on ne doit pas faire. Cette raison, une fois*
» *qu'elle s'est affermie et développée dans l'esprit de l'homme,*
» *est la loi.* » Cicéron se dit assez disposé à croire que les stoïciens ont raison en la définissant ainsi. Il demande à Atticus de lui concéder que la nature tout entière est gouvernée par les dieux immortels[1], et d'oublier un moment la première des maximes d'Épicure qui affirme que Dieu ne fait rien ni pour lui-même ni pour les autres. L'homme, seul de tous les animaux[2], a été doué de la raison et de la pensée. La raison, que rien ne surpasse en excellence, se trouve donc en Dieu, et il y a une société formée par les hommes et les dieux, une cité commune aux uns et aux autres[3]. L'homme seul, ajoute Cicéron, a la connaissance de Dieu : il n'y a point de nation si féroce et si sauvage qui, si elle ignore quel dieu il faut avoir, ne sache du moins qu'il faut en avoir. C'est la preuve par le consentement universel, qui tient une si grande place dans le discours de Balbus. Nous trouvons également ici la

---

1. Voy. notre texte, ch. XXIX, sqq.
2. *Ex tot animantium generibus atque naturis.* Balbus emploie les mêmes termes dans le *De Natura Deorum*. Sur le sens de ces mots, voyez ch. XII, n. 6.
3. Voy. notre texte, ch. XXXI, n. 1.

théorie de l'optimisme, développée dans la 4ᵉ partie de ce dernier discours : la nature a produit les moissons, les fruits, les troupeaux pour l'usage de l'homme ; elle lui a appris les arts[1] ; elle lui a donné un esprit subtil, des sens qui sont comme des satellites et des messagers ; elle l'a fait droit pour qu'il pût regarder le ciel. L'homme a donc été formé pour la justice, et le droit est une chose qui découle de la nature, non de l'opinion. Le droit est commun à tous les hommes et Socrate avait raison de maudire celui qui le premier en a séparé l'utilité. Tout homme ne doit pas s'aimer plus qu'il n'aime son semblable.

Cicéron oppose ensuite la manière stoïcienne de discuter, *distinctement et par article*, à celle dont usaient les anciens, qui procédaient *par masse et librement*. Il cite l'ancienne Académie, Speusippe, Xénocrate et Polémon ; Aristote et Théophraste qui diffèrent des précédents par la manière d'enseigner et non par les choses enseignées ; Zénon, qui a changé les mots, mais non la doctrine. Il combat l'épicurisme ; il prie même la nouvelle Académie, représentée par Arcésilas et Carnéade *qui ont troublé toutes choses*, de se taire pour ne pas faire tomber en ruines les constructions qu'il a si laborieusement édifiées. Il essaie, après Antiochus d'Ascalon, de montrer que Zénon n'est pas en désaccord avec les académiciens et les péripatéticiens. Il fait l'éloge de la philosophie, de la science et de l'éloquence.

Le second livre débute par un préambule écrit avec beaucoup de soin : « *La beauté du lieu où se passe l'entretien, le charme de la campagne, de la patrie, de l'amitié, occupent les premières pages qui sont pleines de sentiment et de grâce*[2]. » Il est consacré presque tout entier à l'exposition de la constitution religieuse de la société romaine. Cicéron rappelle, à propos de Jupiter, le début de son poème sur Aratus ; il appelle, comme Balbus, Jupiter la vraie loi, la droite raison qui découle de la nature ; il cite fréquemment Platon et mentionne les dieux dont Balbus parle au second livre, Hercule, Liber, Castor, Pollux, Mens, Virtus, Pietas, Fides, Vesta, etc. La divination y est également présentée comme une conséquence de la Providence ; il y

---

1. *Id.* ch. LIII, p. 200, n. 3.
2. Ch. de Rémusat.

est question des augures, des haruspices et d'Attius Navius. Le livre présente à ce point de vue le plus grand intérêt, parce qu'il sert à nous faire connaître la religion romaine et les doctrines que Balbus expose dans le *De Natura Deorum* [1].

Le IIIe livre traite de l'organisation du pouvoir. Cicéron appelle Platon un homme divin; il cite Théophraste et le stoïcien Diogène. Il remarque que les anciens stoïciens s'occupaient bien de la République, et même ingénieusement, mais jamais d'une manière usuelle et civile. Diogène et après lui un grand et savant homme, Panétius, se sont seuls occupés dans l'école de ces questions. Elles ont été traitées par Platon et Héraclide le Pontique, par Aristote, Théophraste et Dicéarque.

Dans le *De Oratore*, Cicéron avait cherché à justifier ses études philosophiques en montrant combien elles pouvaient être utiles à l'orateur; dans la *République* et les *Lois* il s'était proposé de les faire servir au maintien de la République romaine; le temps approche où il cherchera dans l'examen des questions purement philosophiques la consolation de ses malheurs politiques et privés, l'emploi d'une intelligence qu'il ne pourra plus consacrer à l'éloquence ou à la politique.

En 51, il se rend comme proconsul en Cilicie, où il administre avec douceur, avec justice, avec désintéressement. Il rétablit Ariobarzane et défait les barbares du mont Amanus. Le sénat lui décerne des supplications. Cicéron quitte sa province, arrive à Brindes en décembre 50, puis à Rome en janvier 49; quelques jours plus tard, un sénatus-consulte ordonnait à César d'abandonner son armée. Cicéron essaie vainement de ramener la concorde; César passe le Rubicon. Après des hésitations qu'on a souvent bien sévèrement jugées [2], il se décide à rejoindre Pompée et cette aristocratie qui ne l'aimait pas, parce qu'il croit voir en César le destructeur de la République. César bat d'abord en Espagne les lieutenants de Pompée, puis Pompée

---

1. Voy. notre texte, ch. III et IV, avec les notes.
2. Sur la vie politique de Cicéron, on peut consulter Mommsen, *Op. cit.*, qui est d'une sévérité excessive, M. Duruy, *Histoire romaine*, vol. III, qui se montre parfois sévère, mais qui est beaucoup plus juste et M. Boissier, *Op. cit.*, 50, sqq., qui a très bien montré les difficultés au milieu desquelles se débattait alors Cicéron.

lui-même à Pharsale. Pompée est tué par le roi Ptolémée auprès duquel il cherche un asile. Cicéron qui n'avait pas assisté à la bataille revient en Italie et s'arrête à Brindes. César arrive en septembre 47 et accueille très bien Cicéron qui ne tarde pas à gagner Rome, où il rentre en crédit, comme il le dit lui-même, auprès de *ses vieux amis les livres*.

En avril 46, César bat Scipion et Juba, Caton se donne la mort. Cicéron écrit l'éloge de Caton qui est loué aussi par Brutus et F. Gallus. César dictateur triomphe quatre fois. Il répond par un *Anti-Caton* aux livres qui, en louant le plus populaire de ses adversaires, pouvaient exciter à reprendre les armes ceux qui regrettaient l'ancienne République. Il se montre clément pour les vaincus. Cicéron le remercie du retour de Marcellus et défend auprès de lui Ligarius. Il compose cette année les *Paradoxes*, le *Brutus*, l'*Orator*, peut-être le *De Optimo genere oratorum* et les *Partitions oratoires*.

Cicéron, dans les *Paradoxes*, expose la doctrine qu'il n'avait qu'esquissée dans le *Pro Murena*; dans le *Brutus*, il dit qu'il a le cœur déchiré quand il pense que la République n'attend plus rien des armes que fournissent la raison, le talent et la considération personnelle. Le souvenir des grands hommes qui ont pu jouir jusqu'à la fin de la considération attachée à leur nom, de la gloire acquise par leurs services et de l'estime que procure la sagesse, apporte une bien douce consolation à l'amertume des chagrins qu'il ressent. Il s'assied avec Atticus et Brutus sur un tapis de verdure à côté d'une statue de Platon. En faisant l'histoire des orateurs, il cite Gorgias, Thrasymaque, Protagoras, Prodicus et Hippias comme des maîtres d'éloquence qui furent en grand honneur; il parle de la dialectique fine et ingénieuse de Socrate, qu'il présente comme le père de la philosophie morale; il remet à un autre moment l'histoire des philosophes pour se borner aux orateurs. Démétrius de Phalère est sorti des ombrages de Théophraste, Périclès a été instruit par le physicien Anaxagore. Cicéron parle, à propos de Rutilius disciple de Panétius, du style des stoïciens, plein d'art et de finesse, mais sec et peu propre à faire de l'effet sur une grande assemblée. Les stoïciens, dit Brutus, sont d'habiles dialecticiens, des architectes de paroles qui élèvent avec beaucoup d'art l'édifice de leur argumentation;

transportez-les au Forum, on ne leur trouve que de la stérilité. S'il fallait, continue Cicéron, se borner aux leçons des philosophes, les péripatéticiens seraient les plus propres à former l'orateur. Brutus a eu raison d'embrasser une secte dont les préceptes et la doctrine réunissent à la méthode philosophique la douceur et l'abondance de l'élocution. Quel écrivain est plus riche que Platon, dont Jupiter, dit-on, eût pris le langage s'il eût voulu parler grec? plus nerveux qu'Aristote, plus doux que Théophraste? Ne ressort-il pas de la lecture de Démosthène qu'il a lu fréquemment, peut-être même entendu Platon? Cicéron parle ensuite de sa propre éducation oratoire que nous avons déjà fait connaître. Notons encore la critique de l'épicurisme qui est *très peu propre à former un orateur;* l'éloge du péripatéticien Cratippe (*doctissimus vir*), d'Aristus, le frère d'Antiochus, l'héritier de l'Académie, qu'il appelle son hôte et son ami.

Nous trouvons dans l'*Orateur* une définition de l'Idée platonicienne; Cicéron nous apprend qu'il veut chercher ce que doit être l'orateur parfait, l'orateur *idéal*, pour parler le langage de Platon. Il ne craint pas de partir, dans cette discussion, d'une philosophie ancienne et un peu obscure, parce qu'il a acquis lui-même son éloquence par les enseignements de l'Académie plutôt que par ceux des rhéteurs. Sans la philosophie, il ne peut y avoir d'orateur parfait : sans elle on ne saurait déterminer le genre et l'espèce de chaque chose, l'expliquer en la définissant, la distribuer en parties; on ne saurait ni juger ce qui est vrai et ce qui est faux, ni voir ce qui suit logiquement d'une chose (*consequentia*), ni ce qui y répugne. La connaissance de la physique donne de la fécondité au discours; celle de la morale permet de parler de la vertu, du devoir, des mœurs. Sans la philosophie, on ne saurait parler ni de la religion, ni de la mort, ni de la piété, ni de l'amour de la patrie. Cicéron cite fréquemment Platon et *ses* dialogues; le *Phèdre*, Aristote et Théophraste; il rapporte la comparaison de Zénon à propos de la rhétorique et de la dialectique; il nomme Carnéade, qu'il reconnaît comme son maître, Clitomaque et Charmadas; enfin il mentionne la préface de la guerre Punique de Cœlius.

A la fin de cette année, Cicéron se sépara de sa femme Térentia qui s'entendait pour le voler avec son intendant Philotime.

L'année suivante, à l'âge de soixante-deux ans, il épousa une jeune fille dont il était le tuteur, Publilia, qui ne put s'entendre avec Tullia. Ruinée et maltraitée par son mari Dolabella, Tullia avait été obligée de le quitter et de se retirer chez son père, où quelque temps après elle mourut à trente et un ans, en accouchant d'un fils. Cicéron fut inconsolable de la mort de sa fille, il renvoya sa femme Publilia qui n'avait pas su cacher sa joie, et malgré ses prières il ne voulut jamais la revoir : « *Ma fille*, dit Cicéron, répondant à la belle lettre que lui avait envoyée le juriconsulte Sulpicius, *me restait au moins après les malheurs de la République. J'avais où me retirer et me reposer. Le charme de son entretien me faisait oublier tous mes soucis et tous mes chagrins; mais l'affreuse blessure que j'ai reçue en la perdant a rouvert dans mon cœur toutes celles que j'y croyais fermées*[1]. » Il voulut lui élever un temple et lui faire une sorte d'apothéose. Retiré dans sa villa d'Asture, il vit seul, passant toute sa journée dans une épaisse forêt. Les livres eux-mêmes ne peuvent d'abord le consoler; il se met cependant au travail : il passe ses journées à écrire, il occupe son esprit sans toutefois pouvoir l'arracher tout à fait à la pensée qui l'obsède; il écrit même pendant la nuit, car le sommeil le fuit. C'est ainsi qu'il compose d'abord la *Consolation*, qui existait encore au temps d'Isidore : il avait lu, nous dit-il, tout ce qui avait été écrit sur ce sujet et il rassembla dans son ouvrage tous les arguments employés jusque-là, se montrant, comme on l'a dit justement, éclectique jusque dans son désespoir[2]. Le livre de Crantor sur le *Deuil*, que Panétius recommandait d'apprendre par cœur et dont Cicéron fait lui-même un grand éloge, paraît surtout l'avoir inspiré. Il semble qu'il ait d'abord commencé par déplorer la misère humaine, puis qu'il ait rappelé les hommes illustres qui avaient perdu leurs enfants, montré que l'âme était immortelle et enfin terminé par l'apothéose de Tullia[3]. Un frag-

1. Voy. sur Publilia et Tullia, G. Boissier, *Op. cit.*, p. 104, sqq.
2. C. Martha, *Études morales sur l'antiquité*, p. 160.
3. Cette conjecture, hasardée par *Van Heusde*, acceptée par *Thiaucourt* (42) est plausible, si l'on se rappelle la doctrine moitié stoïcienne, moitié platonicienne sur l'origine des âmes, sur la parenté des hommes et des dieux déjà présentée dans le *De Legibus* (Cf. supra).

ment conservé par Lactance est la traduction presque littérale d'un passage du *Phédon*.

Dernières années de Cicéron. — Ses œuvres purement philosophiques.

Après la *Consolation*, Cicéron écrivit l'*Hortensius*, dans lequel il excitait ses compatriotes à l'étude de la philosophie. Il continuait ainsi ce qu'il avait commencé dans ses précédents ouvrages, mais il développait longuement les objections des adversaires, les arguments des partisans de la philosophie, jusque-là fort brièvement exposés. L'historien Trébellius Pollio nous dit que Cicéron a composé cet ouvrage sur le modèle d'un *Protrepticos*, et on s'est demandé s'il s'agissait de l'ouvrage d'Aristote, de celui de Posidonius ou de celui de Philon[1]. Mais il suffit de se rappeler ce que Cicéron avait déjà écrit sur ce sujet pour être convaincu qu'il a bien pu s'inspirer de l'un de ces auteurs ou peut-être de tous pour le cadre de l'ouvrage, mais qu'il n'a pas eu à leur emprunter les arguments qu'il y introduisit. La lecture de l'*Hortensius* convertit plus tard saint Augustin à l'étude de la philosophie[2]. Ce dialogue est encore cité par Roger Bacon dans son *Opus majus* et M. Ravaisson a pensé qu'on le possédait à l'abbaye du Bec[3].

Dans l'*Hortensius*, Cicéron avait recommandé à ses concitoyens l'étude de la philosophie; il voulut écrire des ouvrages qui rendissent cette étude possible pour ceux même qui ne pouvaient lire les ouvrages grecs. Il composa les *Académiques* : les interlocuteurs furent d'abord Catulus, Lucullus, Hortensius et Cicéron; puis Cicéron remplaça Catulus par Caton et Lucullus par Brutus; enfin, sur le conseil d'Atticus, il mit Varron à la place de Catulus et de Lucullus, Atticus à la place d'Hortensius. Nous avons le livre II de la 1re édition (*Lucullus*), et le livre I de la seconde.

Lucullus expose la logique d'Antiochus; il mentionne le *Sosus*, qui était le récit d'une discussion de ce philosophe

1. Voy. Thiaucourt, *Op. cit.*, p. 43, sqq.
2. *Confessions*, III, 4. Cf. Havet, *Le Christianisme et ses origines*, II, 135.
3. C'est ce que nient Kayser (vol. XI, p. 56) et Teuffel, *Op. cit.*, I, 320.

avec un disciple de Philon, Héraclite. Il y a, dit-il, des choses que l'on peut saisir (καταληπτά) : les sens nous donnent des indications certaines, d'où naissent ces notions sans lesquelles toute connaissance et toute mémoire seraient impossibles. Celui qui le nie supprime toute vertu et bouleverse la vie humaine; celui qui fait appel au vraisemblable, après avoir nié l'existence de la vérité, ne saurait distinguer ce qui *ressemble au vrai* de ce qui en diffère. Enfin les arguments par lesquels les académiciens soutiennent que rien ne saurait être compris n'ont aucune valeur. Cicéron s'excuse de défendre la nouvelle Académie et avoue qu'il est « *grand partisan de l'opinion* » (*magnum opinatorem*). Il réfute ensuite, d'après Clitomaque, tout ce qu'avait dit Lucullus. Cicéron avait été le disciple d'Antiochus et de Philon : il ne fait que reproduire ici ce qu'il avait appris de l'un et de l'autre, ce qu'il avait déjà esquissé dans ses précédents ouvrages [1].

Varron expose comme Lucullus la doctrine d'Antiochus et montre l'accord de Platon, d'Aristote et de Zénon que Cicéron avait déjà essayé d'établir dans plusieurs de ses ouvrages. Cicéron devait ensuite soutenir que la nouvelle Académie était demeurée fidèlement attachée à la tradition de Platon.

Après avoir fait connaître sur la théorie de la connaissance les doctrines de l'ancienne et de la nouvelle Académie, telles que les comprenaient Antiochus et Philon, Cicéron aborda les questions de morale théorique. Il voulut enseigner à ses concitoyens ce que pensaient du souverain bien les épicuriens, les stoïciens, les péripatéticiens.

---

1. On peut consulter sur les *Académiques* : Krische (*Académiques*); Hirzel, *Untersuchungen zu Cicero's philosophischen Schriften*; Diels, *Doxographi Græci*; Zeller, III, 1, 598; Thiaucourt, *Op. cit.* Mais tous ces critiques ont trop souvent oublié les études philosophiques auxquelles s'était livré Cicéron et ont cru qu'il arrivait sans connaissance suffisante du sujet à l'exposition de telle ou telle doctrine. Ceux qui auront lu avec attention notre introduction verront que Cicéron connaissait déjà tout ce qu'il a exposé à cette époque et n'a eu besoin que des mots, dont il ne manquait pas, comme il le dit lui-même. Nous avons longuement exposé ce qui concerne la nouvelle Académie dans un mémoire sur le scepticisme, récompensé par l'Académie des sciences morales et politiques : nous le publierons prochainement.

Le premier livre du *De Finibus* contient une critique sommaire de la philosophie d'Epicure, que Cicéron avait déjà plus d'une fois combattue, et l'exposition de cette doctrine par Torquatus. L'enseignement de Zénon et de Phèdre, la connaissance de certains ouvrages d'Epicure, peut-être la lecture de Lucrèce et de Philodème avaient suffisamment préparé Cicéron à l'exposition de l'épicurisme. Le second livre est employé à critiquer ce qu'a dit de l'épicurisme son représentant Torquatus. Ici encore l'enseignement de ses maîtres Philon, Antiochus et Posidonius, ses lectures antérieures, les critiques qu'il avait déjà formulées, l'intelligence remarquable avec laquelle il sait découvrir les points faibles d'une cause contre laquelle il se trouve avoir à plaider, nous expliquent suffisamment des arguments qu'on a été tenté trop souvent de chercher dans tel ou tel auteur, que Cicéron n'aurait fait que traduire textuellement[1].

Le troisième livre est consacré à l'exposition par Caton de la morale stoïcienne. Cicéron y cite fréquemment Diogène de Babylonie déjà mentionné dans ses autres ouvrages. Dans le quatrième livre, il critique lui-même le stoïcisme rigide de Caton qu'il avait déjà combattu dans le *Pro Murena*. Dans le cinquième livre enfin, Pison expose la morale d'Antiochus qui suivait, disait-il, l'ancienne Académie et les péripatéticiens[2].

Nous serions assez disposé à placer cette même année la traduction des premiers chapitres du *Timée* de Platon. Cicéron l'a fait précéder d'une préface, composée après les *Académiques*, et peut-être voulait-il l'employer à la composition d'un dialogue qui lui eût servi à exposer ses idées en physique. On a soutenu qu'elle était l'œuvre de sa jeunesse et il n'est pas impossible qu'il en soit ainsi. Mais il est sûr qu'il la revit à cette époque, comme le prouvent la préface qui la précède et les emprunts qu'il y a faits pour composer le *De Natura Deorum*[3].

---

1. Voy. notre chapitre des Sources du second livre du *De Natura Deorum*.
2. Sur Antiochus, voy. la thèse latine de M. Chappuis.
3. M. Boissier (p. 310) fait de la traduction du *Timée* une œuvre de jeunesse. — M. Thiaucourt (p. 293) soutient l'opinion contraire, mais ne la justifie que par des conjectures. On peut consulter, outre l'ouvrage de M. Thiaucourt, ceux de Hermann (*De interpretatione Timœi*), de

En 44, Antoine offre la couronne à César qui la refuse aux applaudissements du peuple. Aux ides de Mars, César est poignardé par Cassius, Brutus et les autres conjurés. « *Tous les* » *honnêtes gens,* dit Cicéron, *autant qu'ils l'ont pu, ont tué* » *César. Les moyens ont manqué aux uns, la résolution aux* » *autres, l'occasion à plusieurs, la volonté n'a manqué à per-* » *sonne.* » Les conjurés avaient appelé Cicéron en agitant leurs épées sanglantes et l'avaient ainsi reconnu pour leur chef. Cependant, il quittait l'Italie quand un coup de vent le rejeta sur la côte et l'empêcha de gagner la Grèce. Il trouva Brutus à Vélie et consentit, sur ses prières, à retourner à Rome pour tenter une dernière lutte. Ce fut peut-être, comme on l'a dit[1], le moment le plus beau de sa vie politique. La première *Philippique*, prononcée au sénat lorsque personne n'osait y prendre la parole, rappelait son premier discours politique et ses protestations contre la tyrannie de Sylla. Grâce au jeune Octave, la ruine des *honnêtes gens* fut pour un moment retardée. Pendant six mois Cicéron fut *l'âme du parti républicain*. Avec les mots de patrie et de liberté, il rend l'énergie au peuple romain, à l'Italie, aux proconsuls des provinces, aux généraux des armées. Les *Philippiques* se répandent dans le monde entier et, à la nouvelle de la victoire de Modène, le peuple le conduit en triomphe au Capitole pour entendre de lui le récit de la bataille.

En revenant à la politique, Cicéron n'avait pas renoncé à la philosophie. Avant le meurtre de César, il avait terminé les *Tusculanes*, qu'il composa sans doute en même temps que le *De Natura Deorum*[2], mais qu'il ne finit que plus tard. La première des *Tusculanes*, qui ont pour but de faire connaître les choses les plus nécessaires à une vie heureuse, traite du mépris de la mort. Si l'âme est immortelle, et Cicéron le croit avec Platon, elle ne saurait être malheureuse; si elle périt avec le corps, elle ne

---

Hochdanz : *Quæstiones criticæ in Timæum Ciceronis e Platone transcriptum*, et de Hirzel.

1. G. Boissier, *Op. cit.*, p. 75.
2. Sur le *De Natura Deorum* et l'époque de sa composition, voy. *infra*.

saurait l'être davantage, puisqu'elle n'a plus de sentiment. Cicéron cherchait ainsi à préparer à la mort qui les menaçait sans cesse les Romains qui vivaient à cette triste époque, les disciples d'Épicure comme ceux de Platon ou du Portique. Il semble bien d'ailleurs que ces encouragements n'étaient pas perdus, car la lecture des *Tusculanes* donne du cœur à l'épicurien Atticus lui-même.

Le second livre indique les moyens de supporter la douleur, le troisième, les moyens de supporter la tristesse ou la douleur morale; le quatrième, les moyens de guérir les passions; le cinquième prouve que la vertu suffit au bonheur. On a dit de cet ouvrage qu'il ressemble aux thèses qu'on soutenait dans les écoles pour s'exercer[1]. Nous ne le croyons pas : si l'on se rapporte à l'époque où Cicéron l'a composé, alors que les malheurs privés étaient venus se joindre pour lui à la perte de la liberté politique; si l'on pense surtout aux effroyables proscriptions qui suivirent la formation du second trumvirat, on sera convaincu qu'il a eu pour but de se fortifier lui-même et de fortifier les autres, de se préparer et de les préparer à tout ce que pouvaient attendre ceux qui avaient vu les proscriptions de Marius et de Sylla, qui avaient échappé à Catilina, survécu à Pharsale et ne devaient pas échapper à Antoine et à Octave.

Dans les premiers mois qui suivirent la mort de César, Cicéron paraît avoir composé ou terminé le *De Divinatione*, le *De Fato*, le *De Senectute*, le *De Amicitia*, le *De Gloria* et commencé le *De Officiis*.

Peut-être convient-il de placer le *De Senectute* en tête de cette liste d'ouvrages et d'en rapporter la publication au mois d'avril 44. Caton fait l'éloge de la vieillesse : il montre que le souvenir d'une vie glorieuse, consacrée au service de son pays, et l'espoir d'une autre vie suffisent pour consoler le vieillard des inconvénients que l'âge apporte avec lui.

Le *De Divinatione* suivit le *Caton l'Ancien*. Il avait déjà parlé de la divination à plusieurs reprises. Depuis longtemps

---

1. Voy. *Thiaucourt*, qui d'ailleurs combat cette opinion (p. 134). Sur les *Tusculanes*, voy. G. Zietschmann, *De Tusc. qu. fontibus*; Halle 1868 et Heine, *De Tusc. disp. fontibus*, Weimar, 1863.

il était augure et avait peut-être composé déjà le *De Auguriis* que citent Servius et Charisius; il avait abordé le sujet tout récemment dans le *De Natura Deorum*. Il le traite plus longuement ici : son frère Quintus reprend l'exposition ébauchée par Balbus; Cicéron développe la critique de Cotta avec des arguments empruntés à Clitomaque, le disciple de Carnéade, dont il avait connu la doctrine par Philon et par ses lectures antérieures, peut-être aussi à Panétius dont il avait étudié la doctrine avec ses maîtres stoïciens, Diodote et Posidonius. Il nie absolument la possibilité de la divination[1].

Le *Lélius* est consacré à l'éloge de l'amitié.

Le *De Fato* devait compléter le *De Natura Deorum* et le *De Divinatione*. Velléius avait critiqué le destin des stoïciens. Balbus avait parlé de cet enchaînement nécessaire des causes physiques, de cette *sympathie* qui règne entre toutes les parties de l'univers. Cicéron critique avec des arguments empruntés en partie à Clitomaque, en partie suggérés par le bon sens, la doctrine stoïcienne du fatum.

Sur le vaisseau qui le conduisit de Vélie à Rhégium, à Syracuse, et qui faillit le porter en Grèce, il écrivit un livre de *Topiques* où il se proposa d'éclaircir pour Trébatius le sujet traité par Aristote dans un ouvrage que les rhéteurs ignoraient et que connaissaient même très peu de philosophes.

L'ouvrage porte la trace des préoccupations philosophiques de Cicéron à cette époque; il y est question des idées (ἰδέα), des notions (ἔννοια, πρόληψις), de l'induction socratique, de la dialectique, des causes, du destin stoïcien.

A la fin de l'année 44, Cicéron termina son *De Officiis*[3]. L'ouvrage était dédié à son fils Marcus qui, envoyé à Athènes

---

1. Sur cet ouvrage, on peut consulter Bouché-Leclercq, *Histoire de la Divination*, passim; Schiche, *De fontibus librorum Ciceronis qui sunt de Divinatione*, Iéna, 1875 et Hartfelder, *Die Quellen von Cicero's zwei Büchern de Divinatione*, Fribourg, 1878; Hirzel, *Op. cit.*, et Thiaucourt, ch. x, p. 251.

2. Voy. Thiaucourt, *Op. cit.*, p. 278 et l'ouvrage de Daunou.

3. Voy. l'édition de Heine, les ouvrages de Hirzel (II), de C. Benoît (*Historica de M. T. Ciceronis officiis commentatio*) et de Thiaucourt, p. 302.

pour y faire son éducation, prit « *le goût du falerne et du vin de Chio* » plutôt que l'amour de Platon et de Démosthène. Pour cet ouvrage, qui est peut-être la plus belle de ses œuvres, Cicéron suivit de préférence les stoïciens et surtout Panétius, mais en puisant dans leurs écrits avec discernement, en faisant un choix parmi leurs préceptes et en donnant à leurs pensées un tour qui lui était propre.

Il traite de l'honnête dans le premier livre, de l'utile dans le second, des conflits de l'honnête avec l'utile dans le troisième.

Nous n'avons conservé ni l'ouvrage sur la *Gloire* que connut encore Pétrarque, ni le traité des *Vertus* que citent saint Jérôme et Charisius.

Brutus avait bien jugé Octave, qui voulait affaiblir Antoine, mais non le ruiner complètement. Octave se rencontra avec Antoine et Lépide pour reconstituer, disaient-ils, la République : ils s'occupèrent de dresser des listes de proscription, se livrèrent les uns aux autres leurs meilleurs amis et leurs parents : Lépide abandonna son frère, Antoine son oncle, Octave abandonna Cicéron qu'il avait appelé son père et à qui il devait tout. A la nouvelle des proscriptions, Cicéron, alors à Tusculum avec son frère, partit pour sa villa d'Asture, afin de gagner la mer et de rejoindre Brutus en Grèce. Un coup de vent le rejeta sur le rivage ; il revint dans sa maison de Formies. « *Il ne lui restait plus qu'à imiter les braves gladiateurs et à chercher comme eux à bien mourir.* » Ses esclaves l'avaient contraint à monter dans une litière et voulaient encore essayer de le sauver.

Le centurion Hérennius et le tribun Popilius, que Cicéron avait autrefois défendu, arrivèrent avec un petit nombre de soldats. Cicéron les entendit et fit arrêter la litière. Il avait, dit Plutarque, la barbe et les cheveux hérissés et sales, le visage fatigué ; prenant, par un geste qui lui était ordinaire, son menton avec la main gauche, il regarda fixement les meurtriers, tendit lui-même le cou hors de la litière et, *sans prononcer un seul mot*, se laissa égorger par Hérennius pendant que les soldats se cachaient le visage. On lui coupa la tête et la main qui furent portées à Antoine. Fulvie, la veuve de Clodius et la femme d'Antoine, lui arracha la langue et la perça de son aiguille ; Antoine fit attacher la tête et la main sur la tribune aux harangues. Les Romains, dit Tite-Live, pouvaient à peine retenir leurs larmes en voyant ces restes mutilés! Cicéron avait près de soixante-quatre ans : il avait perdu sa fille chérie; son fils montrait des dispositions tout autres que celles qu'il lui eût souhaitées; la liberté était morte, et avec elle le pouvoir de l'éloquence : sa tâche était terminée, il n'avait rien à regretter après lui.

Les courtisans d'Auguste se gardèrent de louer ou même de rappeler le souvenir de l'homme auquel Octave devait tout et qu'il avait laissé assassiner. Son petit-fils se cachait comme d'un crime de lire Cicéron. Pollion cherchait à faire oublier qu'il avait autrefois défendu la République en insultant à sa mémoire. Horace, Properce, Tibulle, Ovide, Virgile, ne le nomment pas. Virgile même cède aux Grecs la palme de l'éloquence (ORABUNT MELIUS CAUSAS) et oublie que Cicéron a été, de l'aveu des Grecs eux-mêmes, un orateur incomparable; Tite-Live le juge fort sévèrement : il n'y eut que la mort, dit-il, qu'il supporta en homme; et s'il lui donne quelque éloge, il termine par un trait qui ressemble beaucoup à une épigramme [1].

Cependant Cornélius Sévérus, l'ami d'Ovide, a fait l'éloge de Cicéron et flétri Antoine, qu'il rend seul responsable de ce crime [2]. Sous Tibère, Velléius Paterculus voue à l'indignation les meurtriers de Cicéron [3]. Plus tard Quintilien fait « de ses *Institutions oratoires* une longue analyse du génie de Cicéron ». Martial poursuit Antoine de ses invectives, Pline l'Ancien salue dans Cicéron le père de l'éloquence et des lettres latines, le vainqueur de Catilina, le vainqueur même d'Antoine qui l'a proscrit; le plus illustre citoyen de Rome, celui de ses enfants à qui elle doit d'avoir égalé dans les arts de l'esprit les peuples que ses armes avaient subjugués, celui qui a plus honoré sa patrie par ses ouvrages que tous les conquérants par leurs victoires. Pline le Jeune veut l'imiter dans toute sa vie [4], Plutarque ne le met pas au-dessous de Démosthène. Alexandre Sévère l'honore comme un dieu, avec Moïse et Platon. Au moyen âge, Cicéron fut lu par tous ceux qui avaient une apparence d'instruction. A la Renaissance, Buona-

1. Ex lib. cxx.
2. Voy. Seneca, *Suasor*, 7.
3. II, 66.
4. Voy. la thèse latine de M. *Moy* sur Pline le Jeune.

mico, Bembo, Sadolet qui firent école, se montrèrent les admirateurs fanatiques de Cicéron; Érasme l'attaqua, mais Dolet et Scaliger le défendirent. Érasme lui-même disait que Cicéron, s'il avait connu le christianisme, eût été mis au rang des saints, à cause de la pureté et de la sainteté de sa vie.

De nos jours on s'est montré fort souvent sévère pour Cicéron. Sa vie politique, sa vie privée elle-même, ont été attaquées et critiquées avec la plus grande vivacité. On lui a reproché ses variations politiques, son insupportable vanité, on l'a accusé de manquer de courage, on a même contesté sa valeur comme orateur et comme écrivain[1]. Nous ne voulons pas entreprendre de réfuter des critiques qui avaient déjà été relevées autrefois[2] et qui récemment encore ont été l'objet d'une réfutation aussi modérée que concluante[3]. Si l'on veut prouver que Cicéron a eu des défauts, la tâche est vraiment trop facile; mais si l'on veut montrer qu'ils l'emportent sur ses qualités, nous croyons que personne ne se laissera convaincre. Voilà un homme dont nous possédons, avec les lettres, les plus secrètes pensées, et on s'étonne qu'on ne retrouve pas à tous les moments de sa vie la même manière de voir! On lui reproche d'avoir été indécis, irrésolu; mais on oublie qu'il s'est trouvé obligé de faire un choix dans les circonstances les plus critiques pour lui-même et pour la République; on oublie surtout qu'il n'a pas hésité à s'attaquer à Chrysogonus, à Catilina, à Antoine, malgré les dangers qu'il courait en agissant ainsi; on oublie qu'il s'est déclaré pour Pompée et le sénat, quoiqu'il sût fort bien qu'il serait du parti des vaincus; on oublie enfin qu'il a fait après la mort de César un suprême effort pour sauver la liberté. Sans doute Octave a trompé son attente, mais valait-il mieux laisser succomber immédiatement la République sous les coups d'Antoine, au lieu de lui opposer le seul adversaire qui pût alors le combattre? Enfin on oublie qu'il a payé de sa vie son dévouement à sa patrie et à la

---

1. Voy. Mommsen, *loc. cit.* Montesquieu avait déjà reproduit dans la *Grandeur et la décadence des Romains*, les reproches que Brutus adressait à Cicéron.
2. V. Le Clerc, *Œuvres de Cicéron*, vol. I.
3. G. Boissier, *Cicéron et ses amis.*

liberté. Comme le disait plus tard Auguste lui-même : « *C'était un grand homme qui aimait bien sa patrie.* »

Il a parlé, il est vrai, souvent de lui-même ; mais il avait fait de grandes choses ; il avait, pour mieux servir son pays, consacré oute sa jeunesse à l'étude ; il avait renoncé à tous les plaisirs ; il avait administré avec une sagesse, une modération et un désintéressement rares, la Sicile et la Cilicie, il avait cédé à son collègue Antoine, pour le séparer de Catilina, l'administration d'une riche province ; il avait donné dans sa famille l'exemple de toutes les vertus et consacré au travail tous les instants que sa patrie ne lui avait pas réclamés. Ils sont rares en vérité les hommes de talent, les orateurs et les hommes politiques dont on puisse faire un tel éloge.

II

LA PHILOSOPHIE DE CICÉRON

Venons maintenant au philosophe qui n'a guère été plus épargné. « *Journaliste* par nature, dans le plus mauvais sens du
» mot... *faiseur, compilateur*, il échoua complètement, nous dit
» M. Mommsen, lorsque dans les loisirs involontaires de ses
» dernières années, il s'appliqua à la philosophie proprement
» dite, et, avec autant de mauvaise humeur que de précipitation,
» composa en *deux mois* toute une bibliothèque philosophique. La
» recette était très simple. Dans une grossière imitation des écrits
» populaires d'Aristote, où la forme du dialogue était employée
» principalement pour exposer et critiquer les anciennes écoles,
» Cicéron amalgama dans un dialogue les systèmes stoïcien, épi-
» curien et syncrétiste qui traitent le même problème, et tout ce
» qu'il fit pour son compte fut de fournir une introduction au nou-
» veau livre, en puisant dans la collection de préfaces qu'il avait
» pour ses ouvrages futurs. Il montra cette sorte de confusion
» qu'un homme de lettres qui n'a pas atteint à la pensée, ou
» même à la connaissance philosophique, et qui travaille rapide-
» ment, montre dans la reproduction des discussions dialectiques,

» Quand on veut faire des productions philosophiques d'ouvrages
» écrits de cette manière, on ferait mieux *de ne pas parler de
» littérature.* »

Tout en combattant ce jugement comme exagéré, l'auteur d'une thèse récente[1] a parlé de *la faiblesse de pensée* de Cicéron, qui était incapable d'une *étude attentive*, qui n'a pas *pénétré le sens des théories platoniciennes, qui n'a pas su démêler le génie de la législation romaine*. Zeller lui-même dit que sa connaissance de la philosophie n'est ni assez originale ni assez approfondie pour qu'on puisse le nommer un grand érudit : là où il n'exprime pas ses opinions personnelles, il semble presque toujours *avoir en main* quelque ouvrage qu'il suit fidèlement ; quand il parle en son nom, il s'exprime souvent comme s'il ne faisait que des rédactions (*Bearbeitungen*) d'écrits anciens[2].

On est même parti de ce point de vue en Allemagne pour chercher quelles ont été, pour chacun des ouvrages de Cicéron, les sources qu'il s'est borné à traduire ou à copier. On a réuni un certain nombre d'indications de détail très précieuses, mais on s'est mépris absolument en pensant que Cicéron avait dû, quand il composait ses ouvrages, chercher un guide qui lui fît connaître, au moment même où il allait les exposer, les doctrines des écoles grecques sur les différentes questions philosophiques.

Remarquons d'abord que le passage célèbre qui a servi de motif à toutes ces recherches : « Ἀπόγραφα sunt, *minore labore* » *fiunt : verba tantum affero, quibus abundo*, » se trouve dans une lettre à Atticus de mai 45 (XVI, 52), sans que nous puissions, d'après le texte même, savoir de quels ouvrages veut parler Cicéron. Mais il y a plus : à cette époque Cicéron composait le premier livre du *De Finibus* qu'il envoya à Atticus dès les premiers jours de juin (XIII, 5) et il disait dans ce livre le contraire de ce que nous lisons dans la lettre à Atticus : « *Je n'écris point
» en simple traducteur, dit-il, je soutiens les opinions des
» philosophes que j'approuve, en leur prêtant ma manière de
» penser et mon style* (I, 2, 6) : *Non interpretum fungimur
» munere, sed tuemur ea, quæ dicta sunt ab iis quos pro-*

---

1. Thiaucourt, *Op. cit.* Conclusion.
2. *Die philosophie der Griechen*, III, 1, 649, 50, 51.

» *bamus, iisque nostrum judicium et nostrum scribendi or-* » *dinem adjungimus.* » Il répète à peu près la même chose plus tard à propos du *De Officiis* (I, 2, 6). Comment dès lors appliquer à tous ses ouvrages ce qu'il nie formellement avoir fait pour deux des plus importants? Comment le faire surtout lorsqu'on s'appuie sur un texte qui ne vise aucun ouvrage déterminé?

C'est qu'en effet tous ceux dont nous avons rapporté les jugements ont oublié les études philosophiques auxquelles Cicéron s'était livré dans sa jeunesse, qu'il n'avait jamais abandonnées pendant sa vie politique, comme il le dit lui-même et comme nous l'avons montré par l'examen de ses œuvres. Personne n'a songé, croyons-nous, à accuser M. Guizot d'avoir fait une compilation hâtive et sans valeur en composant son *Histoire de France* après plus de vingt années consacrées aux affaires publiques. Or, si nous prenons les ouvrages de Cicéron écrits après la mort de Tullia, nous trouvons qu'ils occupent trois volumes dans l'édition Baiter et Kayser. De ces trois volumes on peut en défalquer près d'un pour les *Philippiques*, pour le *Caton* et le *Lélius*, qui sont des œuvres littéraires plutôt que philosophiques. Si donc nous nous bornons aux seuls ouvrages vraiment philosophiques, les *Académiques*, le *De Finibus*, le *De Natura Deorum*, les *Tusculanes*, le *De Divinatione*, le *De Fato* et le *De Officiis*, en y joignant même le *Timée*, nous arrivons à un total de moins de 800 pages dont il faut placer la composition entre la mort de Tullia, en février 45 et la fin de 44, c'est-à-dire dans un espace de *vingt* et non de *deux* mois comme le veut M. Mommsen. Si l'on se rappelle que pendant un certain temps Cicéron consacra à ce travail ses journées tout entières et même une partie de ses nuits, si l'on considère qu'il était habitué à composer rapidement et que ses autres ouvrages étaient pour lui un délassement, on ne sera pas trop surpris qu'un homme qui connaissait déjà la philosophie des diverses écoles ait pu exposer, en un temps relativement court, ce qu'elles enseignaient sur les questions qui intéressaient les Romains.

Mais, dira-t-on, Cicéron était-il capable de comprendre ces doctrines? Il nous semble qu'il a fallu une grande hardiesse, pour ne pas dire plus, à ceux qui ont soutenu le contraire. Nous sommes en présence d'un homme qui compte parmi les plus grands par l'intelligence et le talent, qui a été admiré par le plus grand nombre de ceux qui avaient des droits à le juger, et on vient à priori prétendre qu'il ne pouvait comprendre les questions philosophiques ! Qu'on soutienne qu'il s'est trompé sur tel ou tel point particulier, qu'il n'a pas essayé, plus que ses contemporains, de se renseigner sur telle ou telle doctrine métaphysique, ce sont là des questions que l'on peut discuter. Mais nous ne comprenons pas que, sans raisons et d'une façon générale, on lui refuse l'intelligence des problèmes philosophiques. Nous n'irons pas jusqu'à dire avec Voltaire que « *Cicéron seul vaut peut-être mieux que tous les philosophes de la Grèce* », mais nous n'admettrons jamais qu'un homme dont l'intelligence ouverte et pénétrante apparaît dans toutes ses autres œuvres, qu'un homme qui a déclamé en grec, prononcé des discours en cette langue, qui a rempli ses lettres à Atticus de citations grecques, n'ait pu comprendre ce que les philosophes grecs avaient dit des questions qu'il a lui-même abordées.

Il est vrai qu'il ne suffit pas de pouvoir saisir les doctrines philosophiques, il faut encore y joindre le travail qui permet à l'intelligence de se les assimiler. Or Cicéron a-t-il consacré à l'étude de ces questions difficiles un temps suffisant ? Quelle confiance mérite-t-il, en d'autres termes, comme *historien de la philosophie*, abstraction faite des auteurs qu'il a pu consulter au moment même où il composait ses ouvrages ?

Cicéron, historien de la philosophie.

Les lecteurs qui auront suivi avec attention l'exposition de la vie de Cicéron ne seront pas embarrassés de répondre à cette question. Pour la mieux résoudre, il convient cependant de la diviser et d'examiner séparément ce que Cicéron a fait pour connaître chacune des anciennes écoles.

Cicéron traduisit les *Économiques* et lut les *Mémorables* de Xénophon, qu'il admire beaucoup. Il traduisit le *Protagoras* et le *Timée*, il prit une connaissance approfondie de la *République*, des *Lois* et du *Phédon* ; il a souvent cité le *Phèdre*, le *Gorgias* et en a même traduit plusieurs passages ; il mentionne *les dia-*

logues de Platon dans la plupart desquels Socrate figure comme interlocuteur. On dit qu'il n'a jamais lu le *Théétète*, le *Sophiste*, le *Parménide*, le *Politique*, le *Philèbe* et le *Cratyle*, qu'il ne cite jamais[1]. Quant au *Parménide*, on s'est demandé souvent de nos jours s'il était bien de Platon[2], et on pourrait retrouver dans les œuvres de Cicéron des passages qui rappellent le *Théétète*[3] et le *Cratyle*[4]. D'ailleurs, on ne saurait affirmer qu'il n'a pas connu les dialogues qu'il ne cite pas. Il reçut l'enseignement de Philon, d'Antiochus, qui se réclamaient l'un et l'autre de Platon; de Posidonius, qui abandonnait sur bien des points le stoïcisme pour revenir à Platon. Il cite Platon dans plusieurs de ses discours, dans ses livres de rhétorique antérieurs à la mort de Tullia, dans ses lettres à Atticus et à son frère Quintus. Il semble donc que toute sa vie il se soit occupé de celui des philosophes qu'il admirait le plus, et il y a certainement plus de vraisemblance à soutenir qu'il étudia toutes ses œuvres qu'à prétendre qu'il ne connut que les dialogues cités dans ses propres ouvrages.

On peut conjecturer de même que les prétentions opposées de Philon et d'Antiochus soutenant l'un et l'autre que leur philosophie était en accord avec celle de l'ancienne Académie, l'amenèrent à étudier ce qui pouvait rester de Speusippe, de Xénocrate, de Polémon, de Crantor. Nous pouvons l'affirmer à propos de ce dernier, dont il lut, mit à profit, et vanta la *Consolation*. Il est également certain que l'enseignement de Philon lui fit connaître Arcésilas[5], Carnéade et ses disciples Charmadas, Clitomaque, Eschine et Métrodore, lui inspira enfin le désir de lire les ouvrages où Clitomaque avait consigné la doctrine du maître; peut-être même Philon faisait-il lire à ses disciples les ouvrages

---

1. Orelli, vol. VII, 1, p. 464.
2. Socher l'attribue à un Mégarique, Ueberweg à un sceptique platonicien. Voy. Ueberweg, I, p. 130.
3. Voy. le *Lélius*.
4. En particulier ceux du *De Natura Deorum* où il est question d'étymologie.
5. On peut toutefois remarquer qu'Arcésilas et Carnéade n'ayant pas écrit, il était fort difficile, dans l'école même, de déterminer ce qui appartenait à l'un et à l'autre. C'est ce qui nous explique qu'il soit plus difficile encore de le faire aujourd'hui, avec les ouvrages de Cicéron, de Sextus, de saint Augustin, d'Eusèbe, etc.

où se trouvait exposée la philosophie à laquelle il n'apportait que fort peu de modifications. Si l'on compare d'ailleurs Cicéron à Plutarque, à Sextus Empiricus, on verra que le plus souvent il a été exact dans l'exposition des doctrines de la nouvelle Académie.

Cicéron connut aussi les doctrines éclectiques d'Antiochus, puisqu'il vécut six mois avec lui à Athènes, et eut ensuite pour ami Aristus, qui avait adopté les doctrines de son frère Antiochus.

Il est plus difficile de conjecturer ce que Cicéron a connu d'Aristote. Il est hors de doute qu'il lut ses ouvrages de rhétorique, ses dialogues populaires, peut-être ses ouvrages politiques; il est plus douteux qu'il ait étudié ses ouvrages de morale; il semble à peu près sûr qu'il n'a pas connu sa *Physique*, sa *Métaphysique* et son *Organon*[1], quoiqu'il parle des *Commentaires* d'Aristote (*De Fin.*, III, 3, 10) que Pison désigne dans le même ouvrage comme ses œuvres *ésotériques*. Il lut aussi quelques ouvrages de Théophraste, de Dicéarque, traitant spécialement de rhétorique et de politique; il apprit peut-être de Cratippe son ami et le maître de son fils certaines parties de la doctrine péripatéticienne; mais il semble en général s'en rapporter pour la philosophie d'Aristote à l'enseignement d'Antiochus qui affirmait l'identité des doctrines d'Aristote, de Platon et de Zénon[2].

Cicéron connut de bonne heure et très bien l'épicurisme, qui lui fut enseigné à Rome par Phèdre, à Athènes par Zénon et Phèdre. Bon nombre des écrits, antérieurs à la mort de sa fille, de ses discours, de ses lettres, contiennent des allusions à la doctrine d'Epicure. Il est à peu près certain qu'il connut également certains ouvrages de Philodème et le poème de Lucrèce; qu'il s'entretint fréquemment avec Atticus de la philo-

1. Les écrits du philosophe ont-ils été inconnus pendant longtemps comme le rapporte Strabon (XIII, 608) ou ont-ils toujours été connus des péripatéticiens comme le soutient M. Ravaisson (*Mét. d'Arist.*, I, p. 7)? C'est une question difficile à résoudre. Cicéron, nous disant que les philosophes eux-mêmes connaissent peu les *Topiques* d'Aristote, semblerait donner raison à Strabon. Voy. sur Cicéron et Aristote, Hugo Jentsch, *Diss. inaug.*, Berlin 1866, Thiaucourt et les ouvrages cités, n. 2.

2. Cf. Stahr, *Aristote chez les Romains*; Bernays, *Dialogues d'Aristote*.

sophie à laquelle celui-ci s'était rallié. Il fut enfin en relations avec Patron, le successeur de Phèdre, qu'il recommanda à Memmius.

Nous en dirons autant du stoïcisme. Il fut instruit par Diodote avec lequel il resta en relation très intime pendant de longues années; il dut être instruit aussi du stoïcisme par Philon, puisque l'Académie nouvelle s'occupait surtout de combattre le portique[1], par Antiochus, qui enseignait sous le nom de platonisme une doctrine presque entièrement stoïcienne. Enfin il entendit Posidonius qui lui fit connaître un stoïcisme en certains points platonicien, et les doctrines beaucoup plus hétérodoxes encore de son maître Panétius.

En résumé, Cicéron a connu directement et dès sa jeunesse le stoïcisme, l'épicurisme, les dialogues de Platon, la philosophie de Carnéade et de Philon, l'éclectisme d'Antiochus; il a lu certains écrits d'Aristote et des péripatéticiens. Or, la plupart des écrits des stoïciens et des épicuriens, les livres de Clitomaque, de Philon et d'Antiochus, les dialogues d'Aristote sont aujourd'hui perdus et Cicéron est un de ceux qui nous ont transmis sur les uns et sur les autres les plus précieux renseignements. Il a pu sans doute quelquefois se tromper; mais à mesure que l'on étudie davantage ces anciennes doctrines, que l'on découvre des documents nouveaux, on est de plus en plus convaincu que ses erreurs sont beaucoup moins nombreuses qu'on ne l'a souvent prétendu[2].

Voilà les services que peut rendre aujourd'hui Cicéron à l'histoire de la philosophie[3]. Il faut ajouter pour être complet qu'on trouve dans ses écrits bon nombre d'indications sur les philosophes antésocratiques qui sans doute n'ont pas été puisées

---

1. S'il n'y avait pas eu de Chrysippe, disait Carnéade, il n'y aurait pas eu de Carnéade.
2. C'est la conclusion à laquelle est arrivé M. Guyau à propos de l'épicurisme exposé dans le *De Finibus*; c'est ce qu'a montré également la découverte du Περὶ εὐσεβείας de Philodème (Voy. Mayor, *De Nat. Deor.*, liv. I, introduction).
3. On peut consulter: Ch. Meiners, *Orat. de philos. Ciceronis ejusque in universum philos. meritis*; Gediko's *Zusammenstellung der auf die Geschichte der Philos. bezüglichen Stellen des Cicero*, Berlin 1782, 1801, 1814; J. F. Herbart, Werke, Bd 12, etc.

directement aux sources, mais qui, en l'absence des sources elles-mêmes, ne laissent pas que d'avoir une certaine valeur.

Mais à une autre époque, pendant le moyen âge et surtout à la Renaissance, Cicéron a rendu à l'humanité tout entière un immense service. Les expositions des doctrines anciennes, que nous trouvons aujourd'hui inexactes et quelquefois superficielles, étaient faites avec une grande clarté; la forme même en était séduisante. Pour les hommes qui ne comprenaient pas Platon et encore moins Aristote, que presque tous cependant citaient, Cicéron fut un guide précieux. Le caractère éclectique de ses ouvrages fut même un avantage de plus : on y voyait rassemblé tout ce que les anciens avaient trouvé de plus noble et de plus grand. Il semblait que Cicéron eût préparé pour les hommes, que la barbarie avait pendant plusieurs siècles empêchés de penser, un breuvage doux et puissant, une nourriture intellectuelle qu'ils pussent s'assimiler, qui leur donnât pour ainsi dire le suc de la philosophie antique, qui les préparât à comprendre les philosophes grecs, qui leur apprit enfin à penser par eux-mêmes. Cicéron a été, pendant un temps assez long et à une époque où nul autre écrivain n'eût pu le remplacer, l'*éducateur du genre humain*[1]. A ce titre seul, ne mérite-t-il pas encore aujourd'hui le respect?

Mais il y a lieu de se demander quel enseignement personnel il a ajouté à celui par lequel il ne faisait que mettre à la portée d'un plus grand nombre de lecteurs ce qu'avaient pensé les philosophes grecs : après avoir étudié Cicéron comme historien de la philosophie, il convient de se demander ce qu'il a pensé lui-même sur les diverses questions qu'examinent les philosophes[2].

Cicéron philosophe.

Si l'on veut bien se reporter à l'exposition que nous avons faite de la vie et des ouvrages de Cicéron, on s'apercevra sans peine que Cicéron est éclectique; on s'apercevra aisément aussi

---

1. Voy. Duruy, *Hist. rom.* III.
2. Sur la philosophie de Cicéron, on peut consulter les ouvrages

qu'il n'y a qu'une doctrine à laquelle il n'ait rien emprunté, c'est l'épicurisme. Cicéron n'a jamais cessé de combattre Epicure et les épicuriens; l'épicurisme est la seule doctrine avec laquelle il n'ait jamais voulu faire de compromis. Qu'on lise ses discours, (*Pro Sestio*, *In Pisonem*, etc.), ses ouvrages de rhétorique (*Brutus*, *De Oratore*, etc.), ses lettres, ses livres de philosophie, les *Lois*, les *Académiques*, le *De Finibus*, les *Tusculanes*, le *De Natura Deorum*, le *De Divinatione*, le *De Fato*, le *De Officiis*, partout on rencontrera la critique de l'épicurisme. Comment expliquer cette hostilité constante de Cicéron contre une doctrine que professaient bon nombre de ses amis?

Cicéron nous apprend lui-même que l'une des causes qui augmentaient le nombre des disciples d'Epicure, c'était la possibilité de rechercher, au nom de la philosophie, tous les plaisirs. Sans doute, on se montrait ainsi infidèle aux doctrines du maître, mais bon nombre de Romains se contentaient de suivre le précepte d'Epicure, sans se préoccuper du sens qu'il lui avait donné. Cicéron n'avait aucune raison de se ranger parmi eux. Sa jeunesse fut austère : tout ce qui charme les jeunes gens, nous dit-il lui-même, doit être laissé de côté par celui qui veut devenir orateur.

Si Cicéron n'avait point de vices qu'il fût tenté d'abriter sous la protection d'Epicure, la doctrine n'avait pas en elle-même de quoi satisfaire une nature idéaliste et artiste [1] : le maître avait méprisé les lettres et l'éloquence; il avait lui-même écrit ses ouvrages en recherchant la clarté plus que l'élégance et ses disciples imitaient en général son mépris pour les lettres et son dédain pour l'élégance [2]. Il y a plus : on ne pouvait même, à défaut de l'élégance, trouver chez eux une dialectique subtile ou puissante : « *Ils ne font aucun usage des définitions, des divi-*

---

cités p. 45. n. 4, les histoires de la philosophie de Ritter, de Zeller et d'Ueberweg; Havet, *Cicéron et la philosophie académique* (Comptes rendus de l'Académie des sciences morales et politiques, avril-mai 1884).

1. Cf. Mayor : « *Nature had gifted him with the sensitive, idealistic temperament of the artist and this had been trained to its highest pitch by the excellent education he had received.* »

2. Il faut excepter Philodème dont Cicéron fait l'éloge (*In Pis.*), et Lucrèce.

» *sions ou des partitions; ils ne montrent ni de quelle manière*
» *un argument est concluant, ni comment on dénoue les argu-*
» *ments captieux, ni comment on met en lumière les choses*
» *ambiguës* » (*De Fin.*, I, 7). Enfin ils recommandaient au sage de s'abstenir des affaires publiques, et Cicéron se préparait par un travail acharné à servir sa patrie; il rêvait d'acquérir une gloire égale à celle de son compatriote Marius et demandait à l'éloquence ce que celui-ci avait obtenu par les armes. On comprend aisément que, pour toutes ces raisons, il n'ait pas embrassé l'épicurisme, qu'il l'ait combattu aussi souvent qu'il l'a pu, et qu'il ait cru, en agissant ainsi, faire œuvre de bon citoyen [1].

Restait l'enseignement de ses autres maîtres. Diodote, qui lui avait fait connaître le premier le stoïcisme, semble avoir été un disciple de Panétius, qui avait dépouillé le stoïcisme de ses formes étranges et paradoxales pour l'introduire à Rome; Posidonius lui-même s'éloignait en plus d'un point de la doctrine de Chrysippe; enfin, d'une manière générale, le bon sens des Romains fit subir au stoïcisme, pour lequel ils semblaient tout préparés, des modifications plus ou moins profondes, qui avaient surtout pour but de lui donner un caractère pratique [2]. Ajoutez à cela que si la dialectique stoïcienne ne manquait ni de subtilité, ni de force, le mépris et le dédain qu'ils marquaient pour la rhétorique et l'éloquence ne pouvaient plaire à Cicéron. Il ne saurait donc être question de chercher en lui un pur stoïcien.

Ses autres maîtres Philon et Antiochus se réclamaient de l'Académie : le premier lui apprit l'art précieux pour un avocat de traiter chaque question de deux manières opposées; il lui fit connaître Platon dont les périodes artistement construites, le style harmonieux, doux et pur, les pensées nobles et élevées donnèrent toute satisfaction au jeune homme qui cherchait à devenir un homme politique, mais qui ne voulait pas détruire en lui les aspirations vers l'art et vers l'idéal. Antiochus et Posidonius s'accordèrent avec Philon pour faire l'éloge de Platon, et Cicéron

---

1. Voy. E. Gebhart, de l'Italie, *La vie italienne à Pompéi.*
2. Cf. C. Martha, *Les moralistes sous l'Empire romain*, et Ogereau, *Essai sur le système philosophique des Stoïciens*, ch. x.

s'attacha définitivement à l'Académie dont le chef est pour lui
« *le dieu des philosophes* » : il aime mieux se tromper avec lui,
dit-il, que de trouver la vérité avec les autres. Mais Philon et
Antiochus étaient en désaccord sur la manière dont il fallait
comprendre la doctrine platonicienne : Philon semble, quoiqu'il
ait fait au dogmatisme une concession qui préparait les voies à
Antiochus, avoir interprété Platon à la manière de Carnéade;
Antiochus, au contraire, fit de Platon un dogmatique dont les
doctrines essentielles avaient été reproduites par Aristote et
Zénon. Comment choisir entre ces deux interprétations? S'a-
dresser à Platon lui-même et demander à ses dialogues quelle
doctrine il a professée? Mais nous savons que, dans l'antiquité, il
y avait de grands débats entre les lecteurs de Platon, les uns
affirmant qu'il était dogmatique, les autres le prenant pour un
acataleptique, d'autres enfin soutenant qu'il était tantôt l'un et
tantôt l'autre [1]. Aujourd'hui encore, il semble difficile de tirer des
œuvres de Platon un système bien lié que ne contredise aucun
des dialogues [2]. Cicéron semble s'être tiré d'affaire en conciliant
dans une certaine mesure les deux interprétations.

Rappelons d'abord brièvement comment se posait la question
philosophique au moment des luttes entre le stoïcisme, l'épicurisme et la nouvelle Académie. Après Pyrrhon, on distingue la
connaissance du *phénomène*, de ce qui nous *apparaît*, de la connaissance de ce qui *est*, de l'*être*. Toutes les écoles s'accordent
pour affirmer la vérité des *phénomènes* : elles diffèrent d'opinion
en ce qui concerne l'*être*. Y a-t-il des êtres, c'est-à-dire des
causes ou des substances qui correspondent aux phénomènes, les
produisent ou les supportent? Pouvons-nous connaître les êtres
comme nous connaissons les phénomènes? connaissons-nous à la
fois les êtres et les phénomènes? telles étaient les questions qu'on
se posait alors et que nous nous posons encore aujourd'hui quand
nous comparons la métaphysique et les sciences positives. Les
stoïciens et les épicuriens affirmaient que nous connaissons l'être
en même temps que le phénomène; *toutes* les sensations, disaient

---

1. Cf. Sextus Empiricus, *Hypotyp. pyrrhon.*, I, 221.
2. Voy. notamment les pages consacrées par M. Zeller à la théorie
de la matière d'après Platon.

les épicuriens, les sensations *compréhensibles*[1], disaient les stoïciens, nous font connaître et elles-mêmes et leurs causes; la vérité peut être saisie à propos des êtres comme à propos des phénomènes. De là le nom de *dogmatiques* donné aux stoïciens et aux épicuriens. Arcésilas au contraire niait la possibilité de la métaphysique : on ne peut saisir la vérité à propos de l'être. De là la doctrine de l'*acatalepsie* ou de l'incompréhensibilité. Entre les dogmatiques qui affirment et les acataleptiques qui nient, se placent les *sceptiques* qui ne nient ni n'affirment, mais suspendent leur jugement (ἐποχή) et continuent leurs recherches (ζητητικοί).

Carnéade, qui vint après Arcésilas, l'auteur de la doctrine acataleptique, et après Chrysippe qui avait fortifié le dogmatisme stoïcien, maintint les théories négatives du premier, mais il y ajouta son *probabilisme*. Nous ne pouvons, disait-il, atteindre la vérité en métaphysique; mais parmi les divers systèmes, parmi les diverses solutions données à chacune des questions métaphysiques, il en est qui se présentent avec une évidence qui se rapproche jusqu'à un certain point de l'évidence avec laquelle s'offre à nous la vérité phénoménale. Nous pouvons donc trouver en métaphysique non le vrai, mais quelque chose qui *ressemble* à ce vrai (vraisemblable = probable) que nous atteignons à propos des phénomènes. Carnéade, à dire vrai, usa fort peu de cette possibilité de choisir entre les diverses théories métaphysiques; il s'occupa beaucoup plus de montrer qu'aucune des théories métaphysiques régnantes n'était l'expression de la vérité.

Cicéron se place au point de vue de Carnéade; comme lui, il nie que nous puissions atteindre la vérité métaphysique; comme lui il affirme que nous saisissons les *phénomènes*, tandis que les êtres nous échappent; comme lui enfin il soutient que sur un certain nombre des questions agitées par les métaphysiciens, on peut atteindre une vraisemblance plus ou moins grande, qui suffit toutefois à nous guider dans la vie pratique[2]. Mais obligé par

---

1. Voy. ch. II, § 5, n. 1.
2. Cicéron se rattache expressément à la nouvelle Académie (*Acad.*, II, 20, 22, 69; I, 4, 13, 12, 43, 46; *N. D.*, I, 5, 12; *Off.*, III, 4, 20, etc.); il

les nécessités de la vie publique, par la pratique même du barreau à faire sans cesse son choix entre deux opinions qui pouvaient sembler à première vue également probables, il fit jouer à la vraisemblance un rôle beaucoup plus considérable [1]. C'est dans le choix entre les diverses solutions proposées qu'apparaît, comme nous allons le montrer, l'influence d'Antiochus.

Cicéron marque peu de goût pour la spéculation pure. La connaissance et la contemplation de la nature, dit-il, est une chose imparfaite et pour ainsi dire tronquée (*manca quodam modo atque inchoata*), si elle n'est suivie de l'action (*Off.*, I, 43). Aussi nous dit-il qu'en ce qui concerne la physique, il lui est plus facile de montrer ce qui n'est pas que d'affirmer ce qui est (*N. D.*, I, 21). Les objets qu'elle étudie sont cachés par les obscures ténèbres qui les entourent (*crassis occultata* et *circumfusa tenebris*); nous ne connaissons ni notre corps, ni notre âme; nous ne pouvons pénétrer ni dans le ciel ni dans la terre (*Ac.*, II, 39). Toutefois il ne croit pas que l'étude de la physique doive être absolument mise de côté : « *L'examen et la considération de la nature sont une sorte de nourriture (pabulum) pour l'esprit. Nous devenons plus grands, nous dédaignons les choses humaines, et en nous occupant des choses divines et célestes, nous voyons combien peu de valeur et de grandeur ont nos occupations ordinaires. La recherche, même dans les*

---

donne les raisons qui justifient l'*acatalepsie*, les erreurs des sens, la force égale des raisons opposées et surtout le désaccord des philosophes sur les questions les plus importantes, etc., dans les *Académiques* où il répond lui-même à Lucullus, qui a attaqué la nouvelle Académie avec le dogmatisme d'Antiochus; il y soutient également que les Académiciens affirment la vérité des sensations en tant que phénomènes subjectifs. Quant à ses théories probabilistes, elles se trouvent à peu près dans tous ses ouvrages.

1. Zeller a montré cette différence en l'exagérant : *Während für diesen* (Carn.), etc., *der Zweifel selbst... das eigentliche Ziel der philosophischen Untersuchungen gewesen war, die Theorie der Wahrscheinlichkeit sich... nur in zweiter Reihe...so erscheins dem Cicero die Auffindung des Wahrscheinlichen als die ursprüngliche Aufgabe der Philosophie* (III, 1, 653). Il est plus vrai de dire que l'un et l'autre admettent le doute et la recherche du vraisemblable, mais que Carnéade donne surtout des raisons pour justifier le doute, tandis que Cicéron cherche de préférence le vraisemblable.

» *questions les plus obscures, a un grand charme.* » (Ib. 41.) Mais Cicéron, qui avait cependant traduit Aratus, n'a presque jamais dans ses ouvrages abordé les questions particulières de physique : il n'a pas, comme Sénèque, traité dans un ouvrage spécial des « *Quæstiones Naturales* ». Remarquons toutefois que lorsqu'il a eu besoin de dire quelques mots sur l'une d'entre elles, par exemple quand il oppose la matière à la force et qu'il accuse Épicure de n'avoir considéré que la première (*De Fin.*, I, 18), c'est au dogmatisme stoïcien d'Antiochus qu'il fait appel.

Il y a deux questions en physique qui, à cause de leur importance même, ne sauraient être abandonnées quand on a montré qu'on ne peut arriver à la *certitude* en les examinant. Il ne nous suffit pas de croire qu'aucune des doctrines sur la Divinité ou la nature de l'âme n'est pas l'expression de la vérité, il faut encore que nous nous efforcions de choisir celles d'entre elles qui présentent la plus grande probabilité. La religion, la piété, la sainteté, la bonne foi, les serments, les cérémonies, les temples, les autels, les sacrifices, tout cela est lié à l'opinion qu'on a des Dieux. Épicure supprime en réalité toutes ces choses en se représentant les dieux comme dépourvus de bonté. Les poètes ont donné aux dieux des attributs humains (*Tusc.*, I, 26). Les stoïciens se servent, pour démontrer l'existence des dieux et leur providence, d'arguments qui font naître le doute, plutôt qu'ils ne rendent la chose manifeste, car l'ordre et l'harmonie pourraient être l'effet de la nature, non de cette nature artiste dont parle Zénon, mais d'une nature qui en se mouvant et en se modifiant elle-même produirait toutes choses[1] ; et d'un autre côté nous trouvons dans la nature beaucoup de choses dont la fin nous échappe (*Ac.*, II, 38). Toutefois ce qu'ils pensent des dieux lui paraît assez vraisemblable (*N. D.*, III, 95 ; *De Div.*, I, 9). Il croit en outre que la vraisemblance est en général pour ceux qui soutiennent l'existence des dieux (*N. D.*, I, 1) ; Cotta lui-même, en critiquant la théologie épicurienne, se déclare pour l'existence des dieux : il fait la même déclaration avant de combattre la doctrine exposée

---

1. Cette objection est de Cotta, on pourrait peut-être soutenir que Cicéron ne la prend pas à son compte. Voy. p. 54, n. 3.

par Balbus. Plusieurs raisons semblent avoir amené Cicéron à accepter cette doctrine comme vraisemblable. Il lui paraît d'abord que, sans la piété, il n'y aurait plus ni bonne foi, ni société civile, ni justice (*N. D.*, I, 2, 4; II, 61, 153; III, 2, 5; *Leg.*, II, 7, 15) : la croyance à la divinité est pour lui le fondement nécessaire de la morale. En second lieu, la religion était une partie de la constitution romaine que Cicéron voulait maintenir tout entière : « *J'ai toujours défendu et je défendrai toujours*, dit *Cotta, la religion et les cérémonies qui nous sont venues de nos ancêtres* [1]. » En outre la preuve tirée du consentement universel, si elle n'a pas la force absolument probante que lui attribuent les stoïciens, lui paraît au moins de nature à nous faire considérer comme probable l'existence des dieux. Enfin il n'attaque la preuve téléologique que sous la forme stoïcienne, et il lui accorde la valeur d'un argument probable, sinon absolument convaincant (*De Div.*, II, 148) [2]. On reconnaît ici le disciple de Carnéade qui remplace en métaphysique la certitude par la probabilité, et le disciple d'Antiochus qui choisit des opinions voisines de celles que soutiennent les stoïciens.

Nous arriverons au même résultat à propos de la nature des dieux. Cicéron insiste, comme tous les académiciens, sur la difficulté de la déterminer avec certitude; mais il indique ce qui lui semble le plus probable en cette matière. Il parle d'un Dieu unique, spirituel (*mens soluta et libera*), séparé de tout composé mortel, connaissant et mouvant toutes choses, doué lui-même d'un mouvement éternel [3]. Mais ce Dieu spirituel, il le confond ailleurs avec l'éther ou le feu divin des stoïciens [4], avec la quinte ou cinquième essence d'Aristote, avec la sphère la plus élevée [5]; ce qui nous montre, d'un côté, qu'il nie la corporalité de Dieu, en ce sens qu'il ne fait entrer en lui aucun de nos éléments

---

1. Voy. *supra*, p. 12, la même opinion exprimée par Cicéron dans le *De Haruspicum responso*.
2. Voy. notre texte, 1re et 4e partie, et notre *Vie de Cicéron*.
3. *Rép.*, VI, 17, 8; *Leg.*, II, 4, 10; *Tusc.*, I, 27, 66.
4. *Tusc.*, I, 10, 22. Cf. notre texte, passim.
5. *De Rep.*, VI, 17, 24. Cicéron attribue à tort cette doctrine à Aristote. Balbus l'expose dans le livre II du *De Natura Deorum*.

terrestres, sans toutefois en faire un esprit absolument pur[1]; de l'autre qu'ici encore, en mêlant les doctrines de Platon, d'Aristote et des stoïciens, il suit son maître Antiochus. Cicéron ne veut pas qu'on attribue à Dieu ce que lui reconnaissent les poëtes : il lui accorde l'intelligence, la puissance, la sagesse, la prévoyance, le gouvernement de l'univers[2]. Sans doute Cotta combat la théorie stoïcienne de la Providence et de l'optimisme, mais Cicéron veut seulement montrer qu'elle n'est pas la vérité absolue; il lui reconnaît une grande vraisemblance et maintient partout ailleurs le gouvernement de l'univers par les dieux[3]. Il en fait enfin le fondement de la moralité et de la justice, la loi qui nous enseigne ce que nous devons faire et ce dont nous devons nous abstenir[4].

Cicéron recommande le maintien de la religion romaine et manifeste en homme politique son respect pour elle; mais il ne cherche pas comme les stoïciens à justifier le polythéisme par les interprétations mythiques dont Balbus fait un si grand usage. Il condamne nettement la superstition et en parle dans des termes qui rappellent Lucrèce : « *Superstitio fusa per gentes oppressit omnium fere animos atque hominum imbecillitatem occupavit* » (*De Div.*, II, 72); mais il veut en même temps conserver la religion, c'est-à-dire le culte établi par les premiers Romains et l'adoration d'un être parfait, éternel, gouvernant l'univers.

La religion romaine est ainsi, semble-t-il, considérée par lui comme un phénomène absolument politique. Il ne cherche pas, comme le faisaient les stoïciens, comme le ferait aujourd'hui tel ou tel philosophe, à concilier son existence avec la croyance à un Dieu souverainement parfait, intelligent, juste, tout-puissant et bon. C'est pour extirper la superstition qu'à la fin de sa vie, il se

---

1. *Tusc.*, I, 22; *De Finib.* IV, 11.
2. *De Rep.*, VI, 24; *Tusc.*, I, 22, 26, etc.
3. Ritter soutient le contraire (IV, 147, 150); Zeller le combat sur ce point (III, 1, 666, n. 5) et nie qu'on doive rapporter à Cicéron le passage où Cotta parle d'une *nature* produisant l'ordre de l'univers. Nous croyons que Cicéron a voulu simplement montrer que cette théorie, tout en lui paraissant la plus *vraisemblable*, n'avait pas pour elle une *certitude* absolue.
4. *Leg.*, II, 4, 8.

prononce catégoriquement contre la divination qu'il avait admise auparavant. On comprend sans peine que Cicéron ait varié sur ce sujet : Carnéade après Épicure niait absolument la divination; Panétius lui-même avait exprimé des doutes sur une théorie qui tenait une place si grande dans le stoïcisme; mais d'un autre côté, les augures faisaient partie de la constitution romaine, les haruspices, quoique méprisés, étaient souvent consultés par le sénat. Cicéron, sans admettre la valeur absolue de la Divination, put donc en affirmer la valeur relative, quand elle servait à maintenir la constitution politique dont elle faisait partie[1]. Quand il vit qu'elle avait servi à tromper Pompée et son parti, qu'elle était employée à préparer le gouvernement personnel de César, il renonça à la défendre; il la considéra comme un fléau de l'esprit humain et crut rendre un service signalé à ses compatriotes en la reléguant parmi les superstitions dont la philosophie doit délivrer la société. Il semble qu'au moment où il voyait la liberté, un moment renaissante après la mort de César, menacée par Antoine et ses compagnons, il ait voulu avertir ses concitoyens qu'il fallait ne compter que sur eux-mêmes; que c'était à la sagesse de leurs résolutions, à leur énergie pour les défendre et non aux augures ou aux haruspices qu'il fallait demander le maintien de la République[2].

La théorie de Cicéron sur l'âme humaine[3] est intimement liée à sa théologie. Sans doute il nie avec Carnéade que nous puissions connaître la nature de l'âme, mais il admet comme probable que l'âme a une origine divine, que le genre humain a été pour ainsi dire semé sur la terre, que l'âme humaine a été engendrée par Dieu[4]. On reconnaît dans ces affirmations le lecteur assidu du *Phèdre* et du *Timée*. D'autres affirmations rappellent le disciple d'Antiochus, le frère des stoïciens : l'âme n'a rien en

1. Cf. *De Leg.*, II, 13, 32, 33; Boissier, *la Religion romaine*, I, 60; E. Havet, *les Origines du Christianisme*, II, 70, sqq.
2. Sur la Divination, voy. Bouché-Leclerq, *Histoire de la Divination* et les notes que nous avons jointes à notre texte.
3. La théologie et la psychologie rationnelle rentrent dans la physique, parce que le stoïcisme auquel se rattachait Antiochus étant un matérialisme panthéiste, Dieu est uni au monde, l'âme au corps, au lieu d'être l'un et l'autre absolument immatériels.
4. *Tusc.*, I, 26, 27; *Leg.*, I, 8, 24.

elle non plus que Dieu, des éléments terrestres : elle est, comme Dieu, formée ou d'éther ou de la quinte essence d'Aristote[1]. Il insiste fréquemment sur la communauté de nature des hommes et des dieux qui sont les citoyens d'une seule cité. C'est ce qui nous explique comment Cicéron peut, tout en croyant à un Être parfait et éternel, parler *des* dieux et appeler l'âme elle-même *divine;* songer à l'apothéose de sa fille, se rallier à la théorie d'Évhemère et accepter, sans lui donner toutefois la même précision, la théorie stoïcienne qui prenait à la lettre l'ancienne formule attribuée à Thalès : « *Tout est plein de dieux.* » Sur l'immortalité, Cicéron ne trouvait chez aucun de ceux qu'il aimait à suivre de dogme assuré : Platon en parle comme d'une belle espérance dont il est doux de s'enchanter; les stoïciens n'étaient pas d'accord sur ce point. Aussi admet-il que l'on soutienne sa mortalité, et il s'attache à établir que dans ce cas il n'y a rien à craindre de la mort[2]. Mais il trouve infiniment plus probable l'opinion de ceux qui soutiennent que l'âme est immortelle : il la défend avec l'argument stoïcien du consentement universel[3] et les arguments platoniciens du *Phédon*[4]. On a dit qu'il n'y avait là qu'une doctrine choisie par un orateur à cause des beaux développements qu'elle permet, et on a avancé comme preuve qu'il ne parle jamais de l'immortalité de l'âme dans ses lettres. Mais on peut se demander pourquoi il aurait dû, après avoir envoyé à ses amis intimes les livres où il traitait longuement cette question, la reprendre encore dans des billets dont bon nombre sont perdus et où il ne touchait que rarement à la philosophie.

Notons encore à propos de l'âme sa théorie de la liberté où il combat le fatalisme stoïcien et soutient d'un côté qu'il n'y a pas d'action sans cause, de l'autre que l'âme est elle-même la cause des actes volontaires[5].

Cicéron accorde assez peu d'importance à la logique, quoiqu'il semble quelquefois la mettre sur le même rang que la morale[6].

---

1. *Tusc.*, I, 25, 26, etc.
2. *Ibid.*, I, 34; *Ad Fam.*, V, 16.
3. *Tusc.*, I, 12; *Lœl.*, ch. iv; *Caton*, ch. xxi.
4. Cf. *supra*, *Vie de Cicéron.*
5. *De Fato*, 11.
6. *Acad. pr.*, II, 9.

Nous avons indiqué déjà sa théorie de la connaissance. Rappelons encore qu'il distingue entre la connaissance de *ce qui nous apparaît* et la connaissance de *la chose même* qui nous apparaît; qu'il n'a jamais pensé à nier la certitude des sensations comme états intérieurs; qu'il s'est borné à distinguer une certitude *phénoménale* qu'il accepte avec les stoïciens, et une certitude *métaphysique* qu'il croit inaccessible et à laquelle il substitue la probabilité. Notons en outre une sorte de conciliation faite par Cicéron entre les *Idées* de Platon que l'âme a connues avant d'être jetée dans un corps et la *prolepsis* d'Epicure ou les *notions communes* des stoïciens qui représentent des acquisitions de l'expérience : il parle de connaissances innées, qui semblent réellement être déjà en nous à notre naissance et qui se développent à mesure que nous croissons en âge : la nature, dit-il, met en nous les germes de la moralité[1], l'idée du droit[2], les idées morales en général[3], la notion de Dieu[4], de la liberté et de l'immortalité de l'âme. On reconnaît encore sur tous ces points l'esprit éclectique du disciple d'Antiochus.

C'est à la morale que Cicéron donne la plus grande place dans sa philosophie. Après la mort d'Alexandre, les Grecs ayant perdu leur liberté, leur constitution et leurs croyances religieuses, avaient dû se préoccuper avant tout de chercher des règles pour se guider dans la vie pratique. De là la prépondérance de la morale dans les philosophies de Pyrrhon, de Zénon et d'Epicure. Le caractère pratique des Romains contribua à les engager plus avant encore dans cette voie et Cicéron lui-même n'aborda guère, comme nous l'avons vu, les autres parties de la philosophie que par les points où elles se rattachent à la morale.

En morale spéculative, Cicéron a montré, comme son maître Carnéade, que les doctrines des épicuriens, des stoïciens, des péripatéticiens, ou des autres écoles ne peuvent être considérées comme *vraies*. Avec lui, il nie même contre Antiochus que la

---

1. *Tusc.*, III, 1, 2.
2. *Leg.*, I, 13, 33.
3. *De Finib.*, V, 21, 59. Ingenuit... sine doctrina *notitias parvas rerum maximarum*, etc.
4. *Leg.*, I, 8, 24; *Tusc.*, I, 13, 30. Voy. sur cette partie de la philosophie de Cicéron, Zeller, III, 1, p. 657, sqq.

doctrine des académiciens, des péripatéticiens et des stoïciens forme une philosophie unique qui puisse, par l'accord de ces philosophes, être acceptée comme offrant un caractère de certitude absolue¹. Puis, il s'occupe de chacune de ces doctrines au point de vue de leur vraisemblance et, à l'exception de l'épicurisme, il leur trouve certains avantages qui rendent le choix difficile. Rien n'est plus grand (*magnificentius*), rien n'est plus digne de considération (*gravius*) que la maxime stoïcienne d'après laquelle la vertu suffit au bonheur², mais l'homme semble trop faible pour pratiquer une telle doctrine! Les péripatéticiens se montrent plus indulgents, mais ils vont peut-être trop loin quand ils font de la santé, de la richesse, de la fortune, des *biens* qui constituent, en s'ajoutant à la vertu, le *souverain bien* ³. D'un autre côté les stoïciens, tout en ne donnant le nom de BIEN qu'à la vertu, distinguent parmi les choses indifférentes celles qui doivent être préférées comme fournissant une meilleure *matière* à l'homme qui veut être vertueux et heureux, de celles qui doivent être rejetées pour une raison contraire. En réalité, ils ne changent que les mots et conservent la théorie péripatéticienne⁴. Ce qu'on peut admettre comme vraisemblable, ce qu'admettent en commun les uns et les autres, c'est qu'il faut avant tout rechercher ce qui est honnête⁵. Une doctrine débarrassée des paradoxes stoïciens, tenant compte des opinions d'Aristote, telles que les exposait du moins Antiochus, mais s'inspirant avant tout du stoïcisme, voilà, ce semble, ce qu'a soutenu Cicéron en morale spéculative.

Il n'a apporté aucun principe nouveau en morale, mais il a ex-

---

1. *Acad. prior.*, II, 129, sqq.
2. *Tusc.*, V, 1. Voy. en outre les *Paradoxes* et notre *Vie de Cicéron*.
3. *De Finib.*, V, ch. xxvi; *Tusc.*, V, 26.
4. Zeller en rapprochant les passages du *De Finibus*, où cette idée est exprimée, de celui des *Académiques* que nous avons cité, ne voit que contradiction dans Cicéron. Il nous semble qu'on peut expliquer ces deux affirmations absolument différentes en se rappelant que, dans les *Académiques*, Cicéron est le défenseur de l'acatalepsie académique, tandis que se plaçant ici au point de vue de la probabilité, il considère l'identité des doctrines non comme *absolument* certaine, mais comme pouvant être soutenue avec *vraisemblance*.
5. *De Off.*, III, 7.

primé dans un langage élevé et à la portée de tous des idées nobles et pures qui ont longtemps guidé l'humanité et qui aujourd'hui encore représentent, sur bien des points, un idéal que nous sommes loin d'avoir atteint. Le traité des *Devoirs* serait, en y faisant bien peu de changements et d'additions, un des meilleurs livres que l'on puisse mettre entre les mains des jeunes gens pour faire leur éducation d'hommes et de citoyens [1].

Conclusion.

En résumé, Cicéron est une des sources les plus précieuses pour l'historien de la philosophie; il a, tout en niant que l'on pût atteindre la certitude absolue en métaphysique, cherché à trouver sur les diverses questions les solutions les plus probables : le disciple de Carnéade fait appel aux leçons d'Antiochus; il les a quelquefois modifiées pour les rendre plus pratiques et plus conformes au bon sens; il les a fait ainsi accepter des Romains et il a fourni aux générations ignorantes du moyen âge une philosophie pratique qu'elles ont pu s'assimiler, qui a préparé leurs successeurs à l'étude des philosophes anciens, à la formation de philosophies nouvelles. Peu de philosophes, dont on vante l'originalité, ont rendu d'aussi grands services.

III

LA THÉOLOGIE STOICIENNE

On pourrait rechercher, d'après les textes qui nous restent, ce qui appartient à Zénon et à Cléanthe dans la formation de la théologie stoïcienne, montrer comment elle a été complétée par Chrysippe après les attaques d'Arcésilas, indiquer les modifications

---

1. Sur la morale de Cicéron, voy. Havestat, *De Cic. primis principiis philosophiæ moralis*; A. Desjardins, *De scientia civili ap. Cic.*, Beauvais, 1857, etc.

qu'elle a subies avec Panétius, le retour partiel à l'orthodoxie stoïcienne avec Posidonius ; enfin on pourrait étudier le caractère de la théologie chez les stoïciens postérieurs à Cicéron, les Sextius, Sénèque, Musonius Rufus, Épictète et Marc-Aurèle. Mais en laissant de côté les différences assez importantes qui séparent les divers représentants du stoïcisme, en renonçant à une précision trop grande, on peut se représenter d'une manière assez nette les principaux points de la théologie stoïcienne[1].

La divination, les choses effrayantes, les choses utiles et agréables, le mouvement réglé du ciel, la distinction, la variété, la beauté des astres et de l'univers sont les quatre causes qui ont donné à tous les hommes l'idée de la Divinité. Le consentement universel, la preuve par les causes finales sont les deux arguments auxquels les stoïciens semblent avoir accordé le plus d'importance. C'est à Cléanthe que cette première partie de la doctrine est le plus redevable.

Mais quelle est la nature de la divinité? D'après les stoïciens tout est corps à l'exception du vide, du lieu, du temps et de ce qui *peut être exprimé* (λεκτόν)[2] : Dieu sera donc lui-même corporel. Deux principes entrent dans la constitution de tout corps : le principe *passif*, la *matière*, la *substance sans qualité*, et le principe *actif*, la *force*, la *qualité*. Ces deux principes se retrouvent dans le monde lui-même, considéré dans son ensemble. L'ensemble des êtres forme *un tout continu* dans lequel chaque être est uni à tous les autres. Les êtres différents ont en eux un principe actif spécial : chez le corps brut, c'est l'*habitude;* chez le végétal, la *nature;* chez l'animal, l'*âme;* chez l'homme, c'est la *raison*. Le principe actif spécial qui dirige le monde, c'est Dieu, qui réunit en lui une perfection spirituelle plus grande que celle qui apparaît dans les autres êtres et dans l'homme lui-même, une tension plus puissante, une subtilité plus grande, que celles que révèle l'examen des êtres particuliers. Dieu est donc un *corps*, le plus subtil et le plus puissant de tous ; mais il possède en même temps toutes les perfections que Platon et Aristote avaient accordées à un Dieu purement spiri-

---

1. Voy. Juste Lipse, *Manuductio*.
2. Sur le Λεκτόν, voy. Ogereau, *Op. cit.*, ch. VI.

tuel. Or, si nous examinons les éléments, nous verrons que le plus pur, le plus pénétrant de tous, c'est, comme l'avait vu Héraclite, le *feu*, ou plutôt la partie la plus pure du feu, l'*éther*. L'essence de Dieu, c'est donc l'éther qui pénètre toutes choses, qui se trouve partout, dans le caillou, dans l'eau, dans l'air, dans les plantes, dans les animaux[1], qui conserve en circulant à travers l'univers sa continuité, son unité, sa tension[2]. Si nous considérons maintenant Dieu par son côté spirituel, nous trouverons qu'il est doué de raison, puisqu'il est le plus parfait des êtres; il est la raison *séminale* (σπερματικός) qui contient en elle les germes de tous les êtres particuliers; c'est la puissance qui établit un lien interne entre les êtres qui constituent l'univers, qui enchaîne chacun des événements à tous ceux qui se produisent en même temps, qui enchaîne chaque groupe des événements présents au groupe des événements qui ont immédiatement précédé et au groupe de ceux qui vont suivre, sans qu'il reste nulle part une place pour le hasard : c'est la *fatalité* ou le *Destin*. Mais cette puissance douée de raison enchaîne tous les événements, produit tous les êtres en vue d'une *fin* déterminée, subordonne les causes efficientes aux causes finales, le *mécanisme* au *dynamisme*; elle veille sans cesse sur les êtres qu'elle a produits, sur le monde qu'elle a formé; elle est la *Providence* qui fait du monde l'ordre même (κόσμος). Enfin Dieu possède à un degré infini toutes les qualités des êtres particuliers : il est sage, il est souverainement heureux, il a tout ce qui est bon sans rien de mauvais. Il est, en réunissant les deux côtés opposés de sa nature, le feu ou l'éther intelligent, artiste[3] qui forme méthodiquement l'univers; l'*âme du monde* qui conserve en lui la vie, l'ordre et l'harmonie; la *nature*, le *principe dirigeant* du monde[4],

---

1. Voy. dans notre texte les ch. ix, x, xi où Balbus expose longuement ces idées, et les notes que nous y avons ajoutées.
2. Il faut, pour comprendre cette théorie stoïcienne, se rappeler que, dans le *mélange* proprement dit, les stoïciens soutenaient que les corps ou les fluides se pénètrent les uns les autres, sont *coëtendus* et conservent chacun leurs propriétés réciproques (Stob., *Ecl.*, I, 376) : une seule goutte de vin, disait Chrysippe, se mêlera à toute la mer.
3. Voy. notre texte, ch. vii, p. 109, n. 3.
4. Voy. notre texte, ch. xi, p. 116, n. 4; p. 117, 1, 3, 5.

car bien qu'il se mêle à la matière dans tout l'univers, il y a un endroit où il a une plus grande pureté et une plus grande tension, d'où il part et où il revient sans cesse; il a son siège spécial dans la sphère lumineuse qui est au delà des fixes, comme l'âme humaine, tout en pénétrant et en maintenant unies toutes les parties du corps, réside plus spécialement dans la poitrine[1].

Voilà ce qu'est et ce que fait Dieu dans le monde tel qu'il nous apparaît. Mais comment s'est formé ce monde? A l'origine, l'*éther divin* existe seul dans le vide infini : puis une portion de cet éther perd de sa tension et devient de l'air en s'éteignant peu à peu; de la même manière l'air se transforme en eau; puis une double transformation se produit dans cet immense Océan : au centre se forme la terre, qui peu à peu s'accroît et cesse d'être couverte par la mer; à la surface se produisent des vapeurs qui forment les régions de l'air et du feu; les sphères célestes prennent naissance; l'éther divin les pénètre et forme dans chacune d'elles un ou plusieurs centres qui sont les astres, leurs *principes dirigeants*. Au-dessus de la terre s'élèvent ainsi successivement la Lune, le Soleil, Vénus, Mercure[2], Mars, Jupiter, Saturne, la sphère des *fixes*, dans laquelle l'éther divin se trouve en grande quantité et forme des étoiles en nombre presque infini; enfin la dernière sphère, le *ciel*, où réside spécialement le *principe dirigeant* de l'univers, où l'éther se trouve à l'état le plus pur et avec sa plus grande concentration. Les astres sont des êtres vivants qui se nourrissent des émanations de la terre, à l'exception du soleil et de la lune qu'alimentent les vapeurs de la mer et des sources d'eaux douces; ils envoient en retour à la terre la chaleur qui y fait éclore les germes et produit tous les êtres vivants qui la peuplent aujourd'hui. Dieu a fini son œuvre, il ne lui reste plus qu'à maintenir l'ordre et à gouverner avec prévoyance le monde qu'il a formé : le *démiurge* devient le *Destin*, la Providence[3].

1. Sur les deux côtés opposés de la divinité stoïcienne, voy. Zeller, III, 1, 144, sqq.
2. Cet ordre n'est pas le même pour tous les stoïciens, voy. ch. xx, p. 138, n. 1.
3. Cf. Zeller, p. 143. Chrysippe s'écarte de Cléanthe sur ce point, comme sur la question du siège du principe dirigeant de l'univers.

Le monde est sorti de la substance de Dieu, de l'éther divin; il y rentrera un jour; les sphères célestes disparaîtront par suite de la transformation de leurs éléments. Tous les astres accomplissent leur révolution en un temps donné, et à chaque révolution ils prennent l'un par rapport à l'autre des positions différentes; au bout d'un certain nombre de révolutions, ils ont pris toutes les positions possibles et par suite tous les événements possibles se sont produits, puisqu'il y a liaison et sympathie entre toutes les parties de l'univers. Quand toutes les planètes arriveront à occuper toutes ensemble les points d'où elles étaient parties à l'origine, la grande année sera accomplie [1], l'éther divin augmentera sa tension, il absorbera successivement les autres sphères et la terre elle-même : l'embrasement universel détruira le monde. Il ne reste alors que Dieu, *Zeus*, qui se retire dans la sphère d'où il dirigeait auparavant l'univers, dans sa *Providence*[2]; qui reprend toute sa puissance et sa pureté, après avoir formé le monde pour se reposer, pour réparer ses forces en se livrant à cette activité moins tendue et plus libre que l'on appelle le jeu[3]. Puis au bout d'un certain temps d'activité complète, pendant lequel la tension de l'éther divin est aussi grande que possible, un nouveau monde prend naissance : Zeus se relâche et se repose : la même terre, habitée par les mêmes hommes, les mêmes sphères célestes, accomplissant les mêmes révolutions, se forment pour périr de nouveau à l'embrasement universel, pour renaître et périr toujours de même pendant toute l'éternité.

Il nous reste à dire quelques mots sur certaines questions auxquelles les stoïciens attachaient une importance considérable et que nous n'avons fait que mentionner. La Providence était pour eux une conséquence de l'existence de la divinité; car du moment où l'on accorde la perfection à la divinité, où on la fait par suite intelligente et puissante, on ne peut nier qu'elle ne s'occupe à gouverner l'univers, qui est ce qu'il y a de plus grand et de meilleur. En second lieu, disaient-ils, c'est la puissance et l'art de la nature

---

1. Voy. notre texte, ch. xx, p. 137, n. 3.
2. *Plut.*, Com. Not., 36.
3. Ogereau, *Op. cit.*, p. 69. Sur ce sujet, où l'on retrouve les disciples d'Héraclite, on peut consulter M. Ravaisson, *Mémoire sur le stoïcisme* et Zeller, p. 149, sqq.

qui produisent toutes choses ; il faut donc que l'ensemble soit lui-même soumis à une *nature* d'autant plus raisonnable que les parties sont beaucoup moins belles que l'ensemble. Ils concluaient encore son existence de l'art qui apparaît dans toutes les parties de l'univers : ils avaient par conséquent donné une grande place à la théorie de la finalité qui leur permettait de prouver, en l'appliquant à l'examen de l'univers, qu'il y a des dieux et que leur Providence gouverne toutes choses. Enfin les stoïciens soutenaient que la Providence ne se borne pas au gouvernement de l'univers, qu'elle s'occupe encore avec un soin particulier de l'homme et des affaires humaines : tout dans l'univers a été fait en vue des dieux et des hommes, les citoyens de la *cité universelle* ; certaines choses et certains êtres servent à la satisfaction de nos besoins les plus pressants ; d'autres, qui ne semblent pas avoir d'utilité immédiate, servent à orner l'univers et à charmer notre vue.

A la théorie de la Providence est liée la théorie de l'optimisme. Après Platon, les stoïciens soutiennent et montrent longuement que tout est pour le mieux dans l'univers ; ils combattent les objections des épicuriens tirées de ce que nous appelons après Leibnitz le mal métaphysique, le mal physique et le mal moral, c'est-à-dire de l'imperfection des êtres, de la douleur, de la mort et du péché. Tout dans l'univers *doit* être bien, disent-ils, puisqu'il est l'œuvre d'un Être souverainement intelligent et puissant ; tout *est* bien, si l'on s'en rapporte à l'expérience, car l'observation de l'univers nous révèle partout l'ordre et la beauté.

La divination s'accordait parfaitement avec la doctrine de l'enchaînement et de la sympathie universelles : pour Dieu en effet, ou pour un homme que Dieu instruirait, la connaissance d'un seul phénomène permet de déterminer les phénomènes qui l'ont précédé, ceux qui le suivront dans la série dont il fait partie, ceux qui lui correspondent dans les autres séries, ainsi que leurs antécédents passés et leurs conséquents futurs. Or les dieux sont bienfaisants, ils se montrent surtout pour l'homme d'une bienveillance très grande ; ils n'ont donc pas manqué de nous donner ce pressentiment des choses futures qui peut nous être d'une si grande utilité. A posteriori, nous pouvons, pour justifier la divination, citer un grand nombre de prédictions qui se sont accomplies, invoquer le consentement de toutes les nations qui ont toujours cru à la divination [1].

Avec la divination, le destin et la Providence, les stoïciens ne pouvaient guère conserver le libre arbitre, qui eût introduit dans l'univers la contingence et le hasard. Mais ils soutenaient que l'homme est *libre* et ils essayaient de faire la part de la liberté humaine et la part du destin. Sans doute Dieu détermine tous les événements, mais quand il s'agit de mes actes, les autres causes ne sont que des causes *auxiliaires* et *prochaines*, c'est *moi* qui suis la cause *parfaite* et *principale* : le cylindre et la toupie se mettent en mouvement par une impulsion extérieure, mais la continuation du mouvement et la manière dont il s'exécute dépendent de la nature de l'un et de l'autre [2].

Quelle est la situation prise par le stoïcisme à l'égard de la religion populaire ? Selon les stoïciens, il n'y a en réalité qu'un Dieu, Zeus ou l'éther divin, qui après avoir formé la matière en transformant une portion de lui-même, façonne, gouverne et pénètre cette matière tout entière, sans perdre sa continuité et son unité. Mais si nous considérons l'un des êtres qui remplissent l'univers, une des parties de cet univers, nous y trouvons une portion de l'éther divin qui informe et maintient unis les éléments matériels, qui sans doute reste en communication intime avec le tout divin, mais qui cependant peut être considérée, à l'endroit où elle a le plus de concentration, comme formant dans le grand Dieu une divinité secondaire, destinée à être absorbée un jour par Zeus, pour renaître encore par la suite. Aussi les stoïciens condamnent les récits des poètes et la religion populaire, si on les prend à la lettre [3]; mais si l'on interprète les mythes dont les poètes et le vulgaire ont perdu le sens, on peut y retrouver une religion qui s'accorde parfaitement avec la philosophie. Les dieux des poètes ne sont que la nature et les forces

---

1. Sur la Divination, voy. Bouché-Leclercq, *Op. cit.*; Cicéron, *De Divinatione*, et les ch. III et IV de notre texte.
2. Voy. le *De Fato* de Cicéron et celui d'Alexandre d'Aphrodise, avec l'introduction de M. Nourrisson; voy. également les *Essais de Théodicée* de Leibnitz.
3. Voy. Zeller, III, 1, 309, sqq. Voy. notre texte, ch. XXIV avec les notes.

4.

qui la gouvernent, *Zeus*, qui a reçu différents noms selon les fonctions qu'il remplit dans l'univers : c'est *Héra* si on le considère dans l'air, *Poséidon* dans la mer, *Hadès* dans les brouillards, *Déméter* dans la terre, *Héphaistos* dans le feu, etc[1]. Outre les astres, dont la divinité ne saurait être contestée, outre le génie qui gouverne notre corps comme Zeus gouverne l'univers, il y a dans l'air des génies bons et mauvais qui surveillent l'homme et punissent les méchants. Ce sont là les véritables dieux dont les poètes ont pris les noms, mais dont ils ont méconnu la nature et le caractère.

Les épicuriens supprimaient la religion parce qu'elle épouvantait les hommes et les empêchait d'être heureux; les stoïciens voulaient l'épurer et mettre à la place des superstitions populaires une Divinité bienfaisante, partout présente sous des noms divers et travaillant sans cesse à rendre les hommes heureux.

La théologie joue un grand rôle dans le stoïcisme : c'est elle qui fournit à l'homme sa règle de conduite, car il doit vivre conformément à la nature, c'est-à-dire maintenir en lui, comme Zeus dans l'univers, l'ordre et l'harmonie; chaque homme ayant en lui une portion de l'éther divin est *absolument respectable;* il est l'égal des autres hommes, et même jusqu'à un certain point des dieux; bien plus, il est leur frère, puisque tous sont les enfants d'un même père. Le respect de la personnalité humaine, l'*égalité* de tous les hommes et par suite la condamnation de l'esclavage, la fraternité humaine et la charité[2], telles sont les idées que la théologie stoïcienne a introduites dans le monde et dont elle a contribué à préparer le succès. Il y a peu de doctrines auxquelles l'humanité doive plus de reconnaissance.

Au point de vue de l'histoire de la philosophie, on peut dire que les doctrines théologiques des stoïciens ont eu dans l'antiquité et dans les temps modernes une très grande influence. Les Alexandrins, les Pères de l'Église, les scolastiques ont suivi, dans l'examen de la nature, les interprétations finalistes des stoïciens. Si Bacon, Descartes, les encyclopédistes ont blâmé la recherche des causes finales, Gassendi, Bossuet et Voltaire en

---

1. Voy. ch. XXV avec les notes.
2. *Caritas generis humani* (Cic. *De Off.*, I).

ont été les partisans ; Fénelon, dans le *Traité de l'Existence de Dieu,* Derham, Swammerdam, Reimarus, Bonnet, Paley, Lesser, Bernardin de Saint-Pierre, Châteaubriand se sont inspirés de la théologie panthéiste des stoïciens, telle surtout que l'a exposée Cicéron, pour montrer l'existence d'un Dieu tout esprit, organisateur et conservateur de toutes choses. Si la critique de Kant, les objections des positivistes et la théorie de l'évolution ont enlevé à l'argument une partie de son autorité, on ne saurait dire qu'il l'ait perdue tout entière. Les efforts que font un certain nombre de philosophes pour montrer que l'évolution, acceptée d'ailleurs par eux, ne s'explique que si l'on ajoute la finalité au mécanisme [1], semblent indiquer qu'ils trouvent dans l'antique théorie stoïcienne des puérilités et des exemples peu probants [2], mais aussi qu'ils ne sont pas disposés à renoncer à l'argument lui-même.

La théorie de l'optimisme, liée à la théorie finaliste, a passé également des stoïciens, héritiers de Platon, aux Alexandrins, aux Pères de l'Église, à Malebranche et à Leibnitz. Voltaire en a critiqué l'exagération, mais il a été lui-même optimiste, ainsi que Rousseau. Si de nos jours les théories pessimistes de Schopenhauer, de Léopardi, de Hartmann ont de nombreux défenseurs, si les partisans de l'expérience affirment que nous ne pouvons nous prononcer sur la valeur d'une œuvre que nous ne connaissons qu'en partie, il semble bien que, toutes choses examinées, on trouve que, pour la portion de l'univers connue par nous, les stoïciens sont moins éloignés de la vérité que leurs adversaires ; en ce qui concerne la vie humaine surtout, on affirme qu'elle vaut la peine d'être vécue, qu'il appartient d'ailleurs à l'homme par l'industrie, la science et la moralité, d'augmenter le bien et de diminuer le mal, d'améliorer sans cesse l'humanité et de rendre l'univers lui-même partiellement meilleur [3].

---

1. Voy. notre texte, ch. XL, n. 3. On pourrait trouver dans les œuvres de V. Hugo des *illustrations* admirables du panthéisme stoïcien. Cf. ch. XXXIX, § 100, n. 1.
2. Voy. Janet, *Les causes finales,* p. 270.
3. Voy. Janet, *Op. cit.,* appendice X.

IV

LE *DE NATURA DEORUM*

Les personnages du dialogue. — La date de sa composition.

Les personnages introduits par Cicéron dans ce dialogue sont Velléius qui expose la théologie épicurienne, Balbus qui expose la théologie stoïcienne, Cotta qui critique l'une et l'autre, Cicéron qui figure comme auditeur et Brutus auquel l'ouvrage est dédié.

C. Velléius était né à Lanuvium ; il fut l'ami de l'orateur Crassus et devint tribun en 90 avant J.C. Cicéron dit de lui qu'il avait un langage assez peu orné, mais en même temps il le présente comme un de ceux que les épicuriens de son temps plaçaient au premier rang parmi les représentants romains de la secte.

Quintus Lucilius Balbus avait été auditeur de Posidonius[1]. Cicéron le présente comme ayant fait de tels progrès dans la doctrine stoïcienne qu'on le comparait aux plus remarquables des stoïciens grecs[2].

C. Aurélius Cotta, né en 124 avant J. C., prit une part active à la vie publique et fut l'ami du tribun M. Livius Drusus. Après la mort de ce dernier, il fut exilé par la loi de Q. Varius qui déclarait coupables de trahison tous ceux qui avaient favorisé l'insurrection italienne. Il revint à Rome en 82 sous la dictature de Sylla et devint membre du collège des pontifes. En 75 il fut élu consul et rendit aux tribuns du peuple quelques-uns des privilèges supprimés par Sylla. A la fin de son consulat, il fut envoyé en Gaule et y obtint quelques succès sans importance, pour lesquels cependant on lui décerna le triomphe. Mais il mourut, avant le jour fixé, des suites d'une ancienne blessure.

---

1. Zeller, III, 7, 569, n. 1 ; Mayor de *N. D.* I, XLI.
2. Krische a montré (*Über Cicero's Akademika*, p. 5) qu'on l'avait à tort considéré comme un des interlocuteurs de l'*Hortensius*.

Cicéron en fait, avec P. Sulpicius Rufus, un des jeunes interlocuteurs du *De Oratore* et il compare dans le *Brutus* sa manière persuasive de raisonner à l'énergie passionnée de P. S. Rufus. Cotta, encore adolescent, défendit son oncle Rutilius, il plaida plus tard contre Cicéron à ses débuts. Cicéron, dans le *De Oratore*, lui fait dire qu'il s'est appliqué à *l'étude de la philosophie académique pour se préparer à l'art oratoire.*

M. Junius Brutus, le meurtrier de César, fils de M. J. Brutus et de Servilie, naquit en 669. Il épousa successivement Claudia et Portia[1]. Il avait écouté dans sa jeunesse Antiochus et son frère Aristus; il avait été instruit du stoïcisme par son oncle Caton, le père de Portia.

Cicéron lui dédia le *De Natura Deorum*, l'*Orator*, les *Paradoxa*, le *De Finibus*, les *Tusculanæ Quæstiones;* il en fit un des interlocuteurs du dialogue *de claris oratoribus*, connu aujourd'hui sous son nom; il avait pensé à l'introduire avec Caton dans les *Académiques*, lorsqu'il en modifia la première rédaction. De son côté, Brutus avait dédié à Cicéron un livre sur la Vertu, dont Montaigne regrettait amèrement la perte, « *car il » fait beau*, dit-il, *apprendre la théorique de ceux qui savent » bien la pratique.* »

L'époque où Cicéron place ce dialogue est déterminée à la fois par les indications précédentes et par celles que nous fournit le *De Natura Deorum*. Il était allé, dit-il (I, vi), voir Cotta au moment des Féries Latines, et il le trouva conversant avec Velléius et Balbus. Il parle de Cotta comme pontife et non comme consul : il place donc le dialogue après 82 et avant 75. D'un autre côté, il se présente lui-même comme ayant déjà entendu les leçons de Philon l'Académicien; en outre il fait allusion à son séjour à Athènes, à ses rapports avec Philon et Zénon l'Épicurien, qu'il fait affirmer toutefois par Cotta. Or il passa en Grèce les années 79 et 78 et ne revint à Rome qu'en 77, l'entretien se place donc entre 77 et 75, Cicéron ayant environ trente ans et Cotta quarante-huit.

A quelle époque convient-il de placer la composition du dia-

---

1. Sur sa vie, on peut consulter les pages que lui a consacrées M. G. Boissier, dans son livre : *Cicéron et ses amis.*

logue? Cicéron fait allusion dans le premier livre à la dictature de César; il parle de l'état de la République qui exige qu'elle soit gouvernée par une seule tête; le dialogue est donc antérieur aux ides de mars 44. D'un autre côté, il fait allusion à la douleur que lui a causée l'injustice et la cruauté de la fortune. Or sa fille Tullia était morte au commencement de 45 et il avait renvoyé à là même époque Publilia qu'il avait épousée après son divorce avec Térentia. Les livres sur la *Nature des Dieux* ont donc été composés dans la dernière partie de l'année 45 ou au commencement de 44. Il est même possible de conjecturer avec plus de précision le moment où il y a le plus travaillé. Dans une lettre à Atticus datée de mai 45, il parle d'Antisthène comme d'un homme plus fin que savant : il expose l'opinion d'Antisthène sur les dieux dans le traité qui nous occupe. En juin, il prie Atticus de lui envoyer l'abrégé des *Annales de Caelius* dont il a fait un fréquent usage[1] dans le *De Natura Deorum* et le *De Divinatione*. En même temps il lui demande le traité de Panétius sur la Providence. En juillet, il annonce à Atticus qu'il vient de terminer le *De Finibus*; puis il envoie à Varron la seconde édition des *Académiques* et il écrit à Atticus pour réclamer les livres de Phèdre sur les dieux qu'il lui avait déjà demandés. Dans une autre lettre du même mois, il annonce à Atticus qu'il écrivait avant le jour contre les épicuriens. Le *De Finibus* étant terminé à cette époque, il ne peut guère être question que de la critique par Cotta de la théologie épicurienne. Enfin dans une lettre écrite en octobre à Valérius, il parle de la bienveillance des dieux envers les habitants de Volaterre, dont les biens, la vie, la demeure, la fortune ont été conservés par les dieux immortels; il croira que Valérius, s'il les protège, a été choisi par un dessein des dieux pour présider à ces affaires. De telles expressions, qui sont fort rares chez Cicéron, nous permettent, semble-t-il, de conjecturer qu'alors occupé d'écrire le second livre du *De Natura Deorum*, il transportait dans sa lettre les expressions dont il était plein.

En résumé, il semble que Cicéron ait commencé à penser au *De Natura Deorum* en mai 45; qu'il ait réuni les matériaux

---

1. Voy. les notes placées au bas du texte, surtout ch. III, § 8, n. 2.

nécessaires en juin et juillet; qu'il se soit mis à l'écrire en juillet, qu'il ait été occupé en octobre à composer l'exposé de la théologie stoïcienne et peut-être la critique qu'en fait Cotta dans le troisième livre.

ANALYSE DU DIALOGUE

Dans le livre I, Cicéron fait exposer par Velléius et critiquer par Cotta la théologie épicurienne. Épicure, dit Cotta, a imaginé des dieux oisifs, n'ayant aucun souci des choses humaines, ne venant jamais en aide aux hommes. Il a pu conserver les mots de sainteté et de piété; en réalité, il a supprimé l'une et l'autre.

Le second livre contient l'exposition par Balbus de la théologie stoïcienne. Elle était divisée en quatre parties : Preuves de l'existence des dieux; nature des dieux; gouvernement de l'univers par la Providence; gouvernement des choses humaines.

Première partie : Preuves de l'existence des dieux.

L'existence des dieux est prouvée par l'examen des cieux, par le consentement universel, par les apparitions des dieux, par la divination.

Cléanthe ramène à quatre les causes qui font naître dans l'esprit de tous les hommes la croyance aux dieux : la première est la connaissance qu'on peut avoir de l'avenir, grâce à la divination; la seconde est l'abondance des choses utiles et agréables, que la température de l'air et la fécondité de la terre nous procurent; la troisième comprend tous les phénomènes naturels qui nous épouvantent, comme la foudre, les pluies de sang, les animaux monstrueux, les comètes, etc.; enfin la quatrième est le mouvement réglé des corps célestes.

Chrysippe donne l'argument suivant : L'univers ne saurait avoir été produit que par une puissance supérieure à l'homme, c'est-à-dire par une puissance divine; il est trop beau pour être l'habitation de l'homme seul, il suppose un habitant supérieur.

L'homme habite la partie la plus basse de l'univers; le pur

éther des régions plus élevées convient à un plus noble habitant. L'homme est doué de raison; comme les éléments plus grossiers qui constituent son corps, sa raison doit lui venir de l'univers. L'univers étant parfait doit contenir la raison, qui est l'essence même de la perfection.

La sympathie qui unit toutes les parties de l'univers prouve qu'elles sont habitées par un esprit divin.

Zénon établit la divinité de l'univers et par conséquent, d'une manière indirecte, l'existence de Dieu : ce qui a la raison est meilleur que ce qui ne l'a pas; or le monde est ce qu'il y a de meilleur; donc il est doué de raison. De même il est sage, heureux, éternel, par conséquent Dieu. L'univers, ayant des parties douées de sentiment, doit sentir lui-même. Il est animé et raisonnable, puisqu'il donne naissance à des êtres animés et raisonnables.

Argument physique : la chaleur est la cause du mouvement et de la vie chez tous les êtres qui se nourrissent et croissent; elle circule à travers l'univers tout entier; elle constitue le principe qui y maintient la vie; elle en est la partie directrice (τὸ ἡγεμονικόν). Le feu qui appartient à l'univers est de beaucoup plus pur que celui qui se trouve en nous; par conséquent il doit posséder à un degré bien plus élevé les propriétés de la chaleur : il agit librement, sans aucune contrainte extérieure. Mais ce qui se meut soi-même, c'est l'âme selon Platon : le feu qui dirige l'univers, se mouvant lui-même, ne peut être qu'une âme. Enfin si l'univers n'avait point la raison, il serait inférieur à une de ses parties, à l'homme.

Argument tiré des degrés d'existence : il y a une gradation de la vie végétale à la vie animale, de l'animal à l'homme. Il y a au-dessus de l'homme, capable par sa raison de commander à ses passions, des êtres qui, toujours et par essence, sont vertueux et sages. Toutes choses tendent à la perfection : mais les être particuliers peuvent en être éloignés par des causes étrangères; rien au contraire ne saurait en écarter la *nature universelle* qui renferme et domine toutes les autres causes. L'univers étant la meilleure des choses, on ne peut le limiter à une existence végétative, animale ou purement humaine. Il doit être réellement et essentiellement sage et bon, donc divin; car une puissance qui ne serait pas passée à l'acte, une raison qui ne serait pas devenue sagesse pendant l'infinité de siècles qui se sont écoulés serait inférieure à celle de l'homme. L'homme, selon Chrysippe, est fait pour contempler et imiter l'univers. Seul l'univers est parfait et est à lui-même sa fin : il doit donc posséder ce qu'il y a de meilleur, c'est-à-dire la raison. La perfection idéale ne peut se trouver que chez ce qui est parfait dans toutes ses parties; l'univers seul remplit cette condition et seul peut nous offrir la perfection idéale : il doit donc posséder la vertu à laquelle rien n'est préférable.

Les corps célestes sont divins parce qu'ils sont composés de la partie la plus pure et la plus mobile de l'éther. Les éléments inférieurs, la terre, l'eau et l'air produisent des êtres vivants; il en est donc probablement de même de l'élément supérieur, l'éther; et comme la nature des êtres vivants est en rapport avec l'élément dans lequel ils vivent, il est probable que ceux qui vivent dans l'élément le plus subtil et le plus mobile ont l'intelligence la plus vive et l'activité la plus grande. Le mouvement régulier des astres, qui n'est produit ni par la nature ni par une force contraire à la nature, mais par leur propre volonté, prouve qu'ils sont doués d'intelligence.

Seconde partie : La nature des dieux.

Les dieux sont l'univers et les corps célestes.

Les épicuriens et le vulgaire croient à tort que les dieux ont la forme humaine. La sphère est le plus parfait des solides, et le mouvement circulaire le plus parfait des mouvements : l'univers et les astres ont donc la forme sphérique et un mouvement circulaire. Une intelligence divine apparaît dans les révolutions des corps célestes, du soleil, de la lune, des planètes, des étoiles fixes et du ciel lui-même. La divinité de la nature nous est révélée par son activité créatrice, artistique et providentielle.

Les dieux populaires sont des noms donnés à des objets qu'on a considérés comme des bienfaits divins, des vertus et des passions personnifiées, des hommes qui ont rendu à leurs semblables de grands services pendant leur vie, des forces naturelles personnifiées.

Sous toutes ces formes diverses se cache un Dieu qu'il faut adorer pieusement et saintement, sans tomber dans la superstition.

Troisième partie : Gouvernement de l'univers par la Providence.

Les railleries des épicuriens à ce sujet viennent de leur ignorance. Les stoïciens prouvent ordinairement par trois raisons que l'univers est gouverné par la Providence des dieux.

Ils l'établissent d'abord en partant de la nature divine; l'idée que nous avons de Dieu implique l'activité et une activité qui doit s'appliquer à l'objet le plus noble, c'est-à-dire à l'univers. S'il n'en était pas ainsi, nous serions obligés de considérer Dieu comme inférieur à un autre pouvoir qui gouvernerait l'univers; mais une telle infériorité est en contradiction avec la définition de la divinité, et il faut en conclure que les dieux gouvernent l'univers. Ils forment une communauté : il est naturel de penser qu'ils possèdent ces vertus sociales que nous croyons leur avoir empruntées, mais qu'ils les possèdent à un plus haut degré et les déploient sur la scène plus vaste de l'univers.

En second lieu, tout est soumis à la nature et régi par elle avec une perfection souveraine; il ne faut pas entendre par là que le monde est gouverné comme une motte de terre, comme un morceau de pierre ou quelque autre corps semblable dont les parties séparées n'ont plus de liaison nécessaire les unes avec les autres, mais qu'il l'est comme un arbre, comme un animal, où rien ne paraît disposé au hasard, où toutes les parties au contraire sont dans un ordre qui tient de l'art. L'univers est un vaste organisme pénétré et dirigé par une nature intelligente; toutes les parties concourent au bien de l'ensemble. L'action d'une intelligence peut seule expliquer que toutes les parties soient combinées de manière à offrir la beauté la plus parfaite et l'utilité la plus grande. La nature déploie une habileté que l'art ne saurait atteindre; mais l'art suppose l'intelligence de l'artiste; si le globe représenté par Archimède prouve l'intelligence du constructeur, les mouvements des corps célestes prouvent bien plus encore l'intelligence de celui qui les produit et les gouverne. Il est absurde de présenter l'univers comme le produit du concours fortuit des atomes. C'est l'habitude qui aveugle les hommes et les empêche de reconnaître que les merveilles de la nature sont l'œuvre de Dieu.

La terre et les autres éléments, le soleil, la lune, les planètes et les constellations nous présentent une série de merveilles dont nous attribuons la production à la Providence divine. Toutes les parties de l'univers sont retenues ensemble par une force qui attire les extrémités vers le centre; il y a harmonie et sympathie entre les parties les plus éloignées. Les végétaux et les animaux nous offrent un ordre non moins admirable; il y a une adaptation générale de l'animal en vue de la conservation de l'individu; chaque espèce est organisée d'une manière spéciale pour atteindre le même but; chacune est organisée pour assurer sa propre conservation; enfin le monde inorganique est préparé pour satisfaire les besoins des végétaux et des animaux.

Mais c'est surtout dans l'homme qu'apparaît l'intervention de la Providence : elle l'a organisé pour conserver sa vie au moyen de la nourriture et de l'air; pour considérer le ciel et connaître les dieux; elle lui a donné les sens, la raison, la parole; elle a augmenté et varié sa puissance d'agir en lui donnant des mains; elle l'a rendu capable de réflexion, de piété et de vertu et l'a fait, à l'immortalité près, l'égal des dieux.

Quatrième partie : La Providence a soin de l'homme.

Tout ce qui nous est utile dans le monde a été fait pour nous. L'univers est la demeure commune des dieux et des hommes, les seuls êtres raisonnables, les seuls qui connaissent la justice et qui vivent sous des lois; c'est pour eux qu'il a été formé. Les astres servent à la cohésion de l'univers, ils nous offrent en outre le plus beau et le plus instructif des spectacles. Les végétaux ont été faits pour l'homme, comme la lyre a été faite pour le musicien; beaucoup d'entre eux ne deviennent utiles que par son travail et ne peuvent être appréciés que par ses sens plus délicats. Les animaux eux-mêmes ont été formés, pour le vêtir, le garder, le nourrir, le porter, pour exercer sa force et son courage. Le monde inorganique a besoin de son travail pour fournir ce qui n'a été préparé que pour lui. Seul l'homme fait usage de la divination. Toutes ces preuves ajoutées les unes aux autres sont capables de persuader celui que chacune d'elles prise séparément n'a pas satisfait.

La Providence divine s'étend à chaque homme en particulier. C'est d'elle que chacun reçoit la sagesse et la vertu. Si l'orage gâte les blés ou les vignes de quelque particulier, si un accident lui enlève la jouissance d'un plaisir, il ne faut pas croire que ce soit l'effet de la haine ou de la négligence des dieux. Les dieux s'occupent des grandes choses, ils négligent les petites. Tout d'ailleurs prospère toujours aux grands hommes.

Conclusion. — Balbus invite Cotta à se souvenir qu'il est un des premiers citoyens et un des pontifes, à défendre la cause qu'il vient lui-même de plaider.

Dans le livre III, Cotta critique la théologie stoïcienne. Velléius estime que la vérité est du côté de Cotta, Cicéron que la *vraisemblance* est pour Balbus.

Un prétendu quatrième livre publié en 1811 à Bologne est, comme l'a montré V. Leclerc, l'ouvrage d'un faussaire.

Les sources du second livre.

Nous avons montré d'une façon générale qu'on avait mal interprété un passage de Cicéron, qu'on en avait laissé d'autres de côté, qu'on avait oublié les études philosophiques de sa jeunesse et de sa vie tout entière, quand on avait soutenu qu'il a eu en main, pour composer chacun de ses ouvrages, un auteur grec qu'il s'est borné à traduire. Nous arriverons à une solution analogue en ce qui concerne le second livre du *De Natura Deorum*. Il convient d'abord de rappeler les raisons invoquées par les différents critiques afin de montrer combien elles sont quelquefois puériles et presque toujours peu concluantes; on comprendra aisément ensuite que dans une matière aussi conjecturale, on ait pu arriver à des conclusions très différentes. Tous les critiques affirment d'abord que Cicéron a dû se servir du Περὶ θεῶν de Posidonius, parce que Cicéron le nomme parmi ses maîtres (*N. D.*, I, 3, 6), parce que Cotta l'appelle notre ami commun (*familiaris omnium nostrum*, I, 44, 123) et cite le 5ᵉ livre de cet ouvrage [1]. Mais il nous semble que l'on doit se borner à conclure de ces passages que Posidonius était le maître de Cicéron, l'ami d'un certain nombre de Romains et que Cicéron avait lu le 5ᵉ livre de son ouvrage sur les dieux; rien ne nous autorise à affirmer que Cicéron s'est servi de Posidonius aux endroits où il ne le cite pas. Posidonius, ajoute-t-on, avait un style aisé, abondant, il aimait les lettres, s'occupait beaucoup de science et admirait Platon et Aristote. Il insérait dans les discussions philosophiques, qu'il traitait avec ampleur, des exemples empruntés à l'histoire et des citations poétiques; or on trouve les uns et les autres, avec une égale recherche de l'élégance, dans l'ouvrage de Cicéron. Pour traiter un tel sujet, il fallait des connaissances scientifiques fort étendues, et si nous comparons ce que nous savons de Posidonius à ce qui se trouve dans le livre II, nous trouvons un accord remarquable entre Posidonius et Balbus; ce que dit Balbus, par exemple, de la grandeur du soleil et de la lune, sur la place de Vénus et de Mercure, concorde avec ce qu'en dit Cléomède, qui avoue avoir suivi souvent Posidonius, mais est en désaccord avec ce qu'en disent les anciens stoïciens. On retrouve la même concordance en ce qui concerne les propriétés de la sphère, l'embrasement universel, l'influence de la lune, le monde habité, l'atmosphère et l'éther, l'influence du climat, l'immortalité de l'âme, sa nature, l'origine de la civilisation, l'éloge de la piété romaine.

[1]. Selon Mayor (II, *Introduction*), l'ouvrage est tout entier emprunté à Posidonius, selon Hirzel (*Untersuchungen zu Cicero's philosophische Schriften*, I, 191-214) une partie revient à Posidonius, une autre à Apollodore, une troisième à Panétius. Mayor est d'accord avec Schwencke (*Jahrb. f. class. philol.*, 1877) et Schömann (*Introduction au De N. D*); Zeller rapporte l'ouvrage à Posidonius et à Panétius; Thiaucourt (*Op. cit.*, p. 239) croit que Cicéron s'est inspiré du livre de Posidonius pour les deux premières parties et la fin du livre, peut-être de Panétius pour traiter de la Providence. Tous s'accordent pour affirmer que Cicéron a, au moins pour une portion de son livre, traduit Posidonius.

Enfin Cicéron parle de Platon et d'Aristote, avec une admiration qui rappelle celle de Posidonius.

On remarque d'un autre côté que les stoïciens traitaient séparément la question des dieux et celle de la Providence ; que Posidonius seul est cité comme ayant réuni les deux questions dans son ouvrage sur les dieux (*D. L.*, VII, 138). Posidonius, dont la vie s'était écoulée presque tout entière à Rhodes, qui prit part à la vie politique de cette cité, pouvait seul avoir fait à cette ville une allusion analogue à celle que nous lisons chez Cicéron.

Telles sont quelques-unes des raisons que font valoir Schwencke et Mayor. Hirzel en fait valoir d'autres : Cicéron a écrit à Atticus (XIII, 8) pour lui demander l'abrégé de *Cœlius* par Brutus et le Περὶ προνοίας de Panétius ; or Balbus cite Cœlius (§ 8). Cicéron n'a-t-il pas aussi employé l'ouvrage de Panétius comme il a utilisé son traité sur les devoirs? Panétius d'ailleurs comme Posidonius était littérateur presque autant que philosophe, et il admirait Platon et Aristote. Cependant il ne peut avoir fourni à Cicéron ses vues sur la divination et l'immortalité de l'âme, puisqu'il doutait de la première et niait la seconde. C'est pourquoi il convient d'admettre que Posidonius a été le guide de Cicéron dans la première partie ; Apollodore, l'écrivain le plus fécond sur l'interprétation des mythes, dans la seconde, et Panétius dans la troisième.

Schwencke répond à Hirzel que Cicéron n'a nulle part indiqué, comme dans le *De Officiis*, qu'il ait comblé les lacunes de l'une de ses sources par une autre, ce qu'il n'aurait pas manqué de faire pour mettre en relief ses connaissances personnelles. Il s'efforce de même de montrer que rien ne nous autorise à croire qu'Apollodore le grammairien a exposé dans un ouvrage sur les dieux la théologie stoïcienne ; qu'en outre rien ne justifie la conjecture d'après laquelle on substitue Ἀπολλοδώρου à Παλλάδος dans la lettre où Cicéron demande à Atticus de lui envoyer l'ouvrage de Phèdre sur les dieux (XIII, 39)[1] ; qu'enfin les passages où il semble y avoir contradiction entre le stoïcisme de Posidonius et celui de Balbus n'ont pas la portée qu'on leur prête.

---

1. Thiaucourt, *Op. cit.*, p. 237, après Schwencke et Mayor.

Il est facile de voir le peu de valeur de toutes ces raisons. La méthode employée est d'ailleurs très propre à conduire à des résultats peu satisfaisants. Pour établir que Cicéron a réellement procédé de cette manière en composant le livre II, il faudrait trouver dans ce livre ou dans un autre passage de Cicéron l'indication formelle de l'auteur traduit par lui. A défaut d'un tel témoignage, il serait nécessaire de montrer tout au moins que Cicéron, ne connaissant pas auparavant le sujet qu'il abordait, a été obligé de s'attacher à un guide qu'il s'est borné à traduire. A vrai dire, on l'affirme, on le suppose sans cesse, on soutient même qu'il ne lisait pas complètement ses sources avant de les traduire[1], mais on ne le prouve jamais. Qu'on veuille bien se rappeler ce que nous avons dit de son éducation et l'on verra qu'il faudrait tout au moins invoquer quelques raisons sérieuses pour soutenir l'ignorance de Cicéron en matière philosophique. On ne donne donc aucune raison pour justifier ce que l'on avance. Il y a plus : on ne prouve absolument rien ; qui croira par exemple que Cicéron, déclarant qu'il renonce aux subtilités de la discussion, veuille dire qu'il ne se tient pas exclusivement à l'ouvrage grec qui lui sert de modèle[2] ; que Cléomède, suivant Posidonius sur tel point particulier, le suive partout ailleurs ; qu'il soit absolument incontestable que Cicéron ait traduit littéralement les ouvrages qu'il demandait à Atticus ; qu'il ait pu trouver seulement dans un ouvrage de Panétius ou de Posidonius les termes élogieux dont il se sert à l'égard de Platon et d'Aristote, qu'il a partout cités avec la plus grande admiration ? Enfin prenons même un instant comme accordé ce qui est en question pour quelques-uns de ceux même dont nous examinons les conclusions ; supposons que nous trouvions une concordance absolue entre le stoïcisme de

---

1. Thiaucourt, *Op. cit.*, 232. « Il semble que Cicéron se soit inspiré de
» Panétius jusqu'au § 151. Il *s'aperçut alors* que la divination comme
» preuve de la sollicitude des dieux pour l'homme n'était pas mentionnée
» chez Panétius et il reprit le livre de Posidonius. *Ne voulant pas se
» donner la peine, ou n'ayant pas le temps de fondre* l'exposition de
» Posidonius avec celle de Panétius, il fit rentrer dans la troisième
» partie ce qu'il avait déjà emprunté de la quatrième à Panétius. »
2. *Id.*, p. 234.

Balbus et celui de Posidonius; nous nous rappellerons que Cicéron a été le disciple de Posidonius, qu'il a dû connaître sa doctrine; que par conséquent, si l'on n'apporte aucun témoignage précis, aucune indication formelle, on ne peut conclure qu'il a étudié à cette époque la théologie de Posidonius ni surtout qu'il a traduit assez servilement le livre dans lequel elle était exposée.

Nous ne nous bornerons pas à montrer que les critiques n'ont pas donné les raisons qu'il eût fallu pouvoir invoquer et que celles qu'ils ont mises en avant n'ont aucune valeur, nous essaierons encore de prouver brièvement, en renvoyant aux notes de notre texte, que Cicéron n'a pas eu besoin de chercher dans tel ou tel auteur des notions[1] sur la théologie stoïcienne; qu'il n'a pas dû, à plus forte raison, se borner à le traduire.

Rappelons encore une fois que Cicéron avait étudié le stoïcisme avec Diodote, avec Antiochus, avec Posidonius : par son intelligence, son ardeur au travail, son avidité de connaître, il a dû, après avoir donné en réalité un temps assez considérable à la philosophie, être parfaitement instruit de la philosophie stoïcienne. Qu'il n'ait pas négligé leur théologie, c'est ce que prouve le passage de l'*Orateur* où il soutient que sans la philosophie l'orateur ne peut traiter les lieux communs sur les dieux. Nous avons montré également qu'il n'avait jamais abandonné les études philosophiques de sa jeunesse et nous avons cité de nombreux passages de ses discours et de ses premiers ouvrages qui le prouvent surabondamment. Enfin il ne faut pas oublier qu'il était déjà, depuis plusieurs années, revenu d'une manière bien plus assidue à l'étude quand il composa le *De Natura Deorum*.

Mais pour plus de précision, reprenons brièvement les points principaux abordés par Balbus. La preuve de l'existence des dieux tirée de la contemplation du ciel (§ 2) se trouve en termes presque identiques dans le *De Haruspicum responso*, antérieur de douze ans au traité sur les dieux; la preuve par le consente-

---

1. Rappelons encore qu'il ne suffit pas de trouver des ressemblances entre les textes de tel ou tel auteur pour affirmer que l'un s'est inspiré de l'autre : car ils peuvent avoir puisé l'un et l'autre à une source commune, ils peuvent avoir l'un et l'autre rencontré par leurs réflexions les mêmes idées.

ment universel se trouve dans les *Lois*. Cicéron était augure depuis 53 et connaissait tout ce qu'il a exposé sur la divination dans les chapitres III et IV, peut-être même avait-il déjà composé son *De Auguriis*; il avait en outre, dans les *Lois* écrites huit ans auparavant, soutenu la liaison de la croyance aux dieux et de la croyance à la divination (ch. IV, p. 101, n. 1). Il exposait en partie, dans le discours déjà cité (ch. V, p. 104, n. 1), la théorie de Cléanthe d'après laquelle les prodiges de toute espèce avaient amené les hommes à croire aux dieux; il avait vu cette théorie longuement développée chez les épicuriens. Il donnait déjà dans les *Lois* l'argument de Zénon pour démontrer que le monde est doué de raison (ch. VIII, n. 1). Nous y trouvons également les idées de Balbus sur la définition stoïcienne de la Loi, sur le gouvernement de la nature par la Providence, sur la supériorité de l'homme par rapport aux autres êtres, sur la communauté des hommes et des dieux, sur le soin que la Providence a pris de l'homme en formant pour lui toutes choses (p. 25); enfin sur Jupiter et les autres dieux,[1] sur la vertu (p. 24). Notons encore dans le *de Haruspicum responso* le passage où il affirme que les Romains surpassent en piété tous les peuples et ont été pour cette raison spécialement favorisés des dieux (p. 17); dans la *République*, la définition de la justice, la description des neuf sphères, la mention de la grande année, etc. Rappelons en outre ce que nous avons signalé dans les *Verrines* sur la religion populaire, dans les *Catilinaires* et les discours qui les ont suivies, sur Jupiter et la Providence, sur les dieux apparaissant pour défendre les Romains, etc. Il suffira d'ailleurs de parcourir les notes que nous avons jointes au texte pour s'apercevoir qu'il n'est peut-être pas une des questions que Cicéron a développées dans le discours de Balbus, qu'il n'ait étudiée dans sa jeunesse et abordée dans son âge mûr. Il lut Xénophon et le traduisit en partie, il connut Platon, et traduisit le *Timée*, il traduisit les poëmes d'Aratus; il avait étudié Cœlius[2] qu'il cite dans le *De Oratore*,

---

1. Voy. *De Leg.*, II, § 10 à 23.
2. Nous ne voyons pas quelle raison on peut invoquer pour soutenir, comme le fait un critique, que Cicéron n'a pas lu Cœlius dont il parle si souvent (*De Oratore, De Legibus, Orator*, etc.).

les *Lois*, l'*Orator*, etc.; il connaissait les ouvrages de la plupart des historiens romains et s'était même proposé à un moment donné de composer une histoire de Rome : il est donc certain que tout ce qu'il emprunte dans le livre II à ces philosophes et à ces historiens était bien connu de lui longtemps auparavant.

En résumé, il nous paraît, après avoir étudié minutieusement tous les ouvrages de Cicéron, après avoir examiné de près les études de sa jeunesse et lu à plusieurs reprises l'exposition de Balbus, que la plupart des critiques se sont trompés en cherchant à déterminer quel auteur il avait suivi et traduit. Tout ce qu'il y a exposé, il l'a appris avec ses maîtres, il en a déposé le germe dans ses discours et ses ouvrages antérieurs. Sans doute il a pu, au moment de l'écrire, revoir quelques-uns des ouvrages que les stoïciens avaient consacrés à la théologie, il a pu relire les ouvrages de Panétius, de Posidonius, et peut-être d'autres philosophes grecs; mais il n'a dû y avoir recours que pour donner plus de précision à ses idées, pour se renseigner sur quelque détail peu important. La forme même de son exposition, qui revient à plusieurs reprises sur le même sujet, nous montre qu'il a conservé les habitudes de l'orateur, qu'il a cru bon d'insister plusieurs fois sur les mêmes idées et qu'il s'est éloigné par cela même de la méthode suivie par les philosophes, plus préoccupés d'ordinaire de se satisfaire que de rendre aisée à leurs lecteurs l'intelligence des doctrines qu'ils exposent.

F. PICAVET.

FIN DE L'INTRODUCTION.

CICÉRON

DE NATURA DEORUM

LIBER II

CAPUT I

*Balbus commence l'exposition de la théologie stoïcienne.
Division en quatre parties.*

1. Quæ¹ quum Cotta dixisset, tum Velleius, Ne ego, inquit, incautus, qui cum Academico et eodem rhetore², congredi conatus sim ! Nam neque indisertum Academicum pertimuissem, nec sine ista philosophia rhetorem³, quamvis

---

1. Sur l'exposition de la théologie épicurienne par Velléius et la critique de Cotta, voy. le I⁰ʳ livre ; sur Velléius et Cotta, voy. *les Personnages du Dialogue*.
2. Velléius eût dû craindre d'entrer en lutte avec Cotta qui était à la fois un *maître* dans l'art de bien dire, capable de donner à ses arguments la forme la plus éloquente, et un *académicien* habitué à chercher les parties faibles de toutes les doctrines et à les combattre avec une dialectique subtile.
3. *Orator* est celui qui parle, qui fait un discours ; *rhetor* désigne plus spécialement celui qui donne les préceptes ; le *rhetor* n'est pas toujours *eloquens* et ses préceptes ne suffisent pas, selon Cicéron, à former l'orateur, puisqu'il faut y joindre les leçons des philosophes. Le mot

eloquentem : neque enim flumine conturbor inanium verborum nec subtilitate sententiarum, si orationis est siccitas¹. Tu autem, Cotta, utraque re valuisti : corona² tibi et judices defuerunt. Sed ad ista alias; nunc Lucilium³, si ipsi commodum est, audiamus.

2. Tum Balbus, Eumdem equidem mallem audire Cottam, dum, qua eloquentia falsos deos sustulit, eadem veros inducat⁴. Est enim et philosophi et pontificis⁵ et Cottæ de diis immortalibus habere non errantem et vagam⁶, ut Academici, sed, ut nostri, stabilem certamque sententiam. Nam contra Epicurum satis superque dictum est. Sed aveo audire, tu ipse, Cotta, quid sentias. An, inquit, oblitus es, quid initio⁷

---

rhetor est ailleurs employé par Cicéron comme synonyme d'*orator* (*Brutus*, § 265).

1. Cicéron nous présente ici les deux formes extrêmes de l'éloquence, imparfaites chacune en l'absence de l'autre, mais constituant par leur réunion l'orateur parfait (*Brutus*, § 87). *Inanium verborum*, mots vides sous lesquels il n'y a pas d'idées; *siccus*, employé quelquefois comme terme d'éloge (*Br.*, 202), peut se traduire par *nerveux*; employé dans un mauvais sens, il désigne la maigreur et la sécheresse. Cicéron emploie en ce sens, comme synonymes de *siccitas*, *jejunia* et *inopia* (*Br.*, 283).

2. Il ne s'agit pas, comme le croit le président Bouhier, de la couronne qu'on donnait en Grèce aux vainqueurs des combats d'éloquence (Cf. V. Le Clerc et Mayor), mais d'un auditoire assistant aux jugements. Cf. surtout *Brutus*, 192 : « *In iis etiam causis, in quibus omnis res » nobis cum judicibus est, non cum populo, tamen si a corona relictus » sim, non queam dicere.* »

3. *Lucilium* pour Quintum Lucilium *Balbum*. Balbus est plus d'une fois désigné par son prénom dans les trois livres du *De Natura Deorum* (I, 20, 25, 47; II, 1; III, 3).

4. *Inducat* pour *induceret*. La différence de temps s'explique par l'attraction spéciale de *dum* pour le présent (Mayor).

5. Voy. l'*Introduction* (Personnages du Dialogue).

6. Le sens des mots *errantem* et *vagam* est déterminé par celui des deux mots *stabilem certamque* auxquels ils sont opposés. Les premiers s'appliquent à la philosophie académicienne : *ego sum magnus opinator — eo fit ut errem et vager latius* (*Acad.*, II, 66). Les seconds s'appliquent au stoïcisme (*nostri*).

7. Voy. de *N. D.*, I, 57, 60. Cotta s'appuie sur l'exemple de Simonide qui, interrogé par Hiéron sur la nature des dieux, avait demandé

dixerim, facilius me, talibus præsertim de rebus, quid non sentirem, quam quid sentirem, posse dicere?

3. Quod si haberem aliquid, quod liqueret, tamen te vicissim audire vellem, quum ipse tam multa dixissem.

Tum Balbus, Geram tibi morem, et agam quam brevissime potero; etenim, convictis Epicuri erroribus, longa de mea disputatione detracta oratio est. Omnino¹ dividunt nostri totam istam de diis immortalibus quæstionem in partes quattuor. Primum docent esse deos; deinde, quales sint; tum, mundum ab iis administrari; postremo, consulere eos rebus humanis². Nos autem hoc sermone, quæ priora duo sunt, sumamus³ : tertium et quartum, quia majora sunt, puto esse in aliud tempus differenda. Minime vero⁴, inquit Cotta : nam et otiosi sumus, et iis de rebus agimus, quæ sunt etiam negotiis anteponendæ⁵.

PREMIÈRE PARTIE

CAPUT II

Existence des dieux. Tous les hommes croient qu'il y a des dieux. Les dieux eux-mêmes nous révèlent leur existence.

4. Tum Lucilius, Ne egere quidem videtur, inquit, oratione prima pars. Quid enim potest esse tam apertum tam-

pour réfléchir, un jour, puis deux, puis trois et avait enfin déclaré que le sujet lui paraissait de plus en plus obscur.

1. *Omnino*, pour donner une vue générale du sujet (M.).
2. Sur cette division de la théologie stoïcienne en quatre parties, voy. *Introduction*.
3. *Sumamus*, prenons en considération.
4. *Minime vero*, pas le moins du monde.
5. Cic., *Div.*, *I*. 10 : « De quibus quid ipse sentiam, si placet, exponam;

que perspicuum, quum cælum suspeximus[1], cælestiaque contemplati sumus, quam esse aliquod numen præstantissimæ mentis, quo[2] hæc regantur? Quod ni ita esset, qui[3] potuisset assensu omnium dicere Ennius[4] :

« *Aspice hoc sublime candens, quem*[5] *invocant omnes Jovem;*

illum vero et Jovem, et dominatorem rerum, et omnia nutu regentem[6], et, ut idem Ennius,

— *patrem divumque hominumque*[7],

» ita tamen, si vacas animo neque habes aliquid, quod hinc præverten-
» dum putas. *Ego vero, inquam, philosophiæ semper vaco.* »

Cicéron imite, comme dans bon nombre d'autres passages, les dialogues de Platon. *Phèdre :* — Je te dirai cela, si tu as le loisir de m'écouter. *Socrate :* — Comment! crois-tu, pour parler d'après Pindare, que je ne mets pas au-dessus de toute affaire le plaisir d'entendre ce qui s'est passé entre toi et Lysias (227 B. *Leg.*, X, 887, B). Voy. l'*Introduction* (Vie de Cicéron).

1. Nous trouvons les mêmes idées et quelquefois même les mêmes expressions dans le *De haruspicum responso*, § 9.

2. *Quo*, au lieu de *a quo*, parce que *numen* est plutôt considéré comme un nom abstrait que comme un nom de personne. Cf. *Harusp., resp.* 9, 19; *N. D.*, II, 16, 85 (M.).

3. *Qui*, comment.

4. Ennius né à Rudies en Calabre vers 514 ou 515, fut amené à Rome en 550 par Caton revenant de la Sardaigne. Il obtint le droit de cité et fut accueilli par les familles les plus nobles; M. Fulvius Nobilior l'emmena en Grèce, les Scipion placèrent sa statue parmi les monuments de la famille Cornélia. Il est considéré par les anciens comme le véritable créateur de la poésie latine. Il avait composé dix-huit livres d'annales et des tragédies dans lesquelles il avait surtout imité Euripide. Le vers ici cité appartenait d'après Festus à la tragédie de Thyeste, qui semble avoir été la dernière qu'il ait composée (*Brutus*, 78). Il traduisit Evhémère, d'après lequel les dieux ne seraient que des hommes courageux, illustres ou puissants, déifiés après leur mort. Evhémère, qui vivait à la cour de Cassandre vers 300, affirmait dans son livre (Ἱερὰ ἀναγραφή) avoir vu en Crète le tombeau de Jupiter. Ennius, en traduisant Euripide et Evhémère, porta le premier coup aux croyances religieuses à Rome.

5. *Quem*, au lieu de *quod*, par attraction.

6. Rosc., *Am.*, 131 : « Jupiter Optimus Maximus cujus nutu et arbitrio
» cœlum, terra mariaque reguntur. » Voy. *Vie de Cicéron*.

7. *Annales*, VI, fr. 2, V. Cf. Virgile, *Enéide*, IX, 2 « Divom pater atque
» hominum rex. »

et præsentem ac præpotentem deum? Quod qui dubitet, haud sane intelligo, cur non idem, sol sit an nullus sit, dubitare possit.

5. Quid enim est hoc illo evidentius? Quod nisi cognitum comprehensumque animis[1] haberemus, non tam stabilis opinio permaneret, nec confirmaretur diuturnitate temporis, nec una cum sæculis ætatibusque hominum inveterari[2] potuisset. Etenim videmus, ceteras opiniones fictas atque vanas diuturnitate extabuisse[3]. Quis enim hippocentaurum fuisse

---

1. Balbus fait allusion à la théorie stoïcienne de la connaissance. Le point de départ de la science est la *sensation* (φαντασία = *visum*), qui est, d'après Chrysippe (*De Plac. Phys.*, IV, 12), une affection se produisant dans l'âme et faisant connaître à la fois et elle-même et la cause qui la produit. A la sensation succède l'*assentiment* (συγκατάθεσις = *assensio, approbatio*) que l'esprit donne à ce qui lui apparaît par les sens. Mais l'esprit n'accorde pas cet assentiment à toutes les sensations : il le donne seulement à celles qui se présentent avec une certaine *évidence* (ἐνάργεια = *declaratio earum rerum quæ viderentur*). Telles sont les sensations *compréhensibles* (φαντασία καταληπτική = *comprehensio*) que l'esprit saisit comme la main s'empare d'un objet. Elles sont intermédiaires entre l'opinion (δόξα) qui est un acquiescement erroné et sans force, et la science (ἐπιστήμη) qui est une compréhension ferme et inébranlable. La sensation pure et simple était figurée par la main étendue et ouverte, l'assentiment par les doigts un peu repliés, la compréhension par la main fermée, la science enfin par la main gauche serrant fortement le poing droit (Cic., *Acad., pr.*, II, 47). Sur la logique stoïcienne, on peut consulter Cicéron (*Académiques*); Plutarque (*De Stoïcorum repugnantiis, De communibus notitiis*); Pseudo-Plutarque, *De Placitis* (Diels, *Doxographi græci*); Diogène Laërte, liv. VII; Sextus Empiricus, *Advers. Math.*, VII et VIII, etc., Juste Lipse, *Manuductio ad Stoïcam philosophiam*; les histoires de la philosophie ancienne de Ritter, d'Ueberweg et de Zeller; le Mémoire de M. Ravaisson (*Mémoires de l'Académie des Inscriptions et Belles-Lettres*, t. XXI); Prantl, *Geschichte der Logik*, I, 6; Brochard, *De Assensione Stoïci quid senserint*; Ogereau, *Essai sur le système philosophique des Stoïciens*, etc.

2. Mayor lit *inveterascere* avec Forchhammer, parce qu'il n'y a pas d'exemple d'*inveterare* employé en ce sens et qu'on ne trouve pas *inveterari* avant l'époque de Pline.

3. *Extabuisse* = dépérir.

aut chimæram¹ putat? quæve anus² tam excors³ inveniri potest, quæ illa, quæ quondam credebantur apud inferos portenta⁴, extimescat? Opinionis enim commenta delet dies, naturæ judicia confirmat. Itaque et in nostro populo et in ceteris deorum cultus religionumque sanctitates exsistunt in dies majores atque meliores⁵.

6. Idque evenit non temere nec casu, sed quod et præsentes⁶ sæpe Dii vim suam declarant : ut et apud Regillum bello Latinorum, quum A. Postumius dictator cum Octavio Mamilio Tusculano prælio dimicaret⁷, in nostra acie Castor et Pollux ex equis pugnare visi sunt⁸, et recentiore memoria

1. L'*Hippocentaure* est un animal fabuleux, moitié homme, moitié cheval; la *Chimère* avait la tête d'un lion, le corps d'une chèvre, la queue d'un dragon. Elle fut défaite, selon la fable, par Bellérophon monté sur Pégase. Les premiers hommes qui aperçurent des cavaliers crurent qu'ils avaient affaire à un animal unique moitié homme et moitié cheval : mais bientôt on vit l'homme descendre de cheval et on fut persuadé qu'il y avait là deux animaux différents.

2. *Anus*, ou *aniculis*. La vieille femme est chez les Grecs et chez les Romains le type de la crédulité et de la superstition.

3. *Excors*, insensé. Les anciens Romains, comme les stoïciens, considéraient le *cœur* comme le siège de l'intelligence.

4. Chrysippe avait attaqué la doctrine de Platon sur les châtiments futurs, qui faisait des dieux des espèces de croquemitaines (*Alcon et Alphiton*) semblables à ceux dont se servent les mères pour faire travailler leurs enfants. Voy. Sextus Emp., *Adv. Math.*, IX, 66; Cicéron, *Tusc.*, I, 10, 48; Sénèque, *Consol. ad. Marc.*, 19.

5. Voy. G. Boissier, *la Religion romaine*, 2 vol. Varron dans saint Augustin (*C. D.*, VI, 2) porte un jugement contraire à celui de Balbus.

6. Nous lisons avec Baiter et Mayor : « *et præsentes sæpe dii vim suam*, » au lieu de : « *præsentiam sæpe divi suam* » (V. Le Clerc).

7. Les Romains chassèrent Tarquin le Superbe après la mort de Lucrèce, outragée par Sextus, fils de Tarquin, et abolirent la royauté en 509 *avant J.-C*. Le Latium tout entier se souleva : un dictateur fut nommé, A. Postumius, qui battit les Latins près du lac Régille, sur le territoire de Tusculum et reçut le surnom de *Regillensis*.

8. Tite-Live, qui rapporte la victoire de Postumius, ne fait aucune mention de l'intervention des Tyndarides (II, 19); ce dernier événement est mentionné par Denys d'Halicarnasse (VI) et par Plutarque (*Vie de Coriolan*). Postumius avait élevé dans le Forum un temple à Castor et à Pollux ; on voyait encore au temps de Cicéron, sur une

iidem Tyndaridæ Persem victum nuntiaverunt[1]. P. enim Vatinius, avus hujus adolescentis[2], quum e præfectura Reatina[3] Romam venienti noctu duo juvenes cum equis albis[4] dixissent, regem Persem illo die captum, senatuique nuntiavisset[5] : primo, quasi temere de republica locutus, in carcerem conjectus est; post, a Paullo litteris allatis, quum idem dies constitisset[6], et agro a senatu et vacatione[7] donatus

pierre voisine du lac Régille, un pied de cheval que les croyants prenaient pour une trace laissée par le cheval de Castor (*De N. D.*, III, V).

1. Persée, le dernier roi de Macédoine, fut défait par L. Emilius Paulus à Pydna en 168 avant J.-C. Tite Live et Paterculus sont mutilés à l'endroit où il s'agit de la guerre de Persée. Plutarque, Florus et Lactance rapportent le fait de diverses manières. Eutrope n'en dit rien. Valérius Flaccus suit Cicéron. Voy. Ovide, *Fastes*, I.

2. Il s'agit de Vatinius le lieutenant de César, accusé par Cicéron, puis réconcilié avec lui par l'intervention de César. Le dialogue est placé par Cicéron vers 76 ; Vatinius ayant été questeur en 63 pouvait avoir alors vingt ans.

3. Les villes italiennes étaient des *municipes*, des *colonies* ou des *préfectures*. Festus dit de ces dernières : *Et jus dicebatur et nundinæ agebantur et erat quædam earum res publica, neque tamen magistratus suos habebant.* Le préteur urbain envoyait chaque année un préfet à Reate ; d'autres villes avaient un préfet élu directement par le peuple romain.

4. Pindare appelle les Tyndarides « λευκόπωλοι » (*Pyth.*, I, 66).

5. Mayor lit après Vahlen (*Zeitsch. f. Œst. Gymn.*, 1873, p. 241) : « *quum senatui nuntiavisset.* » Aucun manuscrit ne donnant cette leçon, nous avons préféré conserver la leçon prise par Heindorf et Baiter dans le Codex *Glogavensis*.

6. *Quum idem dies constitisset*, lorsqu'il fut établi qu'*il y avait concordance* entre le jour où Vatinius avait vu les Tyndarides et celui où Persée avait été vainqueur.

7. Ceux qui exerçaient une magistrature ou une fonction sacerdotale étaient exemptés du service militaire (*vacatio militiæ* = *vacatio*), ceux qui avaient rendu quelques grands services en étaient exemptés pour toujours, comme Vatinius, ou pour un certain temps, comme les Prénestins qui le furent pour cinq ans dans la seconde guerre punique après leur belle défense de Casilinum. Le sénat pouvait faire cesser ces exemptions en cas de péril grave. Cicéron nous dit que le sénatus-consulte en faveur de Vatinius subsistait encore de son temps (*N. D.*, III, 5).

est. Atque etiam quum ad fluvium Sagram Crotoniatas Locri [1] maximo prælio devicissent, eo ipso die auditam esse eam pugnam ludis Olympiæ, memoriæ proditum est. Sæpe Faunorum [2] voces exauditæ, sæpe visæ formæ deorum quemvis non aut hebetem aut impium deos præsentes esse confiteri coegerunt [3].

1. Il s'agit des Locriens Epizéphyriens établis au sud de l'Italie. La rivière Sagra séparait Locres de Caulonia. Lenormant (*la Grande Grèce*, II, 27, 35) place la bataille dont il s'agit en 560 avant J.-C. Attaqués par Crotone, les Locriens demandèrent des secours aux Spartiates qui envoyèrent les Dioscures, c'est-à-dire, selon toute probabilité, des *images* ou *des symboles* qu'ils conduisaient avec eux dans leurs expéditions guerrières. Les Locriens, au nombre de 15 000, vainquirent 120 000 Crotoniates : le même jour dit Justin (XX, 3) la victoire fut annoncée à Corinthe, à Athènes et à Lacédémone. Strabon (VI, I, § 10) parle d'autels élevés aux Dioscures sur les rives de la Sagra. — Cicéron nous apprend (*N. D.*, III, V) que ce qui s'était passé à la Sagra était devenu un proverbe pour les Grecs : quand ils veulent affirmer quelque chose, dit-il, ils disent que cela est plus certain que ce qui s'est passé sur les bords de la Sagra. Cf. *Suidas*.

Léda, femme de Tyndare, eut deux fils, l'un de son mari, l'autre de Jupiter : c'étaient Castor et Pollux, appelés tantôt les Tyndarides ou les fils de Tyndare, tantôt les Dioscures ou les fils de Jupiter (Ζεύς, κοῦρος): Preller (*Gr. Myth.*, II, 99³; *R. M.*, 660²) donne une longue liste de leurs apparitions : Cicéron parle de deux statues d'or qui leur avaient été élevées à Delphes par les Spartiates avec lesquels ils avaient combattu à Ægos-Potamos (*Div.*, I, 75), de leur intervention en faveur du poète Simonide (*Orat.*, II, 352), etc.

Cicéron nie dans le *De Harusp. Resp.*, que de telles apparitions aient réellement eu lieu; Cotta soutient la même opinion dans le III° livre (V) : « Croyez plutôt, dit-il, et vous le croirez avec probabilité, que les âmes des grands hommes tels qu'étaient les fils de Tyndare, sont divines et immortelles; mais ne vous figurez pas que des corps qui ont été réduits en cendres puissent monter à cheval et combattre dans une armée. »

2. Les Faunes étaient des dieux bienveillants (*faveo*, *Favonius* = εὔχνδρος), ou selon une conjecture plus ancienne (Xyste Birck) récemment soutenue par Nettleship (Mayor), les dieux qui *parlaient* dans les montagnes et les forêts pour annoncer aux hommes leur destin (*fari*, φωνή, *fata*). Cf. *Div.*, I, 101 ; Lucrèce, IV, 580; Varro, *L. L.*, VII, 36.

3. *Coegerunt*, coegerint, comme lit Allen, serait peut-être plus naturel après *quemvis*. Les épicuriens croyaient, comme les stoïciens, à ces apparitions divines : Voy. le livre I. Nous avons longuement traité ailleurs cette question.

CAPUT III

La divination prouve l'existence des dieux.

7. Prædictiones vero et præsensiones rerum futurarum quid aliud declarant, nisi hominibus ea ostendi, monstrari, portendi, prædici? ex quo illa *ostenta, monstra, portenta, prodigia* dicuntur[1]. Quod si ea ficta credimus licentia fabularum, Mopsum, Tiresiam, Amphiaraum, Calchantem, Helenum[2], quos tamen augures ne ipsæ quidem fabulæ asci-

---

1. Cf. *Div.*, I, 93 : *Portentorum vim, ut tu soles dicere, verba ipsa prudenter a majoribus posita declarant. Quia enim ostendunt, portendunt, monstrant, prædicant, ostenta, portenta, monstra, prodigia, dicuntur.*
Ostentum et *monstrum* indiquent la nature des phénomènes, *ostentum* indiquant une apparition merveilleuse, *monstrum* une conformation contre nature, comme un veau à deux têtes, un enfant sans bras, le Minotaure, etc. Virgile dit du cyclope Polyphème : *Monstrum horrendum, immane, ingens, cui lumen ademptum;* les autres mots ont rapport à la signification des phénomènes, *prodigium* (de aio, selon Vaniçek, cité par Mayor) implique quelque chose de fatal et ordinairement, mais non toujours, quelque chose de mauvais, tandis que *portentum* présage un malheur réel. On peut remarquer en outre que *portentum* se dit de ce qui est contraire aux lois du possible : une pluie de sang est un *portentum*, une pluie de pierres n'en est pas un : *non, si id factum est quod fieri potest, portentum debet videri* (Voy. Schultz, *Opusc.*, III; Mayor, II, p. 75; Gardin-Dumesnil, *Synonymes latins*). — L'usage a si bien confondu ces mots, dit M. Bouché-Leclercq (IV, 77) qu'ils ne sont plus susceptibles d'un sens spécial.
2. On croyait qu'il avait existé trois hommes du nom de *Mopsus* : le plus célèbre était celui qui avait accompagné les Argonautes; un autre était fils d'Apollon et de Manto : il avait des oracles à Mallus et à Mopsuestia en Cilicie : *Amphilochus et Mopsus Argivorum reges fuerunt, sed iidem augures, iique urbes in ora maritima Ciliciæ Græcas condiderunt* (Cic., *Div.* I, 88; Bouché-Leclercq, *Histoire de la Divination*, III, p. 311). *Tirésias*, celui qui observe les choses merveilleuses (τείρεα = τέρας) : c'est d'après l'*Odyssée* le seul homme qui ait conservé toutes ses facultés dans les enfers, *solum sapere, ceteros umbrarum vagari modo* (*Div.*, I, 88). Il joue un rôle important dans les *Sept contre Thebes*,

vissent, si res omnino repudiarent : ne domesticis quidem exemplis[1] docti numen deorum comprobabimus? Nihil nos P. Claudii[2] bello Punico primo temeritas movebit? qui etiam per jocum deos irridens, quum cavea liberati pulli[3] non pascerentur, mergi eos in aquam jussit, ut biberent, quoniam esse nollent. Qui risus, classe devicta, multas ipsi lacrimas, magnam populo Romano cladem attulit. Quid? collega ejus Junius[4] eodem bello nonne tempestate classem amisit, quum auspiciis non paruisset? Itaque Claudius a populo condemnatus est, Junius necem sibi ipse conscivit.

---

l'*Œdipe roi*, *Antigone*, etc. Amphiaraüs fut excité par sa femme Euriphyle à accompagner l'expédition contre Thèbes : il fut sauvé par Jupiter de la poursuite de son ennemi. Il avait un oracle à Orope. *Calchas* accompagna les Grecs à Troie. *Hélénus*, fils de Priam, était le devin des Troyens : il accompagna Néoptolème en Epire après la chute de Troie, obtint une partie de son royaume et épousa Andromaque (*Enéide*, III, 292, sqq.). Mayor remarque que Cicéron oublie le plus célèbre des devins, *Trophonius*, qu'il cite d'ailleurs plus loin (III, 49).

1. Cicéron cite les mêmes exemples (*Div.*, I, 29, II, 20).
2. P. Claudius Pulcher, consul en 249 avant J.-C., fut défait par Adherbal à la bataille navale de Drépanum, et poursuivi comme coupable de haute trahison.
3. Sur la divination par le moyen des poulets sacrés, on peut consulter Pline, *H. N.* X, 24 : *Horum gallorum sunt tripudia solistima : hi magistratus nostros quotidie regunt... hi fasces Romanos impellunt aut retinent, jubent acies aut prohibent, victoriarum omnium toto orbe partarum auspices : hi maxime terrarum imperio imperant, extis etiam fibrisque haud aliter quam opimæ victimæ diis grati.* Les poulets étaient enfermés dans une cage et soumis à un jeûne rigoureux. A Rome les augures, dans les camps un subalterne (*pullarius*) les mettait en liberté. On les observait et le pronostic le plus favorable était indiqué par le *tripudium sollistimum* qui se produisait quand l'oiseau, avalant sa nourriture avec une précipitation gloutonne, en laissait tomber quelque parcelle (Cic., *Div.*, II, 34 ; *Festus*, p. 298, s. v. Sollistimum).
Voy. Bouché-Leclercq, *Histoire de la divination dans l'antiquité*, IV, 203, sqq.
4. Junius surnommé Pullus perdit sa flotte au promontoire de Pachynum : (Val. Max., I, 54). Selon Eutrope, l'armée fut sauvée.

8. C. Flaminium[1] Cœlius[2] religione neglecta cecidisse apud Trasimenum scribit cum magno reipublicæ vulnere. Quorum exitio intelligi potest, eorum imperiis[3] rempublicam amplificatam, qui religionibus paruissent. Et, si conferre volumus nostra cum externis ; ceteris rebus aut pares aut etiam inferiores reperiemur, religione, id est cultu deorum, multo superiores[4].

1. C. Flaminius Nepos, odieux à l'aristocratie romaine parce qu'il avait comme tribun porté une loi agraire en 232 : on essaya de l'écarter du consulat en 223, parce que les auspices, disait-on, avaient été mal pris ; il marcha cependant contre les Insubriens et les vainquit près de l'Adda. Élu consul pour la seconde fois en 217, il quitta Rome sans avoir accompli les cérémonies ordinaires, parce qu'il craignait que le sénat ne tentât de le retenir (Tite-Live, XXI, 63). Cicéron rapporte, (*Div.*, I, 77) les présages de désastre qui suivirent. Il donne, dans le second livre, des exemples qui montrent le succès de ceux qui méprisaient les augures et la défaite de ceux qui prenaient les auspices avec le plus grand soin.

2. *L. Cœlius Antipater,* contemporain de C. Gracchus, familier de Crassus, écrivit une histoire de la guerre punique. Cicéron le range parmi les « *narratores* » et non parmi les « *rerum exornatores* » : « *Paulum se erexit et addidit majorem historiæ sonum vocis vir optimus* » (Cœlius)... *sed iste neque distinxit historiam varietate colorum neque verborum collocatione et tractu orationis leni et æquabili perpolivit illud opus ; sed ut homo neque doctus neque maxime aptus ad dicendum sicut potuit, dolavit.* » Il surpasse cependant, ajoute Cicéron, ceux qui l'ont précédé (*De Orat.*, II, 54 ; *Leg.*, I, 6). Brutus avait composé un abrégé de l'ouvrage de Cœlius. En juin 45, Cicéron écrit à Atticus (XIII, 8) pour lui demander cet abrégé en même temps que le Περὶ προνοίας de Panétius. Voy. *Introduction*, Vie de Cicéron.

3. Tous les écrivains romains attribuent les succès des Romains à leur piété. Je me suis persuadé, dit Cotta, que Romulus, par les auspices qu'il ordonna et Numa par les sacrifices qu'il établit, avaient jeté les fondements de Rome, qui sans doute n'aurait pu s'élever à ce haut point de grandeur, si elle ne s'était attiré, par sa grande piété, la protection des dieux. Voy. Virgile, *Énéide*, passim ; Horace, *Odes*, III, 6, 5 ; Tite-Live, VI, 42 ; Valère Maxime, I, 1, 8. Les païens accusèrent plus tard les chrétiens d'être la cause des désastres de l'empire, parce qu'ils avaient amené le mépris des vieilles divinités. On peut voir, surtout dans saint Augustin (*C. D.*) et dans Minucius Felix (*Octavius*, c. VI) ce que les chrétiens essayaient de répondre à ce reproche.

4. La même idée se trouve déjà exprimée dans le *De Haruspicum responso*, 19. Athénée nous apprend (VI, 107) que Posidonius avait noté dans un de ses ouvrages la piété étonnante des Romains.

9. An Attii Navii[1] lituus[2] illo, quo ad investigandum suem regiones vineæ terminavit, contemnendus est? Crederem, nisi ejus augurio rex Hostilius maxima bella gessisset[3]. Sed negligentia nobilitatis[4] augurii disciplina omissa, veritas auspiciorum spreta est, species tantum retenta. Itaque maximæ reipublicæ partes, in his bella, quibus reipublicæ salus continetur, nullis auspiciis administrantur; nulla peremnia[5]

---

1. Cicéron raconte l'histoire d'une manière plus complète (*Div.*, I, 31). Navius ayant, dit-il, perdu un de ses pourceaux, fit vœu d'offrir aux dieux, s'il le retrouvait, la plus belle grappe de raisin de la vigne où il se trouvait. Il retrouva le porc, se plaça au milieu de la vigne, la partagea en quatre parties et après avoir eu le présage des oiseaux contraire dans trois, trouva dans la quatrième une grappe d'une merveilleuse grosseur.

2. *Lituus.* Le lituus ou bâton augural était recourbé en forme de crosse. Il doit à l'origine avoir été le sceptre des Lucumons, dépositaires de la science des haruspices révélée par Tagès (Bouché-Leclercq, *Histoire de la divination*, IV, 19, 58, 104, 282, 293). On a vu (*Rich* cité par Mayor) dans ce bâton le modèle de la crosse épiscopale.

3. Attius Navius paraît avoir été un Sabin qui, après avoir donné des preuves de sa vocation pour l'art divinatoire, fut conduit par son père chez le plus docte des Etrusques pour y apprendre la divination par les oiseaux. C'est après cette éducation ajoutée à son talent naturel qu'il surpassa de beaucoup tous les autres augures (*Dion.*, III, 70). Tite-Live raconte qu'il coupa une pierre avec un rasoir et convainquit ainsi le roi Tarquin de la vérité de son art.

4. Sous le nom de nobles (*nobiles*) il faut comprendre, au temps de Cicéron, les patriciens et les plébéiens dont les ancêtres avaient occupé quelque magistrature. Ceux dont la famille n'était jamais arrivée aux honneurs étaient des hommes nouveaux (*novi*). Cicéron était lui-même un homme nouveau. Balbus se plaint donc ici de la négligence des magistrats et surtout des augures. Cf. *Leg*, II, 33; *Div.*, I, 25, 27; *Tite-Live*, c. LIII, 13. César ne fait pas mention des auspices dans ses commentaires (*Hartung* cité par Mayor).

5. *Perenne* dicitur auspicari qui amnem aut aquam quæ ex sacro oritur auspicato transit (*Festus* s. v. *Perenne*); apud augures fuerat consuetudo ut, si post acceptum augurium ad aquam venissent, inclinati haurirent exinde et manibus et fusis precibus vota promitterent, ut visum perseveraret augurium, quod aquæ intercessu disrumpitur (Serv., *Œn.*, IX, 24). Nous savons, dit M. Bouché-Leclercq (IV, 231, n.) que l'art des arpenteurs a reçu ses règles de la science augurale et que les arpenteurs ne projetaient point leurs lignes orientées au delà des cours d'eau. Ils s'arrêtaient devant cette barrière, laissant, entre les champs bornés

servantur, nulla¹ ex acuminibus; nulla², quum viri vocantur, ex quo in procinctu testamenta perierunt³. Tum enim bella gerere nostri duces incipiunt, quum auspicia posuerunt⁴.

10. At vero apud majores tanta religionis vis fuit, ut

par des limites rectilignes et le bord généralement sinueux de la rivière, une bande de terrain indivis et incapable d'être converti en propriété privée... Le cours d'eau ne rompt la continuité des auspices qu'en brisant la continuité de la figure géométrique imposée au temple.

1. *Nulla* (auspicia) : les auspices par les pointes ou signes fournis par la phosphorescence électrique des pointes de lances... il était inutile de maintenir, à côté de procédés expéditifs et sûrs, des méthodes aléatoires ou d'une pratique difficile (Bouché-Leclercq, IV, 185).

2. Les Romains croyaient à l'efficacité intrinsèque des mots... Le nom constituait pour un individu un présage (*omen*, de *os, oris*) persistant qu'il importait de bien choisir... Les cités comme les individus subissaient l'influence de leur nom... Les magistrats qui procédaient à des levées militaires, au recensement ou à la fondation d'une colonie, avaient soin d'inscrire en tête des listes, des noms de bon augure, comme Valérius, Salvius, Statorius (Bouché-Leclercq, IV, 140).

3. Il y avait trois sortes de testaments chez les Romains : l'un qui se faisait dans l'assemblée du peuple convoqué en comices; l'autre, en renonçant à son droit de chef de famille : on y employait l'as et la balance; enfin un autre qui se faisait sur le champ de bataille pendant l'appel des soldats. Il suffisait, dans ce dernier cas, de nommer son héritier en présence de trois ou quatre témoins. Les Romains, nous dit Festus, avaient autrefois la coutume d'aller au combat la toge disposée comme une ceinture et nouée par devant, *toga procincta Gabino cinctu* (Mayor). De là le testament *in procinctu*.

4. L'extension du pouvoir obligea la République à se servir, pour l'administration des provinces, de *proconsuls* et de *propréteurs* qui déposaient les *auspices urbains* au moment même où finissait leur charge de consul et de préteur. La règle du droit augural, qui déclarait incapable d'auspices militaires quiconque ne possède point les auspices urbains, se trouva ainsi suspendue : elle fut supprimée officiellement sous la dictature de Sylla par la loi *Cornelia de provinciis* qui décida que les préteurs et les consuls passeraient à Rome leur année de magistrature et n'iraient gouverner les provinces qu'à titre de proconsuls et de propréteurs (81). La loi *Pompeia de provinciis* (52) établit un intervalle de cinq ans entre l'abdication des consuls ou des préteurs et leur entrée en charge comme gouverneurs de provinces (Bouché-Leclercq, IV, 238, sqq.).

quidam imperatores[1] etiam se ipsos diis immortalibus[2] capite velato verbis certis[3] pro republica devoverent. Multa ex Sibyllinis vaticinationibus[4], multa ex haruspicum[5] responsis

---

1. *De N. D.*, III, 15. Décius Mus dans la guerre latine, en 340, son fils à Sentinum en 295, dans la guerre contre les Etrusques, peut-être son petit-fils (*Tusc.*, I, 89; *Fin.*, II, 61) à Asculum en 279 dans la guerre contre Pyrrhus, se dévouèrent successivement.

2. *Diis Manibus Tellurique* (Tite-Live, VIII, 9).

3. *Jane, Jupiter, Mars pater, Quirine, Bellona, Lares, divi Novensiles, dii Indigetes, divi quorum est potestas nostrorum hostiumque, diique manes, vos precor, veneror, veniam peto, feroque uti populo Romano Quiritium vim victoriamque prosperetis : hostesque populi Romani Quiritium terrore, formidine, morteque afficiatis. Sicut verbis nuncupavi, ita pro republica Quiritium, exercitu, legionibus, auxiliis populi Romani Quiritium, legiones auxiliaque hostium mecum Diis manibus, Tellurique devoveo* (Tite-Live, VIII, 9). Cette action des Décius, dit Cotta, fut un stratagème digne de ces illustres guerriers, qui voulaient le bien public aux dépens même de leur propre vie.

4. Les oracles sibyllins, rédigés en langue grecque et en vers hexamètres, furent apportés à Rome au temps de Tarquin le Superbe. La femme qui les avait offerts au roi en brûla six livres en deux fois, parce qu'on refusait de les lui payer ce qu'elle exigeait, les trois livres restants furent enfermés dans le temple de Jupiter Capitolin et confiés à la garde des *duumvirs* remplacés plus tard par des *décemvirs*.

En 83 le temple fut brûlé, une ambassade fut envoyée à Erythrée : elle y recueillit environ mille vers; d'autres furent recueillis à Ilion, à Samos, en Sicile, en Italie, en Afrique. La garde en fut confiée aux *quindécemvirs*. Auguste fit un choix dans cette compilation, il fit recopier par les quindécemvirs et placer dans le temple d'Apollon Palatin les textes ainsi agréés.

Les livres sibyllins étaient consultés par ordre du Sénat dans toute circonstance grave (Bouché-Leclercq, IV, 286).

5. Les haruspices étaient d'abord les Lucumons, qui seuls comprenaient et conservaient les enseignements de Tagès. Plus tard la science divinatoire s'enseigna dans des écoles fondées par des devins en renom.

Les Romains prirent l'habitude de recourir aux haruspices toscans toutes les fois que quelque prodige obscur les inquiétait. Sylla avait son haruspice attitré C. Postumius; César éleva au rang de sénateur l'haruspice Spurinna; les gouverneurs de provinces emmenaient avec eux leur haruspice : les carrefours et les villages avaient les leurs. Peut-être y avait-il à Rome des collèges d'haruspices semblables à ceux de l'Étrurie, mais il n'y en avait pas qui fussent reconnus par

commemorare possum, quibus ea confirmentur[1], quæ dubia nemini debent esse.

CAPUT IV

La divination prouve l'existence des dieux (suite).

Atqui et nostrorum augurum[2] et Etruscorum haruspicum

l'État avant l'époque de Claude. Les haruspices inspectaient les entrailles des victimes (*extispicium*), observaient, interprétaient, détournaient ou attiraient les foudres (*fulgura*), examinaient les prodiges (*ostenta, portenta, monstra*) et indiquaient les mesures à prendre pour rentrer en grâce avec les dieux (Bouché-Leclercq, IV, p. 1, 116).

1. Dans le *De Divinatione*, Cicéron dit le contraire : « Je pourrais citer un nombre infini de réponses faites par les haruspices qui n'ont pas été vérifiées par l'événement ou qu'il a même complètement démenties. »
Voy. *Introduction*, Cicéron philosophe.

2. Les augures n'étaient ni des magistrats, ni des prêtres au vrai sens du mot : ils n'avaient point, comme les premiers, le droit d'auspices, ni comme les seconds le devoir de desservir un culte quelconque.

C'étaient des *prudents*, maîtres des cérémonies ou jurisconsultes suivant les cas, dont les magistrats pouvaient requérir en toute occasion l'assistance et invoquer les lumières. Ils devaient conserver la tradition et veiller à ce que la société ne rompît jamais, par l'abandon des rites consacrés, le pacte conclu à l'origine avec Jupiter dont ils étaient les « *interprètes* » (Voy. plus bas § 12). Le collège, d'abord composé exclusivement de patriciens, s'ouvrit légalement pour les plébéiens en 300. Sylla porta à quinze le nombre des augures et rendit au collège son autonomie. Mais sous l'influence de César, la loi *Atia* (63) rétablit les élections sacerdotales et assimila presque complètement les comices sacerdotaux aux comices ordinaires. Cicéron fut élu augure en 53.

Les augures devaient se rendre à l'invitation des magistrats, faire des enquêtes sur certains cas litigieux lors que le Sénat l'ordonnait, *inaugurer* les personnes et les choses : ils étaient dispensés du service militaire sauf le cas de tumulte gaulois, des corvées civiques, du tribut levé de temps à autre sur les citoyens. Dans les cérémonies publiques,

disciplinam P. Scipione [1], C. Figulo consulibus res ipsa probavit : quos quum Ti. Gracchus [2], consul iterum crearet, primus rogator [3], ut eos retulit, ibidem est repente mortuus [4]. Gracchus quum comitia nihilominus peregisset, remque illam in religionem populo venisse sentiret, ad senatum retulit. Senatus, quos ad soleret [5] referendum censuit. Haruspices introducti responderunt non fuisse justum [6] comitiorum rogatorem.

11. Tum Gracchus, ut e patre audiebam, incensus ira, Itane vero? ego non justus, qui et consul rogavi et augur et auspicato? an vos, Tusci ac barbari [7], auspiciorum populi

ils portaient la prétexte et le lituus (Voy. § 9, note 2). Un augure assistait d'ordinaire aux comices et pouvait renvoyer l'élection à un autre jour s'il apercevait des signes funestes.

Le collège rédigea pour son usage des *rituels* ou *formulaires*, il recueillit les décisions officielles rendues sur l'invitation du sénat (*decreta augurum*) dans une sorte de *Mémorial* ou de *Commentaires*. Les Rituels et les Commentaires formaient les *Libri augurum* ou *augurales* (§ 11). Les augures observaient et interprétaient, d'après le rituel, les différentes espèces de signes désignés sous le nom générique d'*auspices* : les auspices par les pointes (p. 59, n. 1) et les auspices pédestres qui furent de bonne heure abandonés; les signes fortuits et funestes (*diræ = Dei iræ*) dont le nombre fut aussi diminué; le vol et le cri des oiseaux, l'appétit des poulets sacrés, enfin le ciel, c'est-à-dire les éclairs et la foudre (Bouché-Leclercq, IV, passim).

1. P. Cornélius Scipion Nasica surnommé *Corculum* (p. 88, n. 3) fut élu consul en 162 av. J.-C.
2. Tib. Sempronius Gracchus, consul en 177 et en 163, censeur en 169 épousa Cornélie, la fille de Scipion l'Africain; il fut le père des deux célèbres tribuns Tibérius et Caius Gracchus, et d'une fille qui épousa le second Scipion l'Africain.
3. Il s'agit ici non du président des comices, *comitiorum rogator*, mais d'un de ceux qui étaient chargés de recueillir les votes des centuries, *centuriæ rogator*.
4. Voy. *De Div.*, I, 33; II, 74.
5. S. ent. « ad eos ».
6. Le président des comices T. Gracchus n'avait pas selon eux « suivi les règles » établies par le rituel. — Les haruspices étaient interrogés parce qu'il s'agissait d'un fait extraordinaire, d'un *prodige*.
7. Ce mot emprunté aux Grecs fut appliqué aux Romains, *Philemon*,

Romani jus tenetis et interpretes esse comitiorum potestis? Itaque tum illos exire jussit. Post autem e provincia[1] litteras ad collegium[2] misit, se, quum legeret libros[3], recordatum esse vitio sibi tabernaculum captum[4] fuisse hortos Scipionis, quod, quum pomœrium[5] postea intrasset habendi senatus[6] causa, in redeundo, quum idem pomœrium transiret, auspicari esset oblitus[7] : itaque vitio creatos consules

dit Plaute, *scripsit, Plautus vortit barbare;* d'ordinaire il désigne ceux qui ne sont ni Grecs ni Romains. *De Fin.*, II, 49 : *Non solum Italia et Græcia, sed etiam omnis barbaria* (Mayor).

1. C'était la Sardaigne (Quint., *Fr.* II, 2).
2. Le collège des augures (Voy. p. 97, n. 2).
3. *Libros.* Cf. p. 97, n. 2.
4. Les magistrats allaient chercher l'investiture divine et prendre possession de l'autorité dans l'auguracle du Capitole, centre du grand temple urbain ; mais il ne fallait pas instituer avec moins de précaution le petit temple ou temple mineur *(templum minus),* la tente sous laquelle siégeait le magistrat auspiciant. Cette tente, destinée à former autour de l'observateur une barrière contre les présages fâcheux, avait une seule ouverture, dirigée selon toute apparence vers le midi.

La bien placer, en temps opportun et en lieu convenable, dans l'alignement exact, et l'inaugurer avec les formalités requises n'était pas chose simple (Bouché-Leclercq, IV, 197). Le lieu dit « *Jardin de Scipion* », situé sur le Champ de Mars, était réservé aux comices par centuries.

5. *Pomerium (Pomœrium, πωμήριον, postmœrium, posimerium).* Le sens de ce mot a été fort discuté. Varron le définit : *Orbis qui, quod erat post murum, postmœrium dictum* (*L. L.,* V, 143). Mommsen paraît avoir démontré que le *pomerium* est le périmètre du temple-cité, de l'*urbs,* périmètre ayant la forme obligatoire d'un polygone inscrit à l'enceinte fortifiée.

Rome était un vaste temple, dont le périmètre était la ligne sacrée du pomœrium (Bouché-Leclercq, IV, 190).

6. *Habendi senatus,* pour présider le sénat. Le sens de *habere* est le même que dans *habere censum, comitia, delectum, ludos* (Mayor).

7. Mommsen (*Staatsrecht,* I, p. 93, 100) croit que Gracchus avait commis cet oubli en passant la rivière Petronia, « *le fléau des fonctionnaires* », mais il est difficile de faire concorder cette explication, comme le remarquent Bouché-Leclercq et Mayor, avec les mots de Cicéron : « *Quum pomerium transiret.* » M. Bouché-Leclercq a tenté aussi d'éclaircir ce passage (IV, 235) : « Le magistrat en possession des auspices militaires les perd en repassant le pomœrium. Dès qu'il l'a franchi,

esse[1]. Augures rem ad senatum : senatus, ut abdicarent consules : abdicaverunt [2]. Quæ quærimus exempla majora? Vir sapientissimus atque haud sciam an omnium præstantissimus peccatum suum, quod celari posset, confiteri maluit quam hærere in republica religionem [3]. Consules summum imperium statim deponere quam id tenere punctum temporis contra religionem.

12. Magna augurum auctoritas [4]. Quid? Haruspicum ars nonne divina? Hæc et innumerabilia ex eodem genere qui

---

il reprend ses auspices urbains et redevient ce qu'il était avant sa sortie.

Si donc il devait retourner à l'armée ou aux comices centuriates, il lui fallait recommencer toutes les cérémonies exigées pour l'acquisition des auspices militaires. C'est ce qu'avait oublié un jour le père des Gracques, qui, sorti une première fois pour convoquer les centuries, était rentré pour ouvrir la séance au sénat et était retourné ensuite présider aux élections sans s'acquitter des formalités nécessaires au passage du *pomerium*. Plutarque donne une autre explication : « Si un magistrat occupé à observer les auspices dans son *tabernaculum* est obligé de rentrer dans la ville avant d'avoir fini ses observations, il est obligé de les recommencer dans un nouveau tabernaculum. » (*Marcell.*, 5.)

L'explication de M. Bouché-Leclercq s'accorde avec le texte; celle de Plutarque paraît plus simple. Nous ne connaissons aucun texte qui nous permette de choisir entre elles.

1. Voy. Varron (*L. L*, VI, 30) : *Magistratus vitio creatus nihilo secius magistratus*.

2. C'était la marche ordinairement suivie : le collège des augures formulait son opinion dans un décret que le sénat transformait, pour le rendre exécutoire, en sénatus-consulte. Ensuite, au lieu de casser d'autorité une élection irrégulière, on invitait l'élu à abdiquer spontanément, et l'on n'en vint que fort tard à annuler des votes législatifs par simple sénatus-consulte fondé sur un décret du collège des augures (Bouché-Leclercq, IV, 250). Après *senatus*, sous entendez *decrevit*.

3. *Hærere in republica religionem*, laisser cette impiété s'attacher à la République. *Hæreo* s'emploie avec les mots *crimen, peccatum, culpa* suivis du datif ou de *in*.

4. L'autorité des augures était grande, puisque sur leur rapport on pouvait inviter un magistrat à abdiquer. Balbus résume ce qu'il vient d'exposer : l'autorité des augures est grande, l'art des haruspices qui ont averti un augure d'une faute contre le rituel est divin. Le passage

videat, nonne cogatur confiteri deos esse? Quorum enim interpretes sunt[1], eos ipsos esse certe necesse est : deorum autem interpretes sunt : deos igitur esse fateamur. At fortasse non omnia eveniunt, quæ prædicta sunt. Ne ægri quidem quia non omnes convalescunt, idcirco ars nulla medicina[2] est. Signa ostenduntur a diis rerum futurarum[3]. In his si qui erraverunt, non deorum natura, sed hominum conjectura peccavit. Itaque inter omnes omnium gentium summa[4] constat[5]. Omnibus enim in-

nous semble, quoiqu'en dise Mayor, tout à fait à sa place : il résume ce qui précède et prépare ce qui suit.

1. C'est l'argument appelé par Cicéron la citadelle des stoïciens (*Stoicorum arx*) : « Si divinatio est, dii sunt. » (*Div.*, I, 10.) Nous trouvons le même argument exposé par Sextus (*Math.*, IX, 132) : « Si les dieux n'existent pas, la divination, c'est-à-dire la science d'observer et d'interpréter les signes donnés aux hommes par les dieux ne saurait non plus exister : la prédiction par l'inspiration divine (θεοληπτική), par les astres, par les entrailles des victimes, par les songes, n'aurait aucune vérité. Mais il serait absurde de supprimer tant de choses auxquelles croient tous les hommes : il faut donc admettre l'existence des dieux. »

La meilleure forme de l'argument se trouve dans le *De Divinatione*, I, 118 où Quintus montre que les signes de toute espèce sont le résultat d'une sorte d'harmonie préétablie.

Lucien le tourne en ridicule (*Jup. Trag.*, 51). Cicéron le combat : *Multo est probabilius; non est autem divinatio, non sunt ergo dii* (*De Div.*, II, 41); quoique dans les *Lois* (II, 32) il admette l'existence des dieux et de la divination. Dans ce dernier livre, Cicéron parle en politique, non en philosophe. Voy. *Introduction*, Vie de Cicéron.

2. *Medicina*. Mayor et Madwig lisent *medicinæ*; mais on peut conserver *medicina* que donnent les manuscrits et le prendre comme adjectif. Voy. Varron, (L.L. V, 93) : *Ab arte medicina... medicus dictus;* Quintilien, XII, 11 et 24, *Rei militaris et rusticæ et medicinæ*.

3. Voy. n. 1 et *Introduction*, la théologie stoïcienne.

4. Nous lisons *summa* avec les manuscrits. Cf. *Acad.* II, 29, *Finib.*, V, 12. Quelques éditions portent *sententia*.

5. Les stoïciens accordaient une grande importance au témoignage universel. Il en était de même des épicuriens (*N. D.*, I, 43). Sextus Empiricus, parlant de ceux qui admettent l'existence des dieux, indique comme la première des quatre preuves qu'ils en donnent celle qui repose sur le consentement universel (IX, 60).

natum¹ est et in animo quasi insculptum², esse deos.

CAPUT V

L'origine de la croyance aux dieux d'après Cléanthe.

13. Quales sint, varium est : esse, nemo negat. Clean-

---

1. *Innatum.* Il ne faut pas prendre ce mot à la lettre : Les stoïciens disent que, au moment de la naissance, l'homme a la partie maîtresse de son âme (τὸ ἡγεμονικὸν μέρος τῆς ψυχῆς = principatum) comme une tablette sur laquelle rien n'est encore écrit (ὥσπερ χαρτίον ἐνεργὸν εἰς ἀπογραφήν). C'est par l'action toute matérielle des objets sur l'âme que se produisent en nous les sensations, d'où découlent toutes nos connaissances (*De Placit. phil.*, IV, 11. Cf. Zeller, *Die Philosophie der Griechen* III, 1). Cicéron expose ailleurs la doctrine stoïcienne d'une manière plus exacte (*Finib.*, V, 59) : « Natura homini dedit talem mentem, quæ omnem virtutem accipere posset, ingenuitque sine doctrina notitias parvas rerum maximarum et quasi instituit docere et induxit in ea quæ inerant tanquam elementa virtutis. Sed virtutem ipsam inchoavit, nihil amplius. Itaque... artis est ad ea principia quæ accepimus consequentia exquirere quod sit id quod volumus effectum. » Voy. sur ce sujet Leibnitz, *Nouveaux essais*, passim. Il est assez curieux de constater que Condillac, dont l'empirisme va beaucoup plus loin que celui de Locke, parle cependant d'innéité à propos du langage d'action. Voy. notre *Introduction* à la première partie du *Traité des sensations* (Delagrave).

Dans le premier livre Velléius parle comme Balbus : « Intelligi necesse est esse deos, quoniam *insitas* eorum vel potius *innatas* cognitiones habemus. » (I, 44.) Le mot *insitas* qui implique l'action de la nature agissant sur nous après notre naissance conviendrait mieux à l'un et à l'autre.

2. *Insculptum* = *grave;* le mot s'accorde bien avec la doctrine : les sensations en se répétant marquent de plus en plus nettement sur la tablette de cire qui représente notre âme l'empreinte (τύπωσις) que la première d'entre elles y a laissée. Selon les Épicuriens, la sensation est l'œuvre exclusive des objets, selon les stoïciens l'âme est active et concourt avec les objets à la formation de nos connaissances ; selon les uns et les autres toutes nos connaissances viennent de l'expérience. De là l'importance accordée par eux au consentement universel.

thes[1] quidem noster[2] quattuor de causis dixit in animis hominum informatas[3] deorum esse notiones. Primam posuit eam, de qua modo dixi, quæ orta esset ex præsensione rerum futurarum : alteram, quam ceperimus ex magnitudine commodorum, quæ percipiuntur cœli temperatione[4], fecunditate terrarum aliarumque commoditatum complurium copia;

14 tertiam[5], quæ terreret animos fulminibus[6], tempes-

---

1. Cléanthe, d'Assos dans la Troade, fut d'abord athlète. Il vint à Athènes où il suivit le jour les leçons de Zénon tandis qu'il passait la nuit à puiser de l'eau chez un jardinier ou à bluter la farine d'une marchande. Il écouta dix-neuf ans Zénon et lui succéda dans la direction de l'école. Il nous reste de lui un hymne célèbre (Stobée, *Eclog. Phys*, p. 30).

2. *Noster*, un des chefs de *notre* école, du Portique.

3. *Informatas*. Velléius parle de même : « *Habebam*, lui fait dire Cotta, *in animo insitam informationem quamdam Dei.* » (I, 100.) Il y a, comme le remarque Cotta (III, 16) deux questions bien différentes : 1° Comment les hommes sont-ils arrivés à croire à l'existence des dieux? 2° Quelle est la valeur de cette croyance ou, en d'autres termes, y a-t-il des dieux? Sextus Empiricus traite séparément les deux questions.

4. Cf. § 49; *Solis tum accessus modici tum recessus et frigoris et caloris modum temperant.*

5. Prodicus de Cos paraît être le premier qui ait fait usage de cet argument. Prodicus, dit Cotta (*De N. D.*, I, 118) a soutenu que ce qui est utile à la vie humaine a été divinisé. Selon Prodicus, dit Sextus, le soleil, la lune, les fleuves, les fontaines et en général tout ce qui sert à l'entretien de notre vie a été divinisé par les anciens à cause de l'utilité que nous en retirons : les Égyptiens ont ainsi divinisé le Nil; le pain a été appelé Cérès, le vin Bacchus, l'eau Neptune, le feu Vulcain, etc. (IX, 18). Cf. Minucius Felix (*Octav.*, c. XXI); — le *Pseudo-Plutarque*, I, VI dans lequel toute la doctrine des stoïciens est ramenée à sept divisions principales. On retrouve des idées analogues chez Lucrèce. Mais les épicuriens se distinguent des stoïciens en ce qu'ils ne voient dans les dieux ainsi imaginés que des êtres absolument fabuleux (Voy. *Introduction*, théologie stoïcienne).

6. C'est à Démocrite qu'on fait remonter cet argument. Les premiers hommes, dit-il chez Sextus, voyant ce qui se produit dans l'air, le tonnerre, les éclairs et la foudre, les conjonctions des astres, les éclipses de soleil et de lune, furent terrifiés et crurent que les dieux étaient cause de ces phénomènes (IX, 24). — Cette idée fut reprise par Épicure et c'est pour détruire la crainte causée par l'apparition de ces

tatibus[1], nimbis[2], nivibus, grandinibus, vastitate[3], pestilentia, terræ motibus et sæpe fremitibus lapideisque imbribus et guttis imbrium quasi cruentis; tum labibus[4] aut repentinis terrarum hiatibus; tum præter naturam hominum[5] pecudumque[6] portentis; tum facibus[7] visis cælestibus; tum stellis iis, quas Græci cometas, nostri cincinnitas[8] vocant, quæ nuper bello Octaviano[9] magnarum fuerunt calamitatum[10]

---

phénomènes qu'il recommande l'étude de la nature. — Cotta dit qu'il y a beaucoup de gens qui les craignent et s'imaginent que les dieux en sont les auteurs (III, 16). On raconte qu'Auguste qui, dans une orgie, avait parodié avec ses compagnons de débauche les festins des douze grandes divinités de l'Olympe, craignait la foudre, se couvrait d'une peau de veau marin pour s'en préserver et allait se cacher dans une cave bien close. On connaît le vers célèbre de Pétrone : *Primus in orbe deos fecit timor.*

1. Cicéron exprime les mêmes idées dans le *De Har. resp.*, 20.
2. *Nimbis.* Cf. § 95 le passage traduit d'Aristote : la grandeur des nuages est indiquée comme une des raisons qui font croire à l'existence des dieux.
3. *Vastitate.* Ce mot semble indiquer la désolation produite par quelque cause naturelle comme la sécheresse, l'inondation ou l'ouragan; peut-être s'agit-il de l'influence religieuse (*Lucr.*, IV, 580, 594) exercée par les lieux déserts (Mayor).
Voy. Châteaubriand, *Génie du Christianisme*, p. 21. IV, ch. i.
4. Nous lisons *labibus* (éboulements) au lieu de *lapidibus* que donnent les manuscrits. La correction paraît être justifiée par un texte de Cicéron (*Div.*, I, 78) : *Multis locis* labes *factæ sunt.*
5. Tite Live cite comme exemple un enfant à tête d'éléphant, un coq et une poule changés en homme et en femme.
6. *Pecudum.* Cicéron cite une mule devenue féconde, Tite-Live un agneau à tête de cochon, un porc à tête d'homme, un âne à trois têtes.
L'étude des *monstres* est devenue avec Geoffroy Saint-Hilaire l'objet d'une science spéciale, la *tératologie.*
7. Cf. Lucrèce, V, 1188 : « Noctivagæque *faces* cæli; » Aristote, *Météor.*, I, 4; Sénèque, *N. Q.*, I, 1.
8. *Cincinnitas.* Les Romains traduisaient d'ordinaire « κομήτης » par « crinita ». « Cometas Græci vocant, nostri crinitas. » (Pline, *H. N.*, II, 22).
9. *Cnéius Octavius*, consul en 87, partisan de Sylla, alors engagé dans la guerre contre Mithridate, lutta contre son collègue Cinna partisan de Marius et fut mis à mort par Censorinus.
10. *Calamitatum.* Les proscriptions de Marius et de Sylla. Voy. *Introduction.*

prænuntiæ; tum sole geminato[1], quod, ut e patre audivi, Tuditano et Aquilio consulibus[2] evenerat, quo quidem anno P. Africanus sol alter exstinctus est; quibus exterriti homines vim quamdam esse cælestem et divinam suspicati sunt.

15. Quartam causam esse, eamque vel maximam, æquabilitatem motus, conversionem cæli[3], solis, lunæ siderumque omnium distinctionem[4], utilitatem[5], pulchritudinem, ordinem; quarum rerum aspectus ipse satis indicaret non esse ea fortuita. Ut, si quis in domum aliquam[6] aut in gymnasium aut in forum venerit, quum videat omnium rerum rationem, modum, disciplinam, non possit ea sine causa fieri judicare, sed esse aliquem intelligat, qui præsit et cui pareatur: multo magis in tantis motionibus tantisque vicissitudinibus, tam

---

1. *Sole geminato.* Sénèque. *N. Q.*, I. 11 : « Historici soles vocant; et binos ternosque apparuisse memoriæ tradunt; Græci parelia appelant... sunt autem imagines solis in nube spissa et vicina, in modum speculi. »

2. C. Sempronius Tuditanus fut consul avec Aquilius (129).

3. Sextus nous dit que selon Aristote la notion de la divinité tirait son origine de deux sources, de ce qui se passe dans l'âme et de ce qui se passe dans les airs; de ce qui se passe dans les airs, car en contemplant pendant le jour le cours du soleil, pendant la nuit le mouvement réglé des astres, les hommes crurent qu'un Dieu était l'auteur de ce mouvement et de cet ordre (IX, 22). La même idée se trouve déjà en germe chez Anaxagore avec la doctrine du νοῦς; elle a été développée par Socrate (Xénophon, *Mém.*, IV, 3) et par Platon (*Timée*). Cicéron cite plus loin (§ 95) un long passage d'Aristote.

Les épicuriens croyaient également qu'il y avait là une des origines de la croyance aux dieux (Lucrèce, V, 1182), mais ils niaient qu'on pût conclure de cette croyance à l'existence de dieux dirigeant réellement le mouvement des astres.

4. *Distinctionem,* De *distinguo,* marquer à différents endroits, *Distinguere gemmis pocula* (Cic.). Le mot implique une variété intentionnelle, des couleurs se faisant valoir l'une l'autre comme dans une mosaïque. Cf. § 99 : « Insulæ littoraque collucent distincta tectis et urbibus; » — § 05 : « Cœlum astris *distinctum.* » Sénèque (*N. Q.*, VII, 1) : « Immensi corporis pulchritudo *distinguitur* astris » (Mayor).

5. Nous conservons *utilitatem* que donnent les manuscrits, au lieu de *varietatem,* conjecture de Manutius. *Utilitas* s'explique d'ailleurs d'après la fin du § 13. Voy. Platon, *Ep.*, 982.

6. Cf. § 17 et 95. Voy. *Introduction,* la théologie stoïcienne.

multarum rerum atque tantarum ordinibus, in quibus nihil unquam immensa et infinita vetustas mentita sit statuat necesse est ab aliqua mente tantos naturæ motus gubernari.

CAPUT VI

L'argument de Chrysippe.

16. Chrysippus[1] quidem, quanquam est acerrimo ingenio[2], tamen ea dicit, ut ab ipsa natura didicisse, non ut ipse reperisse[3] videatur. *Si enim, inquit, est aliquid in rerum natura, quod hominis mens, quod ratio, quod vis, quod potestas humana efficere non possit : est certe id, quod illud efficit, homine melius. Atqui res cælestes omnesque eæ, quarum est ordo sempiternus, ab homine confici non possunt. Est igitur id, quo illa conficiuntur, homine melius. Id autem quid potius dixeris, quam deum*[4] *? Etenim si dii non sunt, quid esse potest in rerum natura homine melius ? In eo enim solo ratio est, qua nihil potest esse præstantius. Esse autem hominem, qui nihil in omni mundo melius esse quam se putet, desipientis arro-*

---

1. Chrysippe de Soli ou de Tarse en Cilicie fut le successeur de Cléanthe. Il fut appelé le second fondateur du Portique.

2. Ἀνὴρ εὐφυὴς καὶ ὀξύτατος (Diog. Laert., VII, 179); homo versutus et callidus, dit Cotta (*De N. D.*, III, 26).

3. Chrysippe, selon Diogène Laërte, répétait souvent à Cléanthe qu'il lui suffisait d'être instruit des dogmes, qu'il se chargeait d'en trouver lui-même les démonstrations. Le même Diogène nous dit que, selon une expression passée en proverbe, les dieux ne pourraient, s'ils se servaient de la dialectique, en employer une autre que celle de Chrysippe. Balbus fait ressortir la valeur de l'argument : Chrysippe si inventif, si habile dialecticien, n'aurait pu trouver lui-même un argument aussi convaincant; il a fallu que la nature le lui donnât.

4. *De N. D.*, III, 26: *Homini autem præstare quis possit, nisi deus?*

gantiæ¹ est. Ergo est aliquid melius. *Est igitur profecto deus.*

17. An vero, si domum magnam pulchramque videris, non possis adduci ut, etiamsi dominum non videas, muribus illam et mustelis ædificatam putes: tantum² ornatum mundi³, tantam varietatem pulchritudinemque rerum cœlestium, tantam vim et magnitudinem maris atque terrarum si tuum, ac non deorum immortalium domicilium putes, nonne plane desipere videare? An ne hoc quidem intelligimus, omnia supera esse meliora⁴, terram autem esse infimam⁵, quam crassissimus circumfundat aer? ut ob eam ipsam causam quod etiam quibusdam regionibus atque urbibus contingere videmus, hebetiora ut sint hominum ingenia propter cœli pleniorem naturam⁶, hoc idem generi humano evenerit, quod

---

1. *De N. D.*, III. Je veux, dit Cotta, qu'il y ait de l'arrogance à s'estimer plus que le monde entier. Mais comprendre que nous avons du sentiment et de la raison et qu'il n'y en a ni dans l'Orion ni dans la Canicule, ce n'est point arrogance, c'est bon sens.

2. Un certain nombre de manuscrits portent, après tantum, *vero*; d'autres *ergo*; nous supprimons l'un et l'autre avec Mayor, Heindorf, Forchhammer et Madwig.

3. *Ornatum mundi.* C'est la traduction du mot grec κόσμος. Voy. *Introduction*, la théologie stoïcienne.

4. C'est la doctrine d'Aristote acceptée par le stoïcisme : « Le lieu d'en haut, dit-il, est plus divin que le lieu d'en bas » (*De Cœlo*, II, 4).

5. Pline, *H. N.*, II, 21 : Posidonius non minus quadraginta stadiorum a terra altitudinem esse in qua nubila et venti nubesque proveniant; inde purum liquidumque et imperturbatæ lucis aerem.

6. Il y a, dit Cicéron dans le *De Fato* (7), des lieux qui sont salubres, d'autres qui sont délétères; dans les uns se trouvent les gens bilieux et d'une grosseur excessive, dans les autres des hommes desséchés. L'air est léger à Athènes (*tenue cœlum*) et donne aux Athéniens leur esprit pénétrant (*acutiores*); il est lourd à Thèbes (*crassum*) et fait les Thébains robustes et lourds (*pingues et valentes*). — Héraclite avait peut-être le premier parlé de l'influence du climat; Hippocrate l'a suivi. Les stoïciens avaient sur ce point, comme sur un certain nombre d'autres, adopté la doctrine d'Héraclite. Strabon combat Posidonius (II, 3, p. 102) qui semblait avoir prouvé l'existence de la Providence en montrant que, par l'influence du climat, les hommes ont été préparés à habiter les parties de la terre où ils se trouvent. Galien a combattu

in terra, hoc est in crassissima regione mundi, collocati sint?

18. Et tamen ex ipsa hominum sollertia, esse aliquam mentem[1], et eam quidem acriorem et divinam, existimare debemus. *Unde enim hanc homo arripuit?* ut ait apud Xenophontem Socrates[2]. Quin et humorem et calorem, qui

---

de même cette théorie de Posidonius (Plat. *Hipp.*, p. 464). Montesquieu a accordé une grande place à l'influence du climat dans l'*Esprit des lois*. De nos jours, le transformisme a fait jouer un grand rôle à la loi de l'adaptation au milieu; mais, au lieu de voir dans l'accord du milieu et de l'être qui doit y vivre le résultat d'un dessein poursuivi par un être intelligent, il soutient que la conformation actuelle des êtres est uniquement l'effet des causes efficientes qui, agissant sur eux, en ont fait périr un certain nombre et ont laissé vivre ceux-là seuls qui se sont transformés de manière à trouver des moyens d'existence dans les conditions nouvelles. C'est la théorie que soutenaient déjà les épicuriens, c'est celle peut-être qu'avait proposée Straton de Lampsaque.

Je croirais, dit de même Cotta dans le troisième livre (c. x) que le monde est la maison des dieux, si je croyais que des dieux eussent construit le monde; mais je crois, et je montrerai que c'est l'ouvrage de la nature.

On peut voir de curieux exemples de cette adaptation dans le compte rendu que nous avons donné (*Rev. phil.*, XIX, 475) d'articles intéressants du *Kosmos, Zeitschrift für die gesammte Entwicklungslehre*. — Sextus Empiricus expose l'argument stoïcien (*Adv. Math.*, IX, 85) d'une manière plus complète. Balbus revient plus loin sur ce sujet (§ 42).

1. Mayor conjecture : « Esse aliquam *mundi* mentem », en s'appuyant sur le § 58. Il est évident que cette conjecture s'accorde avec la doctrine stoïcienne; mais il nous semble inutile d'ajouter le mot *mundi*.

Fénelon se sert des mêmes arguments pour conclure l'existence d'un Dieu intelligent, distinct du monde.

2. *N. D.*, III, 27 : *Quærit apud Xenophontem Socrates, unde animum arripuerimus, si nullus fuerit in mundo*. Sextus Empiricus (IX, 92) cite de même les paroles de Socrate. Il faut se rappeler d'ailleurs que Zénon avait lu, parmi les premiers ouvrages qui étaient tombés entre ses mains dès son arrivée à Athènes, les *Mémorables*.

Cette doctrine prend chez les stoïciens une précision qu'elle n'avait pas chez Socrate. L'éther ou le feu divin est ce qui, en dehors de nous comme en nous, maintient unis et gouverne les divers éléments matériels. Cf. Ravaisson, *Métaphysique d'Aristote*, 2ᵉ vol., et notre Introduction.

Balbus expose plus loin la même doctrine (§ 79) : S'il y a parmi nous de la raison, de la concorde, de la bonne foi, des vertus, d'où peuvent-

est fusus in corpore, et terrenam ipsam viscerum soliditatem, animam [1] denique illam spirabilem, si quis quærat unde habeamus, apparet, quod aliud a terra sumpsimus, aliud ab humore, aliud ab igne, aliud ab aëre eo, quem spiritu ducimus [2].

CAPUT VII

L'argument de Chrysippe (suite).

Illud autem, quod vincit hæc omnia, rationem dico et, si placet pluribus verbis, mentem, consilium, cogitationem, prudentiam, ubi invenimus? unde sustulimus [3]? An cetera

elles avoir découlé sur la terre sinon, du ciel? Cicéron semble ailleurs prendre pour lui-même cette doctrine : « Terrane tibi, hoc nebuloso et caliginoso cœlo, aut sata aut concreta videtur tanta vis memoriæ? » (*Tusc.*, I, 60). — « Ex hacne tibi terrena mortalique natura et caduca concreta ea (excogitatio) videtur? » (*Id.*, 62.) Elle est combattue par Lucrèce. Remarquons qu'elle se trouve déjà dans les *Lois* (Introduction, Vie de Cicéron).

1. Nous lisons *animam* au lieu de *animum* avec Brieger et Mayor. On ne trouve presque pas d'exemple d'*animus* employé en ce sens de « souffle » ou « air », tandis que « anima » se trouve chez Lucrèce et chez Cicéron lui-même (*Acad.*, II, 124; *Tusc.*, I, 19) : *Animus sensum omnem effugit oculorum, at ignis, anima, aqua, terra, corpora sunt, eaque cernuntur* (*Tim.*, c. XIV). Voy. sur ce sujet *Les origines de la civilisation* (368 et 373) par sir John Lubbock.

2. Le *Démiurge* de Platon distribue des âmes immortelles aux dieux créés; ceux-ci empruntent au monde des parties de feu, de terre, d'eau et d'air et, les unissant ensemble, logent une âme dans chacun des corps ainsi formés. Platon a-t-il emprunté cette doctrine à Hippocrate, comme le dit Galien? c'est ce que nous n'avons aucun moyen de déterminer. Les stoïciens ont une doctrine à peu près analogue, à l'exception toutefois de l'immortalité des âmes individuelles.

3. Nous empruntons ce qui en nous constitue la raison à l'*éther mundi fervor* (§ 30), *ardor cœlestis* ou *cœlum* (41). L'éther ressemble jusqu'à un certain point au feu, c'est un feu artiste (πῦρ τεχνικόν), un souffle (πνεῦμα), tandis que le feu ordinaire est dépourvu d'art (ἄτεχνον);

mundus habebit omnia, hoc unum, quod plurimi est, non habebit? Atqui certe nihil omnium rerum melius est mundo, nihil præstabilius, nihil pulchrius, nec solum nihil est, sed ne cogitari quidem quidquam melius potest. Et, si ratione et sapientia nihil est melius, necesse est hæc inesse[1] in eo, quod optimum esse concedimus.

19. Quid vero? tanta rerum consentiens, conspirans, continuata cognatio quem non coget ea, quæ dicuntur a me, comprobare? Possetne uno tempore florere, dein vicissim horrere terra? aut, tot rebus ipsis se immutantibus solis accessus discessusque solstitiis brumisque cognosci? aut æstus maritimi fretorumque angustiæ ortu aut obitu lunæ commoveri? aut una totius cæli conversione cursus astrorum dispares conservari? Hæc ita fieri omnibus inter se concinentibus mundi partibus profecto non possent, nisi ea uno divino et continuato spiritu continerentur.

20. Atque hæc quum uberius disputantur et fusius, ut mihi est in animo facere, facilius effugiunt Academicorum calumniam. Quum autem, ut Zeno[2] solebat, brevius angustiusque concluduntur, tum apertiora sunt ad reprehendendum. Nam ut profluens amnis aut vix aut nullo modo, conclusa autem aqua facile corrumpitur : sic orationis flumine reprehensoris convicia diluuntur; angustia autem conclusæ orationis non facile se ipsa tutatur. Hæc enim, quæ dilatantur a nobis, Zeno sic premebat :

l'éther se meut circulairement dans sa propre sphère, notre feu se meut verticalement pour regagner la sphère éthérée.

Quant à Cicéron, il paraît hésitant entre la doctrine platonicienne qui fait Dieu et l'âme incorporels et la doctrine stoïcienne qui fait l'un et l'autre corporels. Voy. les *Tusculanes* et *Cicéron philosophe* (Intr.).

1. Le panthéisme stoïcien soutient, en partant de l'ordre qu'il voit dans l'univers, la présence (*inesse*) d'une intelligence dans cet univers; le déiste, en prenant le même point de départ, conclut qu'il existe une intelligence suprême en dehors de l'univers ou plutôt une intelligence dégagée de toute matière et distincte de l'univers.

2. Zénon de Cittium, le fondateur du stoïcisme.

CAPUT VIII

L'argument de Zénon : l'univers est divin, par conséquent Dieu existe.

21. *Quod ratione utitur*[1] *id melius est, quam id, quod ratione non utitur. Nihil autem mundo melius. Ratione igitur mundus utitur*[2]. Similiter effici potest sapientem esse mundum, similiter beatum, similiter æternum. Omnia enim hæc meliora sunt, quam ea, quæ sunt his carentia : nec mundo quidquam melius : ex quo efficietur, esse mundum deum[3].

22. Idemque hoc modo : *Nullius*[4] *sensu carentis pars aliqua potest esse sentiens. Mundi autem partes sentientes sunt*[5]. *Non igitur caret sensu mundus.* Pergit

---

1. Cicéron donne cet argument dans les *Lois* (II, 16).
2. L'argument est reproduit dans les mêmes termes par Sextus Empiricus : Πάλιν ὁ Ζήνων φησίν, εἰ τὸ λογικὸν τοῦ μὴ λογικοῦ κρεῖττόν ἐστιν, οὐδὲν δέ γε κόσμου κρεῖττόν ἐστι· λογικὸν ἄρα ὁ κόσμος· καὶ ὡσαύτως ἐπὶ τοῦ νοεροῦ καὶ ἐμψυχίας μετέχοντος (*Adv. Math.*, IX, 104). Voy. *Introduction*, la Théologie stoïcienne.
3. Cotta combat l'argument de Zénon (III, 21) : Si vous avez envie de prouver que le monde sait très bien lire un livre, marchez sur les traces de Zénon et dites : Ce qui sait lire est meilleur que ce qui ne sait pas lire ; or le monde est ce qu'il y a de meilleur ; donc il sait lire. De la même façon vous prouverez qu'il est orateur, mathématicien, musicien, qu'il possède toutes les sciences, qu'enfin il est philosophe. — Voy. *Introduction*, id.
4. *Nullius*, employé comme génitif de *nihil*, au lieu de l'expression plus employée *nullius rei* (Mayor).
5. Cf. Sextus Emp. (IX, 85) ; Philo, *Provid.*, I, 25, 32, 51, 68 ; Lactance (II, 5) : « Non est mundi pars homo, sicut corporis membrum. Potest enim mundus esse sine homine, sicut urbs et domus. Atqui ut domus unius hominis habitaculum est, sic et mundus domicilium totius generis humani ; et aliud est quod incolitur, aliud quod colit... Si mundi pars est homo, quia mortalis est homo, mortalis sit et mundus necesse est, nec tantum mortalis, sed etiam morbis subjectus. » En outre, ajoute-t-il, si le monde est divin, ses parties sont divines ; enfin il est absurde de faire du monde la demeure des dieux et d'en faire lui-même un Dieu.

idem, et urget angustius[1] : *Nihil, inquit, quod animi, quodque rationis est expers, id generare ex se potest animantem compotemque rationis. Mundus autem generat animantes compotesque rationis. Animans est igitur mundus composque rationis*[2]. Idemque similitudine[3], ut sæpe solet, rationem conclusit hoc modo : *Si ex oliva modulate canentes tibiæ nascerentur : num dubitares, quin inesset in oliva tibicinii quædam scientia*[4] *? Quid, si platani fidiculas ferrent numerose sonantes ? idem*[5] *scilicet censeres, in platanis inesse musicam. Cur igitur mundus non animans sapiensque judicetur, quum ex se procreet animantes atque sapientes ?*

CAPUT IX

Preuves physiques de l'existence de Dieu.

23. Sed quoniam cœpi secus agere, atque initio dixeram (negaram enim hanc primam partem egere oratione, quod esset omnibus perspicuum, deos esse) : tamen id ipsum rationibus physicis[6] confirmare volo. Sic enim res se habet, ut

---

1. Cicéron oppose la manière serrée dont raisonne le dialecticien (*anguste disserere*) à l'amplification oratoire (*late expromere*).

2. Cf. Sextus Empiricus (*Adv. Math.*, IX, 77 et 101). Lactance combat encore les stoïciens sur ce point : *Neque mundus general hominem, nam hominem a principio idem deus fecit, qui et mundum.*

3. Chrysippe use aussi du raisonnement par analogie (*qui similitudines adjungens*) dans le § 38. Voy. sur ce mode de raisonnement, Janet, *Les causes finales*, l. I, c. III et IV.

4. Voy. Aristote, *Physique* (II, 8, p. 199) : Supposez que l'art du pilote soit dans le bois, organise et dirige le vaisseau, vous aurez l'image de la manière dont procède la nature.

5. Baiter lit *item* au lieu de *idem*; Mayor conserve *idem*, il considère le mot comme un neutre, expliqué par le « *inesse musicam* ».

6. *Rationibus physicis*, par des preuves tirées de la considération de

omnia, quæ alantur atque crescant, contineant in se vim caloris, sine qua neque ali possent nec crescere. Nam omne, quod est calidum et igneum, cietur et agitur motu suo; quod autem alitur et crescit, motu quodam utitur certo et æquabili; qui quamdiu remanet in nobis, tamdiu sensus et vita remanet; refrigerato autem et exstincto calore occidimus ipsi et exstinguimur.

24. Quod quidem Cleanthes[1] his etiam argumentis docet, quanta vis insit caloris in omni corpore : negat enim esse ullum cibum tam gravem, quin is nocte et die concoquatur; cujus etiam in reliquiis insit[2] calor iis, quas natura respuerit. Jam vero venæ et arteriæ[3] micare non desinunt, quasi quodam igneo motu, animadversumque sæpe est, quum cor animantis alicujus evulsum ita mobiliter palpitaret, ut imitaretur igneam celeritatem. Omne igitur, quod vivit, sive animal sive terra editum, id vivit propter inclusum in eo calorem. Ex quo intelligi debet, cam caloris naturam[4] vim habere in se vitalem per omnem mundum pertinentem[5].

25. Atque id facilius cernemus toto genere hoc igneo, quod

---

la *nature*, qu'il distingue ainsi des raisonnements généraux qui précèdent.

1. Birck remarque avec raison qu'Hippocrate et Aristote avaient employé ces arguments avant Cléanthe. Il faut remonter jusqu'à Héraclite (*N. D.*, III, 35, *Heraclitum sequentes*) qui semble avoir fait le premier du feu l'élément essentiel.

2. Nous lisons *insit* au lieu de *inest*, avec Heindorf et Mayor: c'est la suite de l'argument de Cléanthe, non la pensée de Balbus lui-même.

3. Balbus donne (§ 138) une description des artères et des veines. — *Micare*, en grec σφύζειν, d'où σφυγμός = *pulsus*. Les anciens, même les physiciens, parlent du battement des veines (*A. G.*, XVIII, 10). Huxley (*Elém. Phys.*, III) dit qu'il y a certains cas où l'on aperçoit le battement des veines.

4. *Caloris naturam*, le feu. De même, *terrena natura* pour la terre, *alvi natura, animi natura*, etc.

5. C'est le « *divinus spiritus per omnia maxima et minima æquali intentione diffusus* ». Cf. Sénèque, *Ad Helv.*, VIII, 3 : « *Nihil viveret sine calore.* »

tranat omnia, subtilius explicato. Omnes igitur partes mundi (tangam autem maximas) calore fultæ sustinentur. Quod primum in terrena natura perspici potest. Nam et lapidum conflictu atque tritu elici ignem videmus, et recenti fossione *terram fumare calentem*[1], atque etiam ex puteis jugibus[2] aquam calidam trahi, et id maxime fieri temporibus hibernis, quod magna vis terræ cavernis contineatur caloris eaque hieme sit densior ob eamque causam calorem insitum in terris contineat arctius.

CAPUT X

Preuves physiques de l'existence de Dieu (suite).

26. Longa est oratio, multæque rationes, quibus doceri possit, omnia, quæ terra concipiat, semina, quæque ipsa ex se generata[3] stirpibus infixa contineat, ea temperatione ca-

---

1. *Terram fumare calentem*, Mayor considère ces mots comme une citation poétique, non comme une inadvertance de Cicéron, qui aurait laissé tomber une fin d'hexamètre (Schömann).

2. Cf. Lucrèce, V, 184; Hippocrate, *De Nat. Pueri*, XXVI; Straton chez Sénèque, *N. Q.*, V, 113 : *Hiberno tempore, quum supra terram frigus est, calent putei, nec minus specus atque omnes sub terra recessus; quia eo se calor contulit superiora possidenti hiemi cedens, qui cum in inferiora pervenit et eo se, quantum poterat, ingessit, quo densior, hoc validior est.* Sénèque (IV, 2) donne une autre explication : *Aqua et specus et putei tepent, quia aera rigentem extrinsecus non recipiunt; ita non calorem habent, sed frigus excludunt.*

3. Il s'agit de génération spontanée. On trouve chez Aristote des indications analogues : « Des animaux et des végétaux, dit-il (*Hist. An.*, V, 1, 19; VI, 15; *Gen.*, 1, 4), les uns se reproduisent au moyen de germes, d'autres par génération spontanée : ces derniers viennent de la terre, comme certains vers, ou comme le gui sur d'autres plantes. Cette dernière expression semble l'équivalente de celle qui se trouve chez Cicéron : *stirpibus infixa*.

Toute l'antiquité a cru à la génération spontanée (Sextus Emp., *Hyp.*

loris[1] et oriri et augescere. Atque aquæ etiam admixtum esse calorem, primum ipse liquor aquæ[2] declarat (effusio) quæ neque conglaciaret frigoribus neque nive pruinaque concresceret, nisi eadem se admixto calore liquefacta et dilapsa diffunderet. Itaque et aquilonibus reliquisque frigoribus adjectis[3] durescit humor, et idem vicissim mollitur tepefactus et tabescit calore. Atque etiam maria agitata ventis ita tepescunt[5], ut intelligi facile possit, in tantis illis humoribus inclusum esse calorem. Nec enim ille externus et adventitius habendus est tepor, sed ex intimis maris partibus agitatione excitatus, quod nostris quoque corporibus contingit, quum motu atque exercitatione recalescunt. Ipse vero aer, qui natura est maxime frigidus[6], minime est expers caloris.

27. Ille vero et multo quidem calore admixtus est[7]. Ipse

---

pyrr., I, 110). De nos jours même, on a cru découvrir des preuves d'un tel mode de production; les célèbres expériences de M. Pasteur ont prouvé qu'on avait mal observé.

1. *Temperatione caloris*, par une chaleur en proportion convenable. « Solis accessus et recessus caloris modum *temperant* » (49); « Ventorum flatu nimii *temperantur* calores » (131). Selon Aristote, la chaleur est la *condition*, non la *cause* de la croissance des plantes (*De Anima*, II, 4, § 8). Voy. Pouchet, *La biologie Aristotélique*.

2. *Ipse liquor aquæ*, le seul fait de la fluidité de l'eau; *primum* est opposé à *atque etiam maria*, etc. (Mayor).

3. *Adjectis* correspond à *admixto* dans la phrase précédente : *Adjicere sulphur aquæ* (Celse).

4. *Lucrèce*, VI, 964 : Sol nives radiis *tabescere* cogit.

5. *Min.*, 18. Britannia solo deficitur, sed circumfluentis maris *tepore* recreatur.

6. *Aer... natura... frigidus*. Les stoïciens ont changé à propos de l'air et de l'eau la théorie d'Aristote (Voy. n. 7) qui attribue principalement au feu la chaleur, à l'eau le froid, à l'air l'humidité, à la terre la sécheresse.

7. Sénèque, *N. Q.*, II, 10. « Summa pars ejus (aeris) siccissima calidissimaque et ob hoc etiam tenuissima est propter viciniam æternorum ignium... inferiora quoque quia radii solis replicantur... deinde etiam illo spiritu, qui omnibus animalibus arbustisque ac satis calidus est; nihil enim viveret sine calore... hæ tot partes ejus, fertiles rerum, habent aliquid teporis, quoniam quidem sterile frigus est, calor gignit. »

enim oritur ex respiratione aquarum : earum enim quasi vapor quidam aer habendus est[1]. Is autem exsistit motu ejus caloris, qui aquis continetur. Quam similitudinem cernere possumus in iis aquis, quæ effervescunt subditis ignibus. Jam vero reliqua quarta pars[2] mundi ea et ipsa tota natura fervida est et ceteris naturis omnibus salutarem impertit et vitalem calorem.

28. Ex quo concluditur, quum omnes mundi partes sustineantur calore, mundum etiam ipsum simili parique natura in tanta diuturnitate servari : eoque magis, quod intelligi debet, calidum illud atque igneum ita in omni fusum esse natura, ut in eo insit procreandi vis et causa gignendi, a quo et animantia omnia et ea, quorum stirpes terra continentur, et nasci sit necesse et augescere.

CAPUT XI

Preuves physiques de l'existence de Dieu (suite).

29. Natura est igitur[3], quæ contineat[4] mundum omnem

Media ergo pars aeris ab his submota in frigore suo manet. Natura enim aeris *gelida* est. »

1. Voy. dans l'*Introduction* la formation et la destruction du monde.

2. La quatrième partie du monde c'est, selon les stoïciens, à la fois le feu qui sert à nos usages (πῦρ ἄτεχνον, *hic noster ignis quem usus vitæ requirit*) et le feu artiste (πῦρ τεχνικόν) ou éther, source de raison et de vie, qui existe sous sa forme la plus pure dans les régions élevées de l'espace où il est concentré dans les corps célestes. Voy. c. VII, n. 3, et § 40, 41.

3. Le commencement de ce chapitre se relie assez mal avec ce qui précède : Schœmann considère *natura* comme une opposition du *calidum illud* qui précède. Mayor propose de lire : « *Est igitur ignea quædam natura.* »

4. Cicéron traduit par *contineo* le mot grec συνέχω employé par les

cumque tueatur, et ea quidem non sine sensu atque ratione : omnem enim naturam necesse est, quæ non solitaria¹ sit neque simplex, sed cum alio juncta² atque connexa, habere aliquem in se principatum³, ut in homine mentem⁴, in bellua quiddam simile mentis⁵, unde oriantur rerum appetitus. In arborum autem et earum rerum, quæ gignuntur e terra, radicibus inesse principatus⁶ putatur. Principatum autem id dico, quod Græci ἡγεμονικόν vocant, quo nihil in quoque genere nec potest nec debet esse præstantius. Ita necesse est illud etiam, in quo sit totius naturæ principatus, esse omnium optimum omniumque rerum potestate dominatuque⁷ dignissimum.

stoïciens pour exprimer l'unité organique du monde, la *continuité* de ses parties.

1. Sextus donne le même argument avec beaucoup plus de précision, IX, 119. « Dans tout corps composé et régi par la nature, il y a un principe dirigeant : chez l'homme ce principe a son siège dans le cœur, le cerveau ou dans quelque autre partie du corps; chez certaines plantes, il a son siège dans les racines, chez d'autres, dans le feuillage, chez d'autres dans le cœur du bois ou dans la moelle. C'est pourquoi le monde, qui est composé et régi par la nature, doit avoir un principe dirigeant qui lui communique le mouvement. Il n'y a que la *nature*, qui est divine (θεός), pour constituer ce principe. Donc Dieu existe. »

2. Cicéron interprète d'une façon assez peu claire le σῶμα πολυμερές. Il eût dû, comme le remarque Madwig, mettre, au lieu de « cum alio juncta », « *quæ esset ex pluribus partibus ipsa composita* ».

3. Cicéron traduit par *principatus* le mot grec ἡγεμονικόν. Sénèque le traduit par *principale*. C'est, dit Diogène Laerce (VII, 159), la partie maîtresse de l'âme, dans laquelle se produisent les penchants (ὁρμαὶ) et les sensations (φαντασίαι). — Sur le sens du mot ὁρμή, on peut consulter Ritter, IV; Ravaisson, *Métaphysique*, II, p. 268 ; Guyau, *Manuel d'Epictète*, p. 19. Voy. également Sextus Empiricus, Adv. Math., IX, 102.

4. *Ut in homine mentem*. La construction régulière serait « *ut est mens in homine* », mais le verbe a été supprimé et le sujet subordonné à la construction générale « *necesse est habere* ».

5. L'homme seul, selon les premiers stoïciens, possède la raison; les animaux ont un principe directeur qui ne ressemble qu'imparfaitement à notre âme (Voy. § 34. n. 1).

6. Voy. le texte de Sextus cité à la note 1.

7. Le père de famille avait la *potestas* sur ses enfants, le *dominium* sur ses esclaves (M).

30. Videmus autem, in partibus mundi (nihil est enim in omni mundo, quod non pars universi sit[1]), inesse sensum et rationem. In ea parte igitur, in qua mundi inest principatus, hæc inesse necesse est, et acriora quidem atque majora. Quocirca sapientem esse mundum necesse est, naturamque eam, quæ res omnes complexa teneat, perfectione rationis excellere, eoque deum esse mundum omnemque vim mundi natura divina contineri. Atque etiam mundi ille fervor purior, perlucidior[2] mobiliorque est multo, ob easque causas aptior ad sensus commovendos, quam hic noster calor, quo hæc, quæ nota nobis sunt, retinentur[3] et vigent.

31. Absurdum est igitur dicere, quum homines bestiæque hoc calore teneantur, et propterea moveantur ac sentiant, mundum esse sine sensu, qui integro et puro et libero, eodemque acerrimo et mobilissimo ardore teneatur; præsertim quum is ardor, qui est mundi, non agitatus ab alio[4], neque externo pulsu, sed per se ipse ac sua sponte moveatur. Nam quid potest esse mundo valentius[5] quod pellat atque moveat calorem eum, quo ille teneatur?

1. Voy. § 18 et 22.
2. *Perlucidior*, plus brillant.
3. *Retinentur*, sont conservés.
4. L'être selon Chrysippe est un souffle qui se *meut lui-même* en lui-même, ou un souffle qui se meut lui-même en avant et en arrière. (Stob., *Ecl.*, I, 374).
5. Rien ne peut résister à la nature, selon Chrysippe, parce que rien, en dehors d'elle, ne résiste à son gouvernement et qu'aucune des parties ne peut se mouvoir ou s'arrêter autrement qu'en conformité avec la nature commune. L'académicien Antiochus disait à peu près de même : *Partes esse mundi omnia quæ insint in eo, quæ natura sentiente teneantur, in qua ratio perfecta insit, quæ sit eadem sempiterna (nihil enim valentius esse a quo intereat) quam vim animum esse dicunt mundi, eamdemque esse mentem sapientiamque perfectam quem deum appellant* (I, 28). Voy. *Introduction*.

CAPUT XII

Preuves physiques de l'existence de Dieu (suite).

32. Audiamus enim Platonem, quasi quemdam deum philosophorum[1] : cui duo placet esse motus[2], unum suum, alterum externum : esse autem divinius, quod ipsum ex se sua sponte moveatur, quam quod pulsu agitetur alieno. Hunc autem motum in solis animis[3] esse ponit, ab hisque principium motus esse ductum putat. Quapropter, quoniam ex mundi ardore[4] motus omnis oritur, is autem ardor non

---

1. Cicéron dit ailleurs : *Errare me hercule malo cum Platone... quam cum istis* (ceux qui nient l'immortalité) *vera sentire* (*Tusc.*, I, 39), *Deus ille noster Plato* (*Att.*, IV, 16). N'oublions pas d'ailleurs que Platon était le chef de l'école à laquelle il aimait à se rattacher. De plus les derniers stoïciens étaient eux-mêmes remplis d'admiration pour Platon. Tandis que Zénon et Chrysippe l'avaient combattu avec une vivacité très grande, Panétius l'appelait : *omnibus locis divinum, sapientissimum, sanctissimum, Homerum philosophorum* (*Tusc.*, I, 79); Posidonius, d'après Galien, l'admirait beaucoup et l'appelait divin. — Lucrèce dit d'Épicure : « *Ille Deus fuit, inclyte Memmi.* »

2. Platon distingue en effet dans le *Timée* deux sortes de mouvements : l'un qui se fait dans un corps et par le corps même, c'est le meilleur, parce qu'il ressemble le plus au mouvement de la pensée et au mouvement de l'univers, l'autre qui se fait dans un corps par l'action d'un autre corps et qui est moins bon. Cf. *Leg.*, X, 892, 898; *Phœdr.*, 245).

3. *Quum pateat igitur œternum id esse quod a se ipso moveatur, quis est qui hanc naturam animis esse tributam neget? inanimum est enim omne quod pulsu agitatur externo; quod autem est animal, id motu cietur interiore et suo : nam hæc est propria natura animi atque vis* (*Tusc.*, I, 54). Aristote (*Met.*, XII, 6, p. 1071) et les stoïciens (*Sextus*, IX, 75) faisaient comme Platon appel à l'argument d'un premier moteur, qui a été repris souvent par les modernes. Voy. notre édition de Condillac (Delagrave), *Introduction*, c. XXV.

4. Le monde selon Platon (*Timée*, § 11) est un être vivant (ζῷον), doué d'une âme et d'une intelligence, mais il n'est pas éternel. Le démiurge en est l'auteur et le père. Cicéron avait traduit le *Timée*, Voy. c. XIV et VI. — Les stoïciens ont matérialisé la doctrine de

alieno impulsu, sed sua sponte movetur, animus sit necesse est. Ex quo efficitur animantem esse mundum. Atque ex hoc quoque intelligi poterit, in eo inesse intelligentiam, quod certe est mundus melior quam ulla natura. Ut enim nulla pars est corporis nostri, quæ non sit minoris, quam nosmet ipsi sumus : sic mundum universum pluris esse necesse est, quam partem aliquam universi. Quod si ita est, sapiens sit mundus necesse est. Nam ni ita esset, hominem, qui est mundi pars, quoniam rationis esset particeps, pluris esse quam mundum omnem oporteret[1].

33. Atque etiam si a primis inchoatisque naturis[2] ad ultimas perfectasque volumus procedere, ad deorum naturam perveniamus necesse est. Prima[3] enim animadvertimus, a natura[4] sustineri ea, quæ gignantur e terra, quibus natura nihil tribuit amplius, quam ut ea alendo atque augendo tueretur[5].

Platon et identifié l'*ardor* avec l'*animus*. — Voy. *Introduction*, La vie de Cicéron et la théologie stoïcienne.

1. Pascal a soutenu au contraire la supériorité de l'homme sur l'univers : *L'homme n'est qu'un roseau, — mais c'est un roseau pensant. Il ne faut pas que l'univers entier s'arme pour l'écraser. — Mais quand l'univers l'écraserait, l'homme serait encore plus noble que ce qui le tue, parce qu'il sait qu'il meurt.... l'univers n'en sait rien.*

2. *Inchoatis naturis*, des degrés rudimentaires de l'être. *Tim.*, c. IV: « Quæ sunt nobis nota animantia sunt.., omnia in quædam genera partita aut *inchoata*, nulla ex parte perfecta. » Voy. Aristote (fr. 75). — L'argument tiré des degrés d'existence est longuement développé par Sextus (IX, 81, sqq.) : nous trouvons au plus bas degré la matière inorganique dans laquelle le principe d'unité est une habitude (ἕξις); plus haut les plantes avec un principe d'accroissement qui est la nature (φύσις); puis l'âme (ψυχή) qui est le principe du mouvement chez les animaux ; enfin l'âme raisonnable (λογικὴ ψυχή = νοῦς) dans l'homme. L'univers ne peut être maintenu comme les pierres par une simple habitude, mais seulement par le principe le plus parfait.

3. *Prima*. Nous lisons avec Mayor *prima* au lieu de *primo* ou *primum*. Balbus se réfère aux *primis inchoatisque naturis*.

4. Les stoïciens personnifient la nature. — Balbus laisse de côté la matière inorganique et l'*habitude*.

5. Ailleurs (§ 120) Balbus parle de plantes qui ressemblent par certains côtés aux animaux. — Chrysippe avait établi une séparation

34. Bestiis autem et sensum et motum dedit, et cum quodam appetitu accessum ad res salutares, a pestiferis recessum[1] : homini hoc amplius, quod addidit rationem[2], qua regerentur animi appetitus, qui tum remitterentur, tum continerentur[3].

CAPUT XIII

Preuves physiques de l'existence de Dieu (suite).

Quartus autem gradus et altissimus est eorum, qui natura

absolue entre les végétaux, les animaux et l'homme. — Posidonius avait soutenu (Gal., *Hipp. Plat.*, p. 476) que les zoophytes sont des animaux par leurs appétits (ἐπιθυμία) mais non par leurs émotions (τὸ θυμοειδές). — On sait que l'école transformiste a essayé de supprimer de nos jours la séparation entre les animaux et les végétaux. Voy. *Darwin*.

1. Toutes les natures particulières, dit plus loin Balbus (§ 58), sont formées et conservées par leurs semences: la nature universelle a des mouvements volontaires, des tendances (*conatus*), des penchants (*appetitiones* = ὁρμαί) et des actions conformes aux uns et aux autres, ainsi que nous qui avons une âme et des sens pour nous conduire. — Il n'y a pas d'animal (*N. D.*, III, 53), qui n'ait des inclinations et des aversions naturelles. L'animal recherche ce qui est conforme à la nature, il s'éloigne de ce qui lui est contraire. — Voy. *De Fin.*, III, 16; *Diog.*, VII. Cf. c. xi, p. 117, n. 5.

2. Posidonius a, contrairement à Chrysippe, mais d'accord avec Aristote, enseigné que le degré supérieur de l'être renferme en lui les degrés inférieurs : dans l'homme la raison s'ajoute (*addidit*) à l'âme, à la *nature* et même à l'*habitude*. Voy. p. 120, n. 2. — Cicéron, *De Fin.*, IV : « Semper assumit aliquid, ut ea quæ prima dederit, ne deserat; itaque sensibus rationem adjunxit et, ratione effecta, sensus non reliquit ».

3. Il y a une partie de l'âme (*appetitus*) qui entraîne l'homme çà et là, et une autre partie, la raison, qui enseigne et montre clairement la voie à suivre. Quand la raison est maîtresse, le penchant obéit. Les penchants qui prennent un trop grand développement et qui s'exaltent par le désir ou l'aversion, sans être suffisamment retenus par la raison, dépassent la mesure et le but pour lesquels ils sont faits (*De Off.*, I, 101).

boni sapientesque gignuntur[1]; quibus a principio innascitur ratio recta constansque, quæ supra hominem putanda est deoque tribuenda[2], id est mundo[3], in quo necesse est perfectam illam atque absolutam inesse rationem.

35. Neque enim dici potest in ulla rerum institutione non esse aliquid extremum atque perfectum[4]. Ut enim in vite, ut in pecude, nisi quæ vis obstitit, videmus naturam suo quodam itinere ad ultimum pervenire[5], atque ut pictura et

---

1. Les dieux, dit Sénèque, n'apprennent pas à être vertueux : la bonté est inhérente à leur nature : *Pars naturæ eorum est esse bonos* (Epist. 95, § 36). Epictète dit de même (IV, 11, § 3) que les dieux sont par leur nature absolument purs; les hommes peuvent participer à la pureté dans la mesure où, se servant de la raison qu'ils tiennent des dieux, ils imitent les dieux eux-mêmes. — Quand les stoïciens parlent d'une vie humaine semblable à celle des dieux, quand ils disent que l'homme ne le cède aux dieux qu'en immortalité, il faut toujours se souvenir de la distinction établie dans ces passages et se garder de prendre à la lettre de pareilles expressions, qui les ont fait souvent accuser d'orgueil. Voy. § 36, n. 5.

2. La loi universelle (νόμος κοινός) est la droite raison (ὀρθὸς λόγος = *recta ratio*), circulant à travers toutes choses, conforme à la nature (*naturæ congruens*), toujours la même (*constans, sempiterna*), identique à Jupiter (*Diog.*, VII, 88; Cic., *Ap. Lact.*, VI, 8). — L'homme n'a que des semences de raison (*semina rationis*) qu'il développe par l'éducation : c'est l'art et non la nature qui le fait vertueux (*non dat natura virtutem, ars est bonum fieri*); il faut que son esprit soit instruit et longtemps exercé (*virtus non contingit animo nisi instituto et edocto et ad summum assidua exercitatione perducto*). — Sénèque, *Ep.*, 90. — Voy. *Introduction*, La théologie stoïcienne.

3. Les déistes comme les panthéistes admettent l'existence d'un être souverainement parfait; mais les déistes le considèrent comme distinct du monde, le panthéisme stoïcien le fait matériel et le considère comme l'âme du monde (Cf. c. VII, p. 110, n.1).

4. Cicéron traduit par *extremum* le mot grec τέλος (*Fin.*, III, 26). Les stoïciens suivent Platon et Aristote : La nature ne fait rien en vain, rien qui ne soit en vue d'une fin (ἡ φύσις οὐδὲν ἀτελὲς ποιεῖ οὐδὲ μάτην). — Cicéron insiste (*De Fin.*, IV, 32) sur ce sujet; il pose le principe général : toute chose a une fin; il le développe pour les animaux, pour les végétaux, pour l'homme vertueux, pour l'artiste.

5. Zénon définit la nature un feu artiste qui procède méthodiquement à la génération (§ 57). Il s'agit ici des natures particulières qui se développent chacune d'une façon spéciale, *suo quodam itinere*. Voy. *Introduction*, La théologie stoïcienne.

fabrica¹ ceteræque artes habent quemdam absoluti operis effectum : sic in omni natura² ac multo etiam magis necesse est absolvi aliquid ac perfici. Etenim ceteris naturis multa externa, quo minus perficiantur, possunt obsistere : universam autem naturam nulla res potest impedire, propterea quod omnes naturas ipsa cohibet et continet³. Quocirca necesse est esse quartum illum et altissimum gradum, quo nulla vis possit accedere.

36. Is autem est gradus, in quo rerum omnium natura ponitur; quæ quoniam talis est, ut et præsit omnibus, et eam nulla res possit impedire, necesse est intelligentem esse mundum et quidem etiam sapientem. Quid autem est inscitius, quam eam naturam, quæ omnes res sit complexa, non optimam dici, aut, quum sit optima, non primum animantem esse, deinde rationis et consilii compotem, postremo sapientem? Qui enim aliter potest esse optima⁴? Neque enim, si stirpium similis sit, aut etiam bestiarum, optima putanda sit potius, quam deterrima : nec vero, si rationis particeps sit, nec sit tamen a principio sapiens, non sit deterior mundi potius, quam humana conditio : homo enim sapiens fieri potest⁵, mundus autem, si in æterno præteriti temporis spatio fuit insipiens, nunquam profecto sapientiam consequetur : ita erit homine deterior. Quod quoniam absurdum est, et sapiens a principio mundus et deus habendus est.

1. *Fabrica,* l'architecture. Sénèque emploie le mot dans ce sens (*Ep.,* 90, § 7). Cicéron se sert ailleurs du mot *architectura* (*Off.,* I, 151) et distingue *architectus* et *faber* (*Fam.,* IX, 2).

2. *In omni natura.* Il s'agit ici de la nature universelle et non plus des natures particulières.

3. Voy. § 31, n. 5.

4. Le premier principe des choses, abstraction faite de ses rapports avec le monde, est-il intelligent, sage et bon ? C'est ce qu'ont nié Hegel et surtout Schopenhauer et Hartmann. Voy. Janet, *Les causes finales,* l. II, c. III; *La finalité instinctive et la finalité intentionnelle.*

5. L'homme a la sagesse en puissance (δυνάμει), Dieu l'a en acte (ἐνεργείᾳ). Voy. p. 122. n. 1.

CAPUT XIV

L'homme est né pour contempler et imiter l'univers. L'univers seul est parfait, seul il est à lui-même sa fin; il est donc doué de raison.

37. Scite enim Chrysippus, ut clypei causa involucrum, vaginam autem gladii : sic præter mundum cetera omnia aliorum causa esse generata¹, ut eas fruges atque fructus, quos terra gignit, animantium causa; animantes autem hominum; ut equum vehendi causa; arandi bovem; venandi et custodiendi canem. Ipse autem homo ortus est ad mundum contemplandum et imitandum², nullo modo perfectus, sed est quædam particula perfecti³ : Neque enim⁴ est quidquam aliud præter mundum, cui nihil absit, quodque undique aptum⁵ atque perfectum expletumque sit omnibus suis numeris⁶ et partibus.

1. Les plantes, dit Aristote, ont été faites pour les animaux, les animaux pour les hommes (*Pol.*, I, 8).
2. Cicéron exprime les mêmes idées : § 140, *Tusc.*, I, 69; *Finib.*, II, 40; IV, 11; *Cato*, 77. La vue du monde est un spectacle préparé pour récréer l'homme, comme la plupart des choses qu'il renferme ont été faites pour son utilité immédiate. Imiter le monde, c'est *vivre conformément à la nature* (ὁμολογουμένως τῇ φύσει ζῆν), selon la formule célèbre du stoïcisme. Le monde étant Dieu dans la doctrine stoïcienne, la formule se rapproche beaucoup de l'ὁμοίωσις θεῷ dont parle Platon (Tim. 47 B).
3. *Timée*, c. IV. (Mundi) omne animal quasi particula quædam est. Les âmes, dit Epictète, sont liées à Dieu; ce sont des parties ou des lambeaux de Dieu (Voy. Zeller, IV, p. 200, et notre *Introduction*).
4. Mayor place ici cette phrase qui ordinairement précède le paragraphe *Scite enim Chrysippus*. Nous croyons qu'il vaut mieux en effet la faire servir de conclusion au paragraphe.
5. *Acad.*, II, 119. (Ait Aristoteles) *ita esse eum mundum undique aptum ut nulla vis tantos queat motus mutationemque moliri, nulla senectus diuturnitate temporis exsistere ut hic ornatus (κόσμος) unquam dilapsus occidat.*
6. *Off.*, III, 14. *Illud, quod rectum Stoici appellant, perfectum atque absolutum est, et ut iidem dicunt, omnes numeros habet.*

38. Sed mundus, quoniam omnia complexus est (neque enim est quidquam, quod non insit in eo), perfectus undique est. Quid igitur potest ei deesse[1], quod est optimum? Nihil est autem mente et ratione melius. Ergo hæc mundo deesse non possunt. Bene igitur idem Chrysippus, qui similitudines adjungens omnia in perfectis et maturis docet esse meliora[2], ut in equo, quam in eculeo; in cane, quam in catulo; in viro, quam in puero : item, quod in omni mundo optimum sit, id in perfecto aliquo atque absoluto esse debere.

39. Est autem mundo nihil perfectius, nihil virtute melius : igitur mundi est propria virtus. Nec vero hominis natura perfecta est : et efficitur tamen in homine virtus[3]. Quanto igitur in mundo facilius? Est ergo in eo virtus. Sapiens est igitur, et propterea deus[4].

CAPUT XV

Les astres sont des êtres divins.

Atque hac mundi divinitate perspecta, tribuenda est sideribus eadem divinitas[5], quæ ex mobilissima purissimaque

---

1. Mayor lit : « *Qui* igitur potest ei deesse *id* quod. » Nous ne voyons aucune raison de changer la leçon donnée par tous les manuscrits.
2. Rien de ce qui ressemble à quelque chose d'imparfait ne saurait être beau, dit Platon (*Tim.*, 30 C). Les mêmes idées se retrouvent longuement développées chez Aristote (*Eth. Eud.*, I, p. 12, 19 à 36; *Pol.*, I, 13).
3. Il convient de se rappeler que, pour les stoïciens, la vertu est le développement complet de la nature de chaque être (*Leg.*, I, 22) : *Nihil aliud quam in se perfecta et ad summum perducta natura.*
4. C'est de la sagesse du monde, de sa vertu que les stoïciens concluent sa divinité. On voit que la morale est pour eux le but suprême de la philosophie.
5. Cf. *N. D.*, I, 25, 27, 36, 39; II, 42, 43, 54; *Acad.* II, 119; *R. P.*, VI, 15 : *Homines sunt hac lege generati qui tuerentur illum globum quem*

ætheris parte gignuntur[1], neque ulla præterea sunt admixta natura[2], totaque sunt calida atque perlucida; ut ea quoque rectissime et animantia esse, et sentire atque intelligere dicuntur.

40. Atque ea quidem tota esse ignea, duorum sensuum testimonio confirmari Cleanthes putat, tactus et oculorum[3]. Nam solis candor illustrior est, quam ullius ignis, quippe qui in immenso mundo tam longe lateque colluceat; et is ejus tactus est, non ut tepefaciat solum, sed etiam sæpe comburat. Quorum neutrum faceret, nisi esset igneus. Ergo, inquit, quum sol igneus sit Oceanique alatur humoribus[4], quia nullus ignis sine pastu aliquo possit permanere: necesse est aut ei similis sit igni, quem adhibemus ad usum atque ad victum, aut ei, qui corporibus animantium continetur[5].

in hoc templo medium vides, quæ terra dicitur; iisque animus datus est ex illis sempiternis ignibus quæ sidera et stellas vocatis, quæ globosæ et rotundæ divinis animatæ mentibus circulos suos orbesque conficiunt celeritate mirabili.
Les Égyptiens et les Babyloniens ont cru à la divinité des astres. Il en est de même de Platon et d'Aristote. Anaxagore, Démocrite et Epicure ne voyaient en eux que des composés matériels. Origène, condamné dans le cinquième concile, considère les astres comme des animaux raisonnables et vertueux (Mayor).

1. Les astres, dit Posidonius, sont des corps divins, formés d'éther, brillants et ignés. — La partie maîtresse de l'univers, dit Chrysippe, est l'éther, qui est d'une pureté parfaite. Voy. *Introduction*, La théologie stoïcienne.

2. D'après les stoïciens les animaux étaient formés du mélange des quatre éléments (Stob., *Ecl.*, 1, 10, p. 3).

3. L'œil nous fait voir leur couleur analogue à celle du feu; le *tact* nous permet de saisir la chaleur qu'ils envoient jusqu'à nous.

4. La plupart des anciens philosophes et des poètes ont cru que les astres se nourrissent des vapeurs qui s'élèvent à la surface de la terre (Porphyr., *Antr. Nymph.*, p. 257; Seneca, *N.Q.*, VI, 16, etc.; voy. Mayor). Aristote a combattu longuement cette opinion (*Met.*, II, 2, § 5), en ce qui concerne le soleil. Les choses célestes, lui fait dire le *Pseudo-Plutarque* (II, 17), n'ont pas besoin de nourriture, car elles ne sont pas périssables, mais immortelles.

5. Voy. c. VII, n. 3. Socrate dans les *Mémorables* (IV, 7, § 7) combat l'idée exprimée par Anaxagore que le soleil serait analogue au feu. —

41. Atqui hic noster ignis, quem usus vitæ requirit, confector est et consumptor omnium, idemque, quocumque invasit, cuncta disturbat ac dissipat. Contra ille corporeus[1], vitalis et salutaris omnia conservat, alit, auget, sustinet sensuque afficit. Negat ergo esse dubium, horum ignium sol utri similis sit, quum is quoque efficiat, ut omnia floreant et in suo quæque genere pubescant. Quare quum solis ignis similis eorum ignium sit, qui sunt in corporibus animantium, solem quoque animantem esse oportet, et quidem reliqua astra, quæ oriantur in ardore cælesti, qui æther vel cælum[2] nominatur.

42. Quum igitur aliorum animantium ortus in terra sit, aliorum in aqua, in aëre aliorum : absurdum esse Aristoteli videtur, in ea parte, quæ sit ad gignenda animantia aptissima, animal gigni nullum putare[3]. Sidera autem æthereum locum obtinent; qui quoniam tenuissimus est et semper agitatur et viget, necesse est, quod animal in eo gignatur, id et sensu acerrimo et mobilitate celerrima esse[4]. Quare quum in æthere astra gignantur, consentaneum est in iis sensum inesse et intelligentiam : ex quo efficitur, in deorum numero astra esse ducenda.

Le feu artiste des stoïciens constitue dans chaque être le principe d'unification, *habitude, nature, âme, raison.* Voy. c. XII, p. 120, n. 2 et *Introduction,* La théologie stoïcienne.

1. *Corporeus,* qui corporibus animantium continetur (Mayor).
2. Voy. c. VII, n. 3.
3. Le même argument est exposé par Sextus (IX, 86). — Voy. c. VI, p. 107, n. 6. — On a soutenu que Balbus se référait dans ce passage au *De Philosophia* d'Aristote; cela est douteux (Bernays, Mayor).
4. Voy. § 30, 31.

CAPUT XVI

Les astres sont des êtres divins (suite).

Etenim licet videre acutiora ingenia et ad intelligendum aptiora eorum, qui terras incolant eas, in quibus aer sit purus ac tenuis, quam illorum, qui utantur crasso cælo atque concreto[1].

43. Quin etiam, cibo quo utare, interesse aliquid ad mentis aciem putant. Probabile est igitur, præstantem intelligentiam in sideribus esse, quæ et æthereum mundi partem incolant, et marinis terrenisque humoribus longo intervallo extenuatis alantur. Sensum autem astrorum atque intelligentiam maxime declarat ordo[2] eorum atque constantia (nihil est enim, quod ratione et numero[3] moveri possit sine consilio) : in quo nihil est temerarium[4], nihil varium, nihil fortuitum[5]. Ordo autem siderum et in omni æternitate cons-

---

1. Voy. § 17, n. 6.
2. Balbus développe cette idée au § 54. L'argument se trouve chez Platon : « L'âme, dit-il, est la cause de mouvement, les mouvements des corps célestes révèlent par conséquent l'activité d'une âme. Mais quels sont les caractères de cette âme? On peut les découvrir par l'observation des mouvements eux-mêmes. Or, le mouvement circulaire et uniforme des sphères célestes est un mouvement rationnel ; l'âme qui le produit est donc raisonnable et chacune des âmes qui produit une partie de ce mouvement est elle-même raisonnable » (*Leg.*, X, 877 ; *Epinomis*, 982). — Les astres produits par le Démiurge sont indissolubles parce que telle est la volonté du Démiurge, ils ne sont pas éternels (*Timée*, 41 A). — Selon Aristote, ils sont éternels (*Cœl.*, I, 2). — Les stoïciens admettent que les astres périssent à l'embrasement universel, pour renaître ensuite. — Panétius hésite entre l'opinion d'Aristote et celle de Platon, mais se sépare nettement des stoïciens.
3. Platon se sert, pour désigner les mouvements des corps célestes, des mots λόγῳ καὶ ῥυθμῷ, κατ'ἀριθμόν.
4. *Temerarium*, rien qui se fasse sans dessein ; *varium*, rien qui rompe l'accord (*constantia*) du tout ; *fortuitum*, rien qui soit l'effet du hasard ou de la fortune. Voy. n. 5.
5. Tout ce qui s'est produit, se produit ou se produira est l'œuvre

tantia neque naturam[1] significat (est enim plena rationis), neque fortunam, quæ amica varietati constantiam respuit[2]. Sequitur ergo, ut ipsa sua sponte suo sensu ac divinitate moveantur.

44. Nec vero Aristoteles non laudandus in eo, quod omnia, quæ moventur, aut natura moveri censuit aut vi[3] aut voluntate : moveri autem solem et lunam et sidera omnia : quæ autem natura moverentur, hæc aut pondere deorsum aut levitate in sublime ferri, quorum neutrum astris contingeret, propterea quod eorum motus in orbem circumferretur. Nec vero dici potest vi quadam majore fieri, ut contra naturam astra moveantur. Quæ enim potest esse major ? Restat igitur, ut motus astrorum sit voluntarius. Quæ qui videat, non indocte solum, verum etiam impie faciat, si deos esse neget. Nec sane multum interest, utrum id neget, an eos omni procuratione atque actione privet : mihi enim, qui nihil agit, esse omnino non videtur. Esse igitur deos ita perspicuum est, ut, id qui neget, vix cum sanæ esse mentis existimem.

de la nature (φύσει), de l'art (τέχνη), ou de la fortune (διὰ τύχην) (*Leg.*, X, 888 E). Aristote donne une division plus complète. — Voy. c. XXI.

1. *Naturam.* Balbus ne parle pas de la nature au sens stoïcien du mot, puisque, selon les stoïciens, elle forme et gouverne le monde (§ 81). Peut-être parle-t-il de cette nature que quelques philosophes, dont il combat l'opinion, définissent une force aveugle, excitant dans les corps des mouvements nécessaires (§ 81). — Dans le livre III, Cotta soutient que tout subsiste par les forces de la nature, indépendamment des dieux (*naturæ viribus non deorum*). C'est la théorie d'Epicure, peut-être celle de Straton. La même opposition reparaît au XVIII° siècle entre les purs matérialistes, comme d'Holbach, et les philosophes, comme Condillac et Lamarck, qui font de la nature un intermédiaire par lequel s'exerce l'activité divine. Voy. les *Etudes sur l'Evolution* de M. Carrau et notre édition du *Traité des Sensations.*

2. *Fortuna constantiam respuit.* C'est l'idée exprimée par Aristote : La raison est cause des choses qui se produisent constamment (ἀεί) ou le plus souvent (τῶν ὡς ἐπὶ τὸ πολύ), la fortune (τύχη) est cause de ce qui se produit autrement (*Phys.*, II, 5).

3. *Vi.* Cicéron emploie ce mot au lieu de *fortuna*, comme Aristote emploie βίαιον au lieu de ἀναγκαῖον (Mayor).

DEUXIÈME PARTIE

CAPUT XVII

La nature des dieux; leur forme.

45. Restat ut qualis eorum natura sit, consideremus; in quo nihil est difficilius, quam a consuetudine oculorum aciem mentis abducere. Ea difficultas induxit et vulgo [1] imperitos et similes philosophos imperitorum [2], ut, nisi figuris hominum constitutis, nihil possent de diis immortalibus cogitare. Cujus opinionis levitas confutata a Cotta [3] non desiderat orationem meam. Sed quum talem esse deum certa notione animi præsentiamus [4], primum, ut sit animans, deinde, ut in omni natura nihil eo sit præstantius [5] : ad

---

1. *Vulgo* pour *partim* est employé comme substantif indéclinable.
2. Il s'agit des épicuriens avec lesquels les stoïciens soutinrent toujours une lutte très vive et pour lesquels Cicéron manifeste lui-même fort peu de sympathie. Velléius expose, dans le premier livre, les raisons pour lesquelles les épicuriens attribuaient aux dieux la figure humaine.
3. Sur *Cotta*, voy. *Intr.*, Les personnages du dialogue. La seconde partie du premier livre est employée à cette réfutation.
4. *Præsentiamus*. Sur la théorie de la *prolepsis*, voy. *Introduction*, La philosophie de Cicéron.
5. Les anciens philosophes qui reconnaissaient l'existence des dieux s'accordaient à peu près sur ces deux points : le dieu de Platon comme celui d'Aristote est l'être parfait par excellence. Épicure lui-même (*D. L.*, X; *Lucrèce*, passim; *N. D.*, I, c. XVII) les considère comme des natures souverainement parfaites. On ne peut pas dire à la vérité que le dieu suprême de Platon et d'Aristote soit animé, puisqu'il est immatériel; mais le monde, le dieu visible que le Démiurge organise et gouverne, est animé (ἔμψυχον). Il en est de même des dieux d'Épicure (*N. D.*, I, XVIII). Mais de ces prémisses les stoïciens et les épicuriens tirent des conclusions opposées : les dieux étant parfaits doivent avoir la forme humaine, dit Épicure; ils doivent avoir la forme sphérique, disent les stoïciens.

hanc præsensionem[1] notionemque nostram nihil video quod potius accommodem, quam ut primum hunc ipsum mundum, quo nihil fieri excellentius potest, animantem esse et deum judicem.

46. Hic quam volet Epicurus jocetur[2], homo non aptissimus ad jocandum minimeque resipiens patriam[3], et dicat se non posse intelligere, qualis sit volubilis et rotundus deus[4] : tamen ex hoc, quod etiam ipse probat, nunquam me movebit. Placet enim illi esse deos, quia necesse sit præstantem esse aliquam naturam[5], qua

1. *Præsensionem notionemque.* Balbus emploie souvent *sentire* comme synonyme de penser, parce que, selon les stoïciens, la *sensation* est la source de toutes nos connaissances (p. 102, n. 1 et 2). *Præsentio* est synonyme de *prænotio, præsumptio,* πρόληψις. Cf. p. 87, n. 1.

2. Velléius critique vivement la conception stoïcienne des dieux, avant d'exposer et après avoir exposé la théologie épicurienne (*N. D.*, I). Votre secte, dit ailleurs Balbus (§ 74), manque de sel dans ses plaisanteries.

3. Épicure, né à Samos d'un citoyen athénien qui s'y était établi comme colon, était lui-même Athénien. Martial parle de « *sales tinctos lepore Attico* » (III, 20).

4. *Volubilis et rotundus.* « Combien peu d'esprit il faut avoir, dit » Velléius, pour dire que le monde est animé, immortel, souverainement heureux, et qu'en même temps il est rond. Pourquoi rond ? » Parce que la figure ronde, selon Platon, est la plus belle de toutes. » Mais je trouve, moi, plus de beauté dans le cylindre, dans le carré, » dans le cône, dans la pyramide. Et ce dieu rond, à quoi l'occupez-» vous ? à se mouvoir d'une si grande vitesse que l'imagination même » ne saurait y atteindre. Or je ne vois pas qu'étant agité de la sorte, » il puisse avoir une âme constante. »

« Votre dieu, dit-il encore, est accablé de travail. Si vous croyez en » effet que ce soit le monde lui-même, tournant comme il fait, sans » relâche, autour de l'axe du ciel, et cela encore avec une étrange » rapidité, peut-il avoir un moment de repos ? Or, sans repos, pas de » félicité.

5. Il faut qu'il existe une nature souverainement parfaite, au-dessus de laquelle on ne puisse rien concevoir : voilà en germe l'argument ontologique que développeront saint Anselme, Descartes et Leibnitz.

Il est assez curieux de trouver cet argument chez Épicure qui n'ajoute de foi qu'aux sens ; tandis que les partisans ordinaires de la preuve ontologique voient dans l'idée de perfection ou une idée innée ou le produit d'une faculté innée, mise en nous par l'être parfait lui-

nihil sit melius. Mundo autem certe nihil est melius[1].

47. Nec dubium, quin, quod animans sit habeatque sensum et rationem et mentem, id sit melius, quam id, quod his careat. Ita efficitur animantem, sensus, mentis, rationis compotem esse mundum. Qua ratione, deum esse mundum, concluditur. Sec hæc paulo post facilius cognoscentur ex iis rebus ipsis, quas mundus efficit.

CAPUT XVIII

Le monde a une forme sphérique et un mouvement circulaire.

Interea, Vellei, noli, quæso, præ te ferre, vos plane expertes esse doctrinæ[2]. Conum tibi ais et cylindrum et pyramidem pulchriorem, quam sphæram videri[3]. Novum etiam oculorum judicium habetis. Sed sint ista pulchriora dumtaxat aspectu[4], quod mihi tamen ipsum non videtur; quid enim pulchrius ea figura, quæ sola omnes alias figuras complexa continet[5], quæque nihil asperitatis habere, nihil

---

même, les épicuriens croient qu'elle nous vient uniquement du dehors. Par cela même que toute sensation est vraie, il y a des êtres qui, agissant sur nous par les simulacres qui se détachent de leurs corps, font naître en nous cette idée.

1. Les stoïciens et les épicuriens s'accordent à affirmer l'existence de l'être qui correspond au plus haut degré de perfection : ils ne sont plus d'accord lorsqu'il s'agit de savoir *quel* est cet être. Pour les stoïciens, c'est le monde; pour les épicuriens le monde est loin de représenter la perfection suprême (Voy. *Lucrèce*, passim).

2. Cicéron parle souvent de l'ignorance des épicuriens. Voy. *Intr.*, La vie et la philosophie de Cicéron; voy. p. 133, n. 7 et 8 et p. 156, n. 4.

3. Voy. p. 131, n. 4, les critiques de Velléius.

4. *Dumtaxat aspectu.* Si l'on ne tient compte que de l'apparence.

5. Cicéron a exprimé les mêmes idées dans sa traduction du *Timée* (c. vi). Voy. *Introduction.*

offensionis [1] potest, nihil incisum angulis, nihil anfractibus [2], nihil eminens, nihil lacunosum [3]? quumque duæ formæ præstantes [4] sint, ex solidis globus (sic enim σφαῖραν interpretari placet); ex planis autem circulus aut orbis, qui κύκλος Græce dicitur : his duabus formis contingit solis, ut omnes earum partes sint inter se simillimæ, a medioque tantumdem undique absit extremum, quo nihil fieri potest aptius [5].

48. Sed si hæc non videtis, quia nunquam eruditum illum pulverem [6] attigistis [7], ne hoc quidem physici [8] intelligere

« La forme la plus convenable, dit Platon (*Tim.*, 33B), pour un animal
» qui devait renfermer en soi tous les animaux, ne pouvait être que
» celle qui embrasse toutes les formes. Il arrondit donc le monde en
» sphère et mit partout les extrémités à égale distance du centre, ce
» qui est la plus parfaite des figures et la plus semblable à elle-
» même; car il pensait que le semblable est infiniment plus beau que
» le dissemblable. Et ce globe, il en polit exactement les contours. »

1. *Nihil offensionis*, rien de saillant, qui puisse blesser celui qui y passerait la main.

2. *Nihil incisum angulis, nihil anfractibus*, aucun angle sortant ou rentrant.

3. *Nihil eminens, nihil lacunosum*, point de bosse, point de creux.

4. Les manuscrits donnent presque tous *præstantes;* Nonius (p. 432) donne *præstantissimæ* que préfère Mayor.
Dans le *De Cœlo* (III, 4), Aristote use d'un argument à peu près identique pour prouver que le ciel est sphérique : il préfère parmi les figures planes le cercle, parmi les solides la sphère, à toutes les autres figures. C'est peut-être une théorie pythagoricienne.

5. Nous acceptons la correction de Mayor, car les deux textes donnés par les manuscrits ne nous paraissent nullement satisfaisants. La plupart nous donnent : *a medioque tantum absit extremum;* les autres ajoutent : *quantum idem a summo.* Baiter donne la même leçon que Mayor en supprimant *undique*.

6. *Eruditum pulverem.* Les anciens géomètres traçaient leurs figures sur le sol. C'est ce qu'attestent, entre autres, *Cicéron, Sénèque, Aristophane.* Voy. le tableau de Raphaël, *l'École d'Athènes*.

7. Cicéron rapporte ailleurs (*Acad.*, II, 106) que Polyænus, qui avait été un grand mathématicien, avait proclamé toute la géométrie fausse dès qu'il était devenu le disciple d'Epicure. Epicure n'accordait d'importance aux sciences qu'autant qu'elles peuvent présenter quelque utilité morale (*Finib.*, I, 72). Sur l'ignorance dont on l'a souvent accusé, voy. Gassendi, *De vita et moribus Epicuri.*

8. *Physici.* Les épicuriens, à l'exemple de leur maître, donnaient le premier rang à la morale ; mais ils accordaient une place importante à

potuistis, hanc æquabilitatem motus constantiamque ordinum in alia figura non potuisse servari[1]? Itaque nihil potest esse indoctius, quam quod a vobis affirmari solet. Nec enim hunc ipsum mundum pro certo rotundum esse dicitis; nam posse fieri, ut alia sit figura, innumerabilesque mundos alios aliarum esse formarum[2].

49. Quæ, si, bis bina quot essent, didicisset Epicurus, certe non diceret. Sed dum, palato quid sit optimum, judicat, cæli palatum[3] (ut ait Ennius) non suspexit.

CAPUT XIX

Les révolutions du soleil et de la lune sont des manifestations de l'activité divine.

Nam, quum duo sint genera siderum : quorum alterum, spatiis immutabilibus ab ortu ad occasum commeans, nul-

---

la physique, car elle montre manifestement, selon eux, que l'âme est mortelle, et que les dieux n'interviennent pas dans la production du monde et des phénomènes. Voy. *Diogène Laërce*, X, passim.

1. Le monde, dit Posidonius dans le V° livre du Φυσικὸς λόγος, est un et il a la forme sphérique, parce que cette forme est la plus appropriée au mouvement que nous lui découvrons (D. L., VII, 140).
2. Les mondes, selon Epicure, sont en nombre infini, parce que les atomes qui les constituent et le vide dans lesquels ils se forment sont eux-mêmes infinis. Ils sont semblables au nôtre ou ils en diffèrent (*Diog. L.*, X; *Lucrèce*, II, 1048). Les épicuriens insistaient sur ce point afin de montrer plus aisément que les dieux ne pourraient, sans perdre leur calme et leur bonheur, présider à la formation et au gouvernement de l'univers. Nous avons essayé ailleurs de mettre en lumière ce côté de la doctrine épicurienne.
3. *Palatum*. On appelle en grec, nous dit Varron (Aug., *C. D.*, VII, 8), οὐρανόν ce que nous appelons *palatum*, et quelques poètes latins ont appelé le ciel *palatum*. — Cicéron fait usage ici d'une de ces plaisanteries un peu triviales qu'il n'a jamais dédaignées. Voy. G. Boissier, *Cicéron, et ses amis*.

lum unquam cursus sui vestigium inflectat¹, alterum autem continuas conversiones duas iisdem spatiis cursibusque conficiat² : ex utraque re et mundi volubilitas³, quæ nisi in globosa forma esse non posset, et stellarum rotundi ambitus cognoscuntur. Primusque sol, qui astrorum tenet principatum, ita movetur, ut, quum terras larga luce-compleverit, easdem modo his, modo illis ex partibus opacet⁴. Ipsa enim umbra terræ soli officiens⁵ noctem efficit. Nocturnorum autem spatiorum eadem est æquabilitas, quæ diurnorum⁶ : ejusdemque solis tum accessus modici tum recessus et frigoris et caloris modum temperant : circumitus⁷ enim solis orbium V et LX et CCC, quarta fere diei parte addita⁸, conversionem conficiunt annuam : inflectens autem sol cursum tum ad septemtriones, tum ad meridiem æstates et hiemes efficit, et ea duo tempora, quorum alterum hiemi senescenti⁹

1. Il s'agit des étoiles fixes et du mouvement du ciel par lequel elles sont entraînées autour de l'axe polaire. Voy. ch. XV.
2. Il s'agit du double mouvement des planètes, entraînées avec les étoiles fixes, et en même temps, croyait-on, tournant autour de la terre avec leur mouvement propre. Voy. Platon, *Timée*, 34, sqq. et Th. H. Martin, *Études sur le Timée*; Aristote, *Mét. A.*, 8.
3. *Volubilitas*, voy. § 46, n. 4. Balbus veut démontrer le mouvement circulaire (*volubilitas*) du monde et les révolutions circulaires (*rotundi ambitus*) des étoiles.
4. *Opacet*, laissera dans l'ombre.
5. Gesner et Heindorf lisent *officientis*, parce que c'est la terre et non son ombre qui intercepte la lumière du soleil (Mayor).
6. *Æquabilitas*. Il y a la même régularité dans le cours des jours et des nuits; le même soleil tempère la chaleur et le froid, en ne s'approchant pas trop près, en ne s'éloignant pas trop de la terre (M).
7. *Circumitus*, nox et dies... unum *circumitum* orbis efficit (*Tim.*, 6).
8. *Quarta fere diei parte*. Il s'agit de l'année Julienne. César avait réformé le calendrier en 46. Cette année surpasse l'année solaire véritable de onze minutes et huit ou dix secondes, ce qui fait un jour en cent vingt-neuf ans.
9. *Senescenti*. Ce mot est employé dans les expressions analogues, *lunæ senescentis mensis senescentis extremus dies*. Le cours de l'année est comparé au cours de la vie humaine : l'année a, comme la vie, son enfance (*pueritia = ver*), sa jeunesse (*juventus = æstas*), son âge mûr (*stata ætas = autumnus*); sa vieillesse (*senectus = hiems*). Voy. Birck (Xystus Betuleius), *Annot. in lib. II De N. D.*, p. 151.

adjunctum est, alterum æstati. Ita ex quattuor temporum mutationibus omnium, quæ terra marique gignuntur, initia causæque ducuntur.

50. Jam solis annuos cursus spatiis menstruis luna [1] consequitur : cujus tenuissimum lumen facit proximus accessus [2] ad solem, digressus autem longissimus quisque plenissimum. Neque solum ejus species ac forma mutatur tum crescendo, tum defectibus in initia recurrendo, sed etiam regio [3], quæ tum est aquilonia [4], tum australis. In lunæ quoque cursu est et brumæ quædam et solstitii similitudo [5], multaque ab ea manant et fluunt, quibus et animantes alantur augescantque, et pubescant maturitatemque assequantur, quæ oriuntur e terra [6].

CAPUT XX

Les mouvements réguliers des planètes sont des manifestations de l'activité divine.

51. Maxime vero sunt admirabiles motus earum quinque

---

1. *Luna*. La lune fournit chaque mois la carrière que le soleil fournit chaque année.
2. *Proximus accessus*, la nouvelle lune.
3. *Regio.* Voy. Macrobe, S. Sc., I, 6, § 63 et Pline, N. H, II, 9.
4. Nous lisons *aquilonia* avec Baiter et Mayor, au lieu de *aquilenta* que donnent presque tous les manuscrits.
5. *Solstitii similitudo.* L'orbite de la lune se rapproche du nord ; la lune s'arrête (lorsqu'il s'agit du soleil, c'est là à proprement parler le *sol-stice, sol-stare*) et reste alors le plus longtemps sur l'horizon.
Brumæ, le temps où la lune reste le moins longtemps sur l'horizon.
6. Voy. § 19 et 119. Les anciens accordaient à la lune une très grande influence : elle intervient dans toute génération (γένεσις) et dans toute maturité (τελείωσις), dit Aristote (*Gen. An.*, IV, 18) ; les huîtres et tous les coquillages, les animaux, les arbres croissent et décroissent avec les phases de la lune, rapportent Cicéron (*Div.*, II, 33), Pline (N.

stellarum, quæ falso vocantur errantes [1]. Nihil enim errat, quod in omni æternitate conservat progressus et regressus reliquosque motus constantes et ratos. Quod eo est admirabilius in his stellis, quas dicimus, quia tum occultantur, tum rursus aperiuntur, tum adeunt, tum recedunt, tum antecedunt, tum autem subsequuntur, tum celerius moventur, tum tardius, tum omnino ne moventur quidem, sed ad quoddam tempus insistunt [2]. Quarum ex disparibus motionibus magnum annum mathematici [3] nominaverunt, qui tum efficitur, quum solis et lunæ et quinque errantium ad eamdem inter se comparationem confectis omnium spatiis est facta conversio.

52. Quæ quam longa sit, magna quæstio est : esse vero certam et definitam necesse est. Nam ea, quæ Saturni stella [4]

H., II, 101), Sénèque, Sextus Empiricus (*Adv. Math.*, IX, 79), Macrobe, etc.
On parle encore aujourd'hui dans beaucoup de nos campagnes de l'influence de la lune rousse.

1. *Errantes* = πλανῆται. « Nous mentons, nous autres Grecs, dit Platon (*Leg.*, VII, 821) quand nous les appelons des astres errants (πλανῆτας); car ils sont toute autre chose. » Quelquefois (§ 68) le soleil et la lune sont comptés parmi les planètes : *septem* prend la place de *quinque*.

2. Cet arrêt n'est qu'apparent. On sait, depuis Képler, que toutes les planètes tournent comme la terre d'occident en orient autour du soleil, en parcourant des orbites elliptiques dont le soleil occupe un même foyer commun ; de là l'irrégularité *apparente* de leurs mouvements. On peut voir dans Platon (*Timée*, 38), les idées que développe ici Balbus,

3. *Magnum annum.* L'année parfaite est accomplie, dit Platon. lorsque les huit révolutions (celles du monde et des sept planètes), de vitesses différentes, sont revenues à leur point de départ, après une durée mesurée sur le cercle du même et du semblable (*Tim.*, 39 D). Voy. la note de M. Th. H. Martin sur ce passage. Cicéron exprime les mêmes idées (*R. P.*, VI, 22 ; *Finib.*, II, 102 ; *Tim.*, c. IX). Dans l'*Hortensius* (fr. 26) il faisait cette année de 12 954 ans. Un fragment que Servius nous a conservé du *De Natura Deorum* la fait de 3000. Voy. Mayor, p. 151 et notre *Introduction*, La théologie stoïcienne.

4. On trouve dans l'*Epinomis* les noms des cinq planètes tirés, dit l'auteur, du nom des dieux ; le *Timée* ne nomme que Ἑωσφόρον καὶ τὸν ἱερὸν Ἑρμοῦ ; Aristote cite Ἀφροδίτης, Ἑρμοῦ, Διός, Κρόνου, Ἄρεος (*Cœl.*, II, 12). D'après Sénèque, on pourrait conjecturer qu'Eudoxe le premier a donné aux planètes les noms que cite Balbus.

8.

dicitur Φαίνων que a Græcis nominatur, quæ a terra abest plurimum [1], xxx fere annis [2] cursum suum conficit : in quo cursu multa mirabiliter efficiens, tum antecedendo, tum retardando, tum vespertinis temporibus delitiscendo, tum matutinis rursum se aperiendo, nihil immutat sempiternis sæculorum ætatibus, quin eadem iisdem temporibus efficiat. Infra autem hanc propius a terra Jovis stella fertur, quæ Φαέθων dicitur, eaque eumdem xii signorum orbem annis xii conficit, easdemque, quas Saturni stella, efficit in cursu varietates.

53. Huic autem proximum inferiorem orbem tenet Πυρόεις, quæ stella Martis appellatur, eaque iv et xx mensibus, vi, ut opinor, diebus [3] minus, eumdem lustrat orbem, quem duæ superiores. Infra autem hanc stella Mercurii est : ea Στίλβων appellatur a Græcis ; quæ anno fere vertente [4] signi-

1. Selon Pythagore, Platon, Aristote, Chrysippe, l'ordre des planètes était : Saturne, Jupiter, Mars, Vénus, Mercure, le Soleil, la Lune. Selon une opinion plus récente approuvée par Archimède, Geminus, Cléomède, Vitruve, Ptolémée, Pline, etc. et exposée par Balbus, cet ordre était le suivant : Saturne, Jupiter, Mars, le *Soleil*, *Mercure*, *Vénus*, la Lune. On ne s'accordait pas non plus sur la place respective de Vénus et de Mercure. Mercure, selon Balbus, est la plus éloignée de la terre; dans le *De Div. II*, 91, c'est Vénus; enfin au § 119 du livre II (*N. D.*), et dans la *République* (VI, 17) Mercure et Vénus sont présentées comme tournant l'une et l'autre autour du soleil et non de la terre.

2. La durée des révolutions planétaires indiquée par Balbus vient probablement par Eudoxe des Égyptiens. Mayor donne un tableau comparatif des durées indiquées par Eudoxe, Vitruve et Herschell :

	Eudoxe.	Vitruve.	Herschell.
Mercure	1 an	360 jours	87 jours 23 heures
Vénus	1 »	485 »	224 » 16 »
Mars	2 »	1 an 318 »	1 an 321 » 23 »
Jupiter	12 »	11 » 323 »	11 » 315 » 14 »
Saturne	30 »	29 » 160 »	29 » 174 » 1 »

3. Mayor n'a trouvé aucun texte qui retranche ces six jours aux deux ans de la révolution de Mars. Nous n'avons pas été plus heureux.

4. *Anno fere vertente*, environ dans le cours d'une année.

ferum lustrat orbem¹ neque a sole longius unquam unius signi intervallo², discedit tum antevertens tum subsequens. Infima est quinque errantium terræque proxima³ stella Veneris, quæ Φωσφόρος Græce, Latine dicitur Lucifer, quum antegreditur solem, quum subsequitur autem, Ἕσπερος. Ea cursum anno conficit et latitudinem lustrans signiferi orbis et longitudinem⁴ : quod idem faciunt stellæ superiores : neque unquam ab sole duorum signorum intervallo longius discedit tum antecedens tum subsequens.

CAPUT XXI

Les mouvements réguliers des planètes et des étoiles fixes sont des manifestations de l'activité divine (suite).

54. Hanc igitur in stellis constantiam, hanc tantam tam variis cursibus in omni æternitate convenientiam temporum non possum intelligere sine mente, ratione, consilio. Quæ quum in sideribus inesse videamus, non possumus ea ipsa non in deorum numero⁵ reponere. Nec vero stellæ eæ, quæ inerrantes vocantur, non significant eamdem mentem atque

---

1. *Signiferum orbem*. Les Grecs appellent *zodiaque* ce que les Latins appellent de son vrai nom *orbem signiferum*, car il emporte dans sa course douze *signes* enflammés (Cic., *Arat.*, 317).
2. *Intervallo unius signi*. Le zodiaque était partagé en douze signes, le signe en trente parties ; le soleil parcourait une de ces parties en un jour, un signe ou 30° en un mois.
3. La distance de Mercure au soleil dépasse 14 millions de lieues; celle de Vénus au soleil 27 millions de lieues; celle de la terre au soleil 37 millions de lieues.
4. Elle traverse le zodiaque par un mouvement en zigzag (M.).
5. On trouve des exemples de *reponere in* avec l'ablatif (Cic., *N. D.*, I, 29; *Verr.*, III, 210; Tite Live, XXXIX, 18, § 15, 21, § 4), avec l'accusatif (*Opt. Gen. Or.* 17; *Invent.*, I, 26, § 39, 51, § 97; Tite Live, XXXI, 13, § 1, XXXIX, 9, § 7).

prudentiam, quarum est quotidiana, conveniens constansque conversio, nec habent æthereos cursus[1] neque cœlo inhærentes[2], ut plerique dicunt physicæ rationis ignari. Non est enim ætheris ea natura, ut vi sua stellas complexa contorqueat. Nam tenuis ac perlucens et æquabili calore suffusus æther non satis aptus ad stellas continendas videtur.

55. Habent igitur suam sphæram[3] stellæ inerrantes, ab æthereu conjunctione secretam et liberam. Earum autem perennes cursus atque perpetui cum admirabili incredibilique constantia declarant in his vim et mentem esse divinam : ut, hæc ipsa qui non sentiat deorum vim habere, is nihil omnino sensurus esse videatur.

56. Nulla igitur in cœlo nec fortuna nec temeritas nec erratio nec vanitas inest, contraque omnis ordo, veritas, ratio, constantia[4]. Quæque his vacant, ementita et falsa plenaque erroris, ea circum terras infra lunam, quæ omnium ultima est, in terrisque versantur[5]. Cœlestium ergo admirabilem ordinem incredibilemque constantiam, ex qua conservatio

---

1. *Æthereos cursus*. Il ne faut pas entendre par là que les étoiles fixes n'ont pas leur cours à travers l'éther (§ 117, *in æthere astra volvuntur*), mais qu'elles n'ont pas un mouvement produit par l'éther, qu'elle ne suivent pas le mouvement propre de l'éther (M.).

2. *Cœlo inhærentes*, elles ne sont pas fixées comme des clous à un ciel ou à une sphère solide et entraînées avec l'un ou l'autre (Mayor, p. 156).

3. Mayor remarque avec raison que ce passage est assez peu clair : comment Balbus peut-il ne pas admettre l'une ou l'autre des deux théories précédentes et parler comme Aristote de la sphère des étoiles fixes ? — Dix ans auparavant, Cicéron avait déjà dans la *République* (VI, 17) exprimé des idées analogues.

4. Voy. ch. XVI, n. 4, 5, p. 129, n. 1 et 2.
Cicéron oppose *fortuna* et *constantia; temeritas* et *ratio; vanitas* et *veritas; erratio* et *ordo*.

5. *Infra lunam*. La lune séparait, selon une théorie qui a pris avec Aristote sa forme la plus précise, la région céleste où il n'y a pas de changement et la région sublunaire où règnent le hasard et le mal. Voy. Mayor p. 157. Cicéron avait déjà exposé cette doctrine dans la *République*, VI, 17.

et salus omnium[1] omnis oritur, qui vacare mente putat, is ipse mentis expers habendus est.

57. Haud ergo, ut opinor, erravero, si a principe[2] investigandæ veritatis hujus disputationis principium duxero.

CAPUT XXII

L'activité créatrice, artistique et providentielle de la nature nous révèle sa divinité.

Zeno igitur naturam ita definit, ut eam dicat ignem esse artificiosum[3], ad gignendum progredientem via[4]. Censet enim artis maxime proprium[5] esse creare[6] et gignere; quodque in operibus nostrarum artium manus efficiat, id multo artificiosius naturam efficere[7], id est, ut dixi, ignem, artificiosum, magistrum artium reliquarum. Atque hac quidem ratione omnis natura[8] artificiosa est, quod habet quasi viam quamdam et sectam, quam sequatur.

1. Sénèque développe longuement cette idée (*Benef.*, VII, 20 sqq).
2. Cicéron appelle ailleurs Zénon *inventor et princeps Stoicorum* (*Acad.*, II, 131). Les épicuriens parlaient avec un égal enthousiasme de leur maître. Voy. C. Martha le *Poème de Lucrèce et Introduction*
3. *Ignem artificiosum.* La nature, dit Diogène Laërce (VII, 156) est selon Zénon un feu artiste, procédant méthodiquement à la génération. Voy. ch. XIII, p. 122, n. 5 et *Introduction*, La théologie stoïcienne.
4. L'art, selon Cléanthe, est un pouvoir qui agit par méthode (*via*), c'est-à-dire avec ordre (*Quint.*, II, 16, § 41).
5. L'art, dit Aristote, se rapporte à la génération. *Eth.*, VI, 4, § 4.
6. *Creare.* Il ne faut pas prendre ce mot dans le sens que nous lui donnons aujourd'hui. La création *ex nihilo* est une idée qu'on ne rencontre pas dans l'antiquité grecque.
7. *Id multo artificiosius.* Idées aristotéliques (*Part. An.*, I, p. 639; *Physiq.*, II, 2, p. 194; *Météor.*, IV, 3, § 24). Voy. Ravaisson, *Essai sur la Métaphysique d'Aristote.*
8. *Omnis natura*, toute nature particulière. La nature universelle est *artifex*, non *artificiosa*. Voy. p. 142, n. 1.

58. Ipsius vero mundi, qui omnia complexu suo coercet et continet, natura non artificiosa solum, sed plane artifex [1] ab eodem Zenone dicitur, consultrix et provida utilitatum opportunitatumque omnium. Atque ut ceteræ naturæ suis seminibus quæque gignuntur, augescunt, continentur : sic natura mundi [2] omnes motus habet voluntarios conatusque et appetitiones, quas ὁρμάς Græci vocant, et his consentaneas actiones sic adhibet, ut nosmet ipsi, qui animis movemur et sensibus [3]. Talis igitur mens mundi quum sit, ob eamque causam vel prudentia vel providentia appellari recte possit, (Græce enim πρόνοια dicitur), hæc potissimum providet, et in his maxime est occupata, primum ut mundus quam aptissimus sit ad permanendum, deinde ut nulla re egeat, maxime autem ut in eo eximia pulchritudo sit atque omnis ornatus.

1. *Artifex* = τεχνίτης (D. L., VII) τῆς ὁρμῆς ὁ λόγος.
2. Schœmann voit dans ce passage un exemple de comparaison par les contraires. Balbus oppose la croissance et le mouvement soumis à la nécessité dans les plantes (§ 33) au mouvement volontaire de l'univers (§ 43, 44). Il me semble, dit V. Le Clerc, que Balbus ne compare pas, mais que plutôt il oppose la nature universelle aux natures particulières. Mayor n'est pas de cet avis : l'art se montre par l'arrangement et le dessein, toutes les parties de la nature montrent l'un et l'autre et par conséquent sont des œuvres d'art (*artificiosa*). L'art est comme mis en réserve dans la semence; l'univers n'a pas de semence, mais de même que chaque partie a ses semences et se contient pour ainsi dire elle-même, il a ses mouvements et ses sentiments qui lui appartiennent en propre et ne lui viennent pas du dehors. Cette dernière explication nous paraît la plus satisfaisante. Voy. *Introduction* La théologie stoïcienne.
3. Voy. sur ce passage, ch. XII, § 34, n. 1, ch. XI, p. 117, n. 1.

CAPUT XXIII

Il y a d'autres dieux que le monde et les astres: les choses utiles, les qualités morales, les passions ont été divinisées.

59. Dictum est de universo mundo, dictum est etiam de sideribus, ut jam propemodum appareat multitudo nec cessantium [1] deorum, nec ea, quæ agant, molientium cum labore operoso ac molesto [2]. Non enim venis et nervis et ossibus continentur, nec iis escis aut potionibus vescuntur, ut aut nimis acres aut nimis concretos humores colligant : nec iis corporibus sunt, ut casus aut ictus extimescant, aut morbos metuant ex defatigatione membrorum. Quæ verens Epicurus monogrammos [3] deos et nihil agentes commentus est.

1. *Cessantium* : « D'où vient que vos architectes, dit Velléius en critiquant Platon et les stoïciens (I, 22) songèrent tout d'un coup à construire l'univers, eux qui jusque-là n'avaient fait que dormir pendant des siècles innombrables? »

2. *Molientium*. C'est une réponse à la seconde critique de Velléius. « De quels ouvriers, dit-il à Platon et aux stoïciens, de quelles machines votre Dieu s'est-il servi pour élever ce superbe édifice? — S'il y a dans le monde un Dieu qui le gouverne, qui préside au cours des astres et aux saisons, qui règle, qui arrange tout, qui ait l'œil sur les terres et sur les mers, qui s'intéresse à la vie des hommes et qui se charge de pourvoir à leurs besoins, c'est lui donner, en vérité, de tristes et de pénibles affaires. »(*N. D.*, I, 21, 22, 51, 52.) Voy. p. 130, n. 2, 131, n. 2, 3, 4.

L'opposition et la ressemblance du stoïcisme et de l'épicurisme sont marquées en théologie comme en morale. Selon les uns et les autres Dieu ne saurait être un pur esprit ; mais pour les stoïciens, c'est l'être qui par sa *tension* maintient l'univers; pour les épicuriens un Dieu ne fait rien, ne s'embarrasse d'aucune affaire, n'entreprend rien : sa sagesse et sa vertu font sa joie; les plaisirs qu'il goûte, plaisirs qui ne sauraient être plus grands, il est sûr de les goûter toujours. Voy. Ravaisson, *Essai sur la Métaphysique d'Aristote* et *Mémoire sur le stoïcisme* (Mémoires de l'Acad. des Inscrip. et B. Lettres, XXI); Zeller, *Die philosophie der Griechen*, III, 1, 467 et notre *Introduction*.

3. Sur les dieux d'Épicure voyez livre I, l'exposition de Velléius et

60. Illi autem pulcherrima forma præditi purissimaque in regione cœli collocati ita feruntur, moderanturque cursus, ut ad omnia conservanda et tuenda consensisse videantur.

Multæ autem aliæ naturæ[1] deorum ex magnis beneficiis eorum non sine causa et a Græciæ sapientissimis et a majoribus nostris constitutæ nominatæque sunt. Quidquid enim magnam utilitatem generi afferret humano, id non sine divina bonitate erga homines fieri arbitrabantur[2]. Itaque tum illud, quod erat a deo natum, nomine ipsius dei nuncupabant : ut quum fruges Cererem appellamus, vinum autem Liberum; ex quo illud Terentii,

— sine Cerere et Libero friget Venus [3] :

61 tum autem res ipsa, in qua vis inest major[4] aliqua, sic appellatur, ut ea ipsa nominetur deus, ut Fides[5], ut

la critique de Cotta : les dieux n'ont pas un corps et du sang, mais *comme* un corps et *comme* du sang, dit Velléius. Cotta les compare à la Vénus de Cos peinte pas Apelles et les appelle des dieux esquissés. *Monogrammos.* Nonius, p. 37 : « Monogrammi dicti sunt homines macie pertenues ac decolores, tractum a pictura, quæ prius quam coloribus corporatur, umbra fingitur. »

Sur les dieux d'Épicure, on peut lire un article de M. J. Lachelier dans la *Revue de philologie*, 1877, p. 264, où le texte de Cicéron est éclairci et commenté. Nous avons essayé de montrer ailleurs que la conception exposée dans ce texte ne concorde pas avec les textes de Diogène et de P. ilodème.

1. *Naturæ Deorum.* Divinités.

2. Cette théorie a été exposée pour la première fois par Prodicus; elle a été acceptée par Persée, par Cléanthe et par la plupart des stoïciens. — Cotta au livre III, c. xvi, la critique : « Que si nous appelons le blé *Cérès* et le vin *Bacchus*, ce sont des manières de parler établies par l'usage ; mais au fond, qui croyez vous assez fou pour se persuader que ce qu'il mange soit un Dieu ? »

3. Ce vers est tiré de l'*Eunuque*, IV, 5, 6.

4. *Vis major.* Les exemples donnés par Cicéron sont, comme le remarque Mayor, des signes de la *bonitas divina* (la 5ᵉ classe du *Pseudo-Plutarque*), plutôt que d'une *vis major* (la 4ᵉ classe du *Pseudo-Plutarque*).

5. *Fides.* Nous trouvons les mêmes idées dans le *De Legibus* (II, 28).

Mens[1] : quas in Capitolio dedicatas videmus proxime a M. Æmilio Scauro ; ante autem ab Attilio Calatino erat Spes[2] consecrata. Vides Virtutis[3] templum, vides Honoris a M. Marcello renovatum quod multis ante annis erat bello Ligustico a Q. Maximo dedicatum. Quid Opis[4] ? quid Salutis[5] ? quid Concordiæ ? Libertatis ? Victoriæ[6] ? quarum omnium rerum quia vis erat tanta, ut sine deo regi non posset, ipsa res deorum nomen obtinuit. Quo ex genere Cupidinis[7] et Voluptatis[8] et Lubentinæ[9] Veneris vocabula consecrata sunt; vitiosarum rerum[10] neque naturalium,

— Ce temple fut construit par Numa, restauré par le dictateur Atilius Calatinus (247 av. J.-C) et par Scaurus, *princeps senatus* (vers 100 av. J.-C).

1. *Mens*. Le temple construit en 217, par ordre des livres sybillins, après la défaite de Thrasymène, fut restauré par Scaurus au temps de la guerre avec les Cimbres.

2. *Spes*. Lambin et Heindorf lisent *spes*, parce que, dans le *De Legibus*, il est dit que Calatinus dédia un temple à l'Espérance; Davies, Baiter et Mayor conservent *Fides*.

3. *Virtutis*. Deux temples à Rome étaient élevés à l'*Honneur* et à la *Vertu* réunis : l'un dédié par Fabius Cunctator en 233, après sa victoire sur les Liguriens, et consacré à l'*Honneur*, fut voué par Marcellus aux deux divinités après la bataille de Clastidium en 222; l'autre fut élevé par Marius après ses victoires sur les Cimbres et les Teutons. Enfin Scipion le Jeune construisit un temple à la *Vertu* seule, et il est question dans les Lois d'un temple dédié à l'*Honneur* (Mayor).

4. *Opis*, femme de Saturne et déesse de la terre, confondue dans la suite avec Rhéa, la mère des dieux. Elle avait un temple sur le Capitole (Tite Live, XXXIX, 22).

5. *Salutis*. Le temple fut dédié dans la guerre samnite (302 av. J.-C).

6. *Concordiæ, Libertatis, Victoriæ*. Le premier, établi par Camille en 367, agrandi par Opimius et restauré par Tibère, servait souvent de lieu de réunion au sénat; le second fut élevé par Gracchus sur l'Aventin; le troisième fut élevé après 294. Auguste plaça dans le palais du sénat un autel et une statue de la Victoire, regardés par la suite comme le palladium de l'État. Gratien fit déplacer l'autel, ce qui donna lieu à une discussion célèbre entre Symmaque et saint Ambroise.

7. *Cupidinis*. On ne connaît à Rome aucun temple de Cupidon.

8. *Voluptatis*, plus exactement *Volupia* (Varron), de *volup* ou *volupe*, agréable : « Ut mihi *volupe* est quia video. »

9. *Lubentinæ*, Libitina, la déesse des funérailles.

10. *Vitiosarum*. Mayor semble croire qu'il s'agit de choses nouvelles

quanquam Velleius aliter existimat, sed tamen ea ipsa vitia naturam vehementius sæpe pulsant[1].

62. Utilitatum igitur magnitudine constituti sunt ii dii, qui utilitates quasque gignebant. Atque his quidem nominibus, quæ paulo ante dicta sunt, quæ vis sit, in quoque declaratur deo.

CAPUT XXIV

Certains hommes et certaines parties de la nature ont été divinisés.

Suscepit autem vita hominum consuetudoque communis, ut beneficiis excellentes viros in cælum fama ac voluntate [2]

et il cite comme exemple la divinisation de la fièvre citée dans le livre III (44, 63); il nous semble beaucoup plus exact d'en faire un appositif de ce qui précède : le plaisir, déifié sous ces noms divers, est une chose mauvaise, quoi qu'en dise Velléius qui, en sa qualité d'Épicurien, le considère comme le but suprême de la vie. Balbus ne fait que suivre Cléanthe : le plaisir, disait-il (*Sex. Emp.*, XI, 73) n'est ni estimable ni naturel.

1. Ne voyons-nous pas, dit Cotta, que l'intelligence, la foi, l'espérance, la vertu, l'honneur, la victoire, le salut, la concorde, toutes les choses du même genre sont purement naturelles et n'ont rien de divin. Ou elles sont intérieures, et nous les possédons en nous-mêmes, comme l'intelligence, la foi, l'espérance, la vertu, la concorde; ou elles sont extérieures, et nous devons les souhaiter comme l'honneur, le salut, la victoire. Je sais à la vérité qu'elles nous sont avantageuses; je sais même qu'on leur a consacré des statues, mais pour ce qui est de leur divinité, je commencerai à la croire quand vous me l'aurez prouvée. Je dis surtout cela de la fortune, dont le nom seul suppose l'idée de témérité et d'inconstance, défauts indignes certainement d'un être divin (III, 61).

2. Les hommes divinisés à cause de services rendus à leurs semblables forment la 7ᵉ classe du *Pseudo-Plutarque*. Cette opinion défendue d'abord par Evhémère fut introduite à Rome par Ennius.

« Vous me feriez plaisir, dit Cotta, de m'apprendre comment de simples hommes sont parvenus à devenir des dieux ou pourquoi la chose ne se produit plus aujourd'hui. Je ne conçois pas, selon ce qui se pratique aujourd'hui, par quel moyen Hercule, *brûlé avec des torches*

tollerent. Hinc Hercules[1], hinc Castor et Pollux[2], hinc Æsculapius[3], hinc Liber[4] etiam; hunc dico Liberum Semele natum, non cum, quem nostri majores augusto sancteque cum Cerere et Libera consecraverunt : quod quale sit, ex mysteriis[5] intelligi potest. Sed quod ex nobis natos liberos appellamus, idcirco Cerere nati nominati sunt Liber et Libera : quod in Libera servant, in Libero non item[6]. Hinc etiam Romulus, quem quidem eumdem esse Quirinum putant : quorum quum remanerent animi atque æternitate fruerentur, dii rite sunt habiti; quum et optimi essent et æterni[7].

ardentes sur le mont Œta, comme dit Attius, monta du milieu des flammes à la *maison de son père.* »

Cicéron désirait cependant lui-même élever un temple à sa fille Tullia (*Att.*, X, II, 36). Voy. *Introduction*, La Vie de Cicéron.

1. *Hercules*, *N. D.*, III, c. XVI. « Les personnes, dit Cotta, qui ont approfondi ces histoires, nous ont appris qu'il y a eu plus d'un Hercule; le plus ancien, celui qui se battit contre Apollon pour le trépied de Delphes, est fils de Jupiter et de Lysithæ, mais du Jupiter le plus ancien, car nous trouvons aussi plusieurs Jupiter dans les chroniques des Grecs. Le second est l'Égyptien, que l'on croit fils du Nil, et qui passe pour l'auteur des lettres phrygiennes. Le troisième, à qui les habitants de Cos font des offrandes funèbres, est un des Dactyles de l'Ida. Le quatrième, fils de Jupiter et d'Astérie, sœur de Latone, est honoré particulièrement par les Tyriens qui soutiennent que Carthage est sa fille. Le cinquième nommé Bel est adoré dans les Indes; le sixième est fils du troisième Jupiter et d'Alcmène. »

Il est déjà question d'Hercule, de Bacchus, etc., dans le *De Legibus*, II, 19.

2. Voy. III, 53 et p. 90 note 1.
3. Sur Esculape, voy. la thèse de M. Paul Girard.
4. Cotta (III, 57) nomme cinq Bacchus (*Dionysos*). Liber et Libera étaient les divinités mâle et femelle qui présidaient à la moisson et à la vendange; honorés avec Cérès, la déesse qui présidait à la croissance et à la production, ils furent identifiés avec Dionysus et Perséphone, tandis que Cérès l'était avec Déméter (*Preller*, p. 132, 440).
5. Voy. sur les mystères Lobeck, *Aglaophamus*.
6. On peut comprendre ainsi ce passage : le nom de *Libera* est demeuré pour indiquer la fille (*libera*) de Cérès; le nom de *Bacchus* n'indique plus son fils (*liber*).
7. *Æterni.* L'opinion des stoïciens sur ce sujet est loin d'avoir été unanime. Zénon admettait pour l'âme une survivance, dont la durée

63. Alia quoque ex ratione et quidem physica magna fluxit multitudo deorum, qui induti specie humana fabulas poetis suppeditaverunt, hominum autem vitam superstitione [1] omni referserunt. Atque hic locus a Zenone tractatus, post a Cleanthe et Chrysippo pluribus verbis explicatus est [2]. Nam vetus hæc opinio Græciam opplevit [3], exsectum Cœlum [4] a filio Saturno, vinctum autem Saturnum ipsum a filio Jove.

64. Physica ratio non inelegans inclusa est in impias fabulas [5]; cælestem enim, altissimam æthereamque naturam, id est igneam, quæ per sese omnia gigneret, vacare voluerunt ea parte corporis, quæ conjunctione alterius egeret ad procreandum.

était peut-être en raison de la force qu'elle avait reçue en naissant, ou acquise pendant la vie. Cléanthe croyait que toutes les âmes survivaient jusqu'à l'embrasement universel. Chrysippe n'accorde qu'à l'âme des sages de survivre jusqu'alors, et selon Arius Didymus (*Eus.*, pr. év., XV, 20, 6) cette doctrine fut adoptée par la plupart de ses successeurs. Panétius toutefois niait que l'âme survécût au corps. Il ne s'agit d'ailleurs pour tous les stoïciens que d'une persistance temporaire, ne pouvant dépasser l'embrasement universel. Cicéron semble préférer sur ce point la doctrine platonicienne selon laquelle l'âme une fois créée ne saurait périr. Voy. *Cicéron philosophe*.

1. Les épicuriens combattaient les fables et s'efforçaient d'en montrer l'absurdité; les stoïciens les interprétaient d'après leur doctrine panthéistique (Voy. le *De Natura Deorum* de Cornutus avec les notes de Villoison, et les *Allégories homériques* d'Héraclitus). Les uns et les autres arrivaient par des voies différentes à libérer les hommes de la crainte des dieux. Voy. notre *Introduction*, La théologie stoïcienne.

2. Voy. *Introduction*, La théologie stoïcienne.

3. Mayor, au lieu de *nam vetus... opplevit*, lit *nam quum vetus... opplevisset*.

4. Voy. Hésiode, *Théogonie*, 159-182.

5. Platon, après Xénophane, avait combattu l'immoralité des fables poétiques (*Rép.*; II, 278; *Leg.*, 636; *Eutyphron*, 6).

CAPUT XXV

On a divinisé certaines parties de la nature (suite).

Saturnum autem cum esse voluerunt, qui cursum et conversionem spatiorum ac temporum contineret, qui deus Græce id ipsum nomen habet; Κρόνος enim dicitur, qui est idem χρόνος [1], id est spatium temporis. Saturnus autem est appellatus, quod saturaretur annis : ex se enim natos comesse fingitur solitus, quia consumit ætas temporum spatia annisque præteritis insaturabiliter expletur : vinctus autem a Jove, ne immoderatos cursus haberet atque ut eum siderum vinculis alligaret. Sed ipse Juppiter, id est *juvans pater* [2], quem conversis casibus appellamus a *juvando* Jovem, a poetis *pater divumque hominumque* [3] dicitur : a majoribus autem nostris *optimus maximus* [4]; et quidem ante *optimus*, id est beneficentissimus, quam *maximus*, quia majus est, certeque gratius, prodesse omnibus, quam opes magnas habere.

1. De ces étymologies, qui sont souvent fort superficielles et dont on peut trouver le germe dans le *Cratyle* de Platon, Cotta dit avec raison (III, c. XXIV) : « En faisant venir Neptune de *nando*, vous trouverez aisément l'origine de tous les noms imaginables, puisqu'il ne vous faut, pour la fonder, que la conformité d'une seule lettre. » Voy. Max Müller, *Lectures on Lang.*, ser. II, lect. 9; Paul Regnaud, l'*Idée du temps* (*Revue philosophique* 1885, mars, p. 285) conclut pour l'identité des deux mots χρόνος et κρόνος.

2. Cette dérivation du mot *Jupiter* était déjà donnée par Ennius (*Epicharmus*, fr. 7) : « Ventus... nubes... imber... frigus... denuo ventus... aer... *Jupiter* sunt... quoniam mortales atque urbes belluasque omnes *juvat.* » Varron (*L. L.*, V, 66) dit : « Jupiter, olim Diovis et Diespiter dictus, id est dies pater. »

3. Voy. § 4, c. II, n. 4 et 7.

4. Voy. les mêmes idées *Rep.*, III, 23; *Pro Domo*, 141. Cf. *Introduction*. Il est assez curieux de voir Rousseau, l'homme du sentiment, critiquer cette formule : « Quand les anciens, dit-il, appelaient *Optimus*

65. Hunc igitur Ennius, ut supra dixi [1], nuncupat ita dicens,

Aspice hoc sublime candens, quem invocant omnes Jovem :

planius, quam alio loco idem,

cui [2], *quod in me est, exsecrabor hoc, quod lucet, quidquid est;*

hunc etiam augures nostri, quum dicunt, *Jove fulgente, tonante* (dicunt enim, *cælo fulgente, tonante*). Euripides autem, ut multa præclare, sic hoc breviter [3] :

Vides sublime fusum, immoderatum æthera,
qui tenero terram circumjectu amplectitur:
Hunc summum habeto divum : hunc perhibeto Jovem.

CAPUT XXVI

On a divinisé certaines forces de la nature (suite).

66. Aer [4] autem, ut Stoici disputant, interjectus inter mare

maximus le Dieu suprême, ils disaient très vrai; mais en disant *Maximus optimus*, ils auraient parlé plus exactement, puisque sa bonté vient de sa puissance ; il est bon parce qu'il est grand (*Emile,* IV).

1. Voy. c. II, n. 4 et 7.
2. *Cui.* Mayor lit *qui* et traduit : « C'est pourquoi je maudirai, autant qu'il est en moi, ce ciel éclatant » (*Wherefore with all my might I will curse this shining heaven*).
3. *Breviter.* Le mot semble tout à fait déplacé. Les uns le suppriment, d'autres proposent de lire *graviter.*
4. Platon considère Ἥρα comme une autre forme de *aer* (*Cratyle,* 404). Les stoïciens, considérant l'éther ou le feu divin comme la force qui meut et gouverne toute matière, devaient retrouver la divinité partout. Voy. *Introduction,* La théologie stoïcienne.

et cœlum[1], Junonis nomine consecratur; quæ est soror et conjux Jovis, quod et similitudo est[2] ætheris et cum eo summa conjunctio. Effeminarunt autem eum Junonique tribuerunt, quod nihil est eo mollius. Sed Junonem a *juvando* credo nominatam[3]. Aqua restabat et terra, ut essent ex fabulis tria regna divisa. Datum est igitur Neptuno, alteri Jovis, ut volunt, fratri, maritimum omne regnum, nomenque productum, ut Portunus a *portu*, sic Neptunus[4] a *nando*, paulum primis litteris immutatis. Terrena autem vis omnis atque natura Diti patri dedicata est, qui *dives*, ut apud Græcos Πλούτων[5], quia et recidant omnia in terras et oriantur e terris. Cui Proserpinam[6] nuptam, quod Græcorum nomen est; ea enim est, quæ Περσεφόνη Græce nominatur; quam frugum semen esse volunt absconditamque quæri a matre fingunt[7].

67. Mater autem est a *gerendis* frugibus Ceres[8] tanquam

---

1. Cf. § 26, 42, 101, 117.
2. Mayor ajoute *aëri* avant *ætheris* et conserve (avant *similitudo*) *et*, que donnent les manuscrits et que bon nombre d'éditeurs remplacent par *ei*; le sens n'est pas douteux : *Parce que l'air est semblable à l'éther et est intimement uni avec lui.*
3. *Sed... nominatam.* Un certain nombre d'éditeurs croient que ce passage est interpolé. Allen ajoute *item* après *Junonem*. Mayor incline à conserver le passage et à accepter l'addition d'Allen. Cicéron, en ce cas, donnerait, après l'étymologie grecque de Ἥρα, l'étymologie latine de *Juno*.
4. P. 149, n. 1, *Preller* (502) compare le mot étrusque « *Nethuns* » avec νάω, νέω, νεύσομαι, ναός et conclut à la possibilité d'un dérivé comme *Nept* = *Nereus*. *Curtius* et *Vanicek* sont d'accord avec Varron pour rapprocher le mot de *nubes* : « Quod *mare* terras obnubit, ut nubes cœlum » (*L. L.*, V, 72). Sur *Portunus*, voy. *Énéide*, V, 241.
5. L'étymologie de Πλούτων est empruntée à Platon (*Cratyle*, 403).
6. *Cui Proserpinam nuptam.* Nous acceptons la leçon de Mayor. Ces mots dépendent de *fingunt*: il est inutile d'ajouter *dicunt* que ne donnent pas les manuscrits.
7. *Arnobe*, III, 33. Quod sata in lucem *proserpant* cognominatam esse *Proserpinam*..
8. *Servius* (*Géorg.*, 17) donne une meilleure étymologie : « Alma Ceres a *creando* dicta. »

Geres : casuque prima littera itidem immutata¹, ut a Græcis : nam ab illis quoque Δημήτηρ quasi Γημήτηρ nominata est. Jam qui *magna verteret*, Mavors², Minerva autem, quæ vel *minueret* vel *minaretur*³.

CAPUT XXVII

On a divinisé certaines forces de la nature (suite).

Quumque in omnibus rebus vim haberent maximam prima et extrema, principem in sacrificando Janum esse voluerunt : quod ab *eundo* nomen⁴ est ductum : ex quo transitiones perviæ *Jani*, foresque in liminibus profanarum ædium *januæ* nominantur. Jam⁵ Vestæ nomen a Græcis : ea est enim, quæ ab illis Ἑστία dicitur. Vis autem ejus ad aras et focos pertinet. Itaque in ea dea, quod est rerum custos intimarum, omnis et precatio et sacrificatio extrema est.

68. Nec longe absunt ab hac vi dii Penates, sive a *penu* ducto nomine (est enim omne, quo vescuntur homines, penus) : sive ab eo, quod *penitus* insident : ex quo etiam

---

1. Cette étymologie du mot *Demeter* donnée par Sextus Empiricus (IX, 189) est acceptée par Preller, rejetée par Curtius (M).
2. *Mavors.* Varron (*L. L.*, V, 73) rapproche *Mars* de *mas* : « Quod maribus in bello præest. » Preller est d'accord avec lui et cite les formes *Maurs*, *Mamers*, *Marmar*. Max Müller le dérive de la racine *Mar*, broyer, d'où *mors*. Mars serait le dieu qui tue ; Mommsen est de l'avis de M. Müller (M).
3. Cicéron s'écarte du stoïcisme orthodoxe d'après lequel Athéné est la plus haute manifestation de Zeus : « Minerva dicta quod bene moneat. »
4. *Ab eundo nomen*, *Ianus* ou *eanus*. Cicero, dit Cornificius, non *Janum* sed *Eanum* nominat ab eundo (Macrobe, *Sat.*, I, 9, 11).
5. Nous lisons avec Baiter *jam* au lieu de *nam* qui impliquerait que ce qui suit est attendu.

penetrales a poëtis vocantur. Jam Apollinis[1] nomen est Græcum, quem Solem[2] esse volunt, Dianam autem et Lunam eamdem esse putant : quum Sol dictus sit, vel quia *solus* ex omnibus sideribus est tantus, vel quia, quum est exortus, obscuratis omnibus *solus* apparet : Luna a *lucendo* nominata sit : eadem est enim Lucina. Itaque, ut apud Græcos Dianam eamque Luciferam[3], sic apud nostros Junonem Lucinam in pariendo invocant : quæ eadem Diana *omnivaga* dicitur, non a *venando*, sed quod in septem numeratur tanquam[4] *vagantibus*.

69. Diana dicta, quia noctu quasi diem efficeret. Adhibetur autem ad partus, quod ii maturescunt aut septem non nunquam aut, ut plerumque, novem lunæ cursibus, qui, quia mensa spatia conficiunt, *menses* nominantur. Concinneque, ut multa, Timæus[5]; qui, quum in historia dixisset, qua nocte natus esset Alexander, eadem Dianæ Ephesiæ templum deflagravisse, adjunxit minime id esse mirandum, quod Diana, quum in partu Olympiadis[6] adesse voluisset, abfuisset domo. Quæ autem dea ad res omnes *veniret*, Venerem nostri nominaverunt, atque ex ea potius venustas, quam Venus ex venustate.

1. *Apollinis*, Cotta (III, c. xxiii) cite quatre Apollon, l'un fils de Vulcain et dieu tutélaire d'Athènes; un autre fils de Corybante, né en Crète: il eut une guerre avec Jupiter pour la possession de cette île; un troisième, fils de Jupiter et de Latone; un quatrième, Arcadien.

2. *Solem*. Platon (*Cratyle*, 405) dérive le nom d'Apollon de ἅμα Πολῶν. Macrobe cite l'opinion des principaux stoïciens et montre qu'Apollon était à l'origine identique avec le soleil (*Sat.*, I, 17). Voy. Zeller, III, 1, 317 sqq.

3. *Luciferam*, Φωσφόρος, un des noms d'Artémis (Aristoph., *Lysist.*, 443).

4. *Tanquam*, parce qu'elles sont nommées, à *tort*, errantes (§ 51).

5. *Timæus*, banni de Tauroménium en Sicile par Agathoclès, vers 310, se retira à Athènes, y passa cinquante ans et écrivit une histoire de la Sicile que Polybe jugeait fort sévèrement. *Concinne* ne doit pas être pris à la lettre (*Brutus*, 325).

6. *Olympiadis*, la mère d'Alexandre.

CAPUT XXVIII

Toutes les divinités ainsi imaginées font reconnaître l'existence d'un Dieu répandu dans toutes les parties de la nature.

70. Videtisne igitur, ut a physicis rebus bene atque utiliter inventis tracta ratio sit ad commentitios et fictos deos? quæ res genuit falsas opiniones erroresque turbulentos et superstitiones pæne aniles : et formæ enim nobis deorum et ætates et vestitus ornatusque noti sunt, genera præterea, conjugia, cognationes omniaque traducta ad similitudinem imbecillitatis humanæ : nam et perturbatis animis[1] inducuntur : accepimus enim deorum cupiditates, ægritudines, iracundias : nec vero, ut fabulæ ferunt, bellis præliisque caruerunt; nec solum, ut apud Homerum, quum duo exercitus contrarios alii dii ex alia parte defenderent, sed etiam, ut[2] cum Titanis, ut cum Gigantibus, sua propria bella gesserunt. Hæc et dicuntur et creduntur stultissime, et plena sunt futilitatis summæque levitatis.

71. Sed tamen, his fabulis spretis ac repudiatis, deus pertinens per naturam cujusque rei[3], per terras Ceres, per maria Neptunus, alii per alia poterunt intelligi, qui qualesque sint, quoque eos nomine consuetudo nuncupaverit, quos[4] deos et venerari et colere debemus. Cultus autem deorum est

---

1. *Animis*, abl. de qualité : on les dépeint comme ayant des esprits troublés. On sait que l'*ataraxie*, l'absence de trouble, constitue le souverain bien pour Pyrrhon, Zénon et Épicure.
2. *Ut... bella gesserunt.* Abréviation pour : *Ut inducuntur cum Titanis bella gerentes* (M).
3. *Deus pertinens per naturam cujusque rei.* Voy. Introduction, La théologie stoïcienne.
4. *Quos deos.* Certains manuscrits portent « hos deos ». « Il a été montré quelle est la nature de ces divinités subordonnées et partielles; ce ne sont pas des personnalités distinctes et opposées, mais des formes

optimus idemque castissimus atque sanctissimus plenissimusque pietatis, ut eos semper pura, integra, incorrupta et mente et voce veneremur[1]. Non enim philosophi solum, verum etiam majores nostri superstitionem[2] a religione separaverunt.

72. Nam qui totos dies precabantur et immolabant, ut sui sibi liberi superstites essent, superstitiosi[3] sunt appellati : quod nomen patuit postea latius. Qui autem omnia, quæ ad cultum deorum pertinerent, diligenter retractarent et tanquam relegerent, sunt dicti religiosi ex *relegendo*[4], ut ele-

---

diverses de l'activité d'un seul Dieu caché sous des noms différents; on a montré comment ils sont arrivés à être nommés comme ils le sont, et ce sont ces *dieux*, c'est-à-dire ces dieux ainsi compris (*thus understood*), que nous devons honorer » (Mayor).

1. On ne peut qu'approuver cette partie de la théologie stoïcienne; la meilleure manière d'honorer les dieux, c'est d'avoir une conduite et des pensées constamment pures et vertueuses. Cette doctrine revient sans cesse chez les écrivains de la secte (*Off.*, II, 11; Sénèque, *Ep.*, 95, § 47).

2. De même au XVIII° siècle Condillac combat la *superstition*, et une piété non éclairée; mais il admire la *religion*, il s'efforce de la faire aimer et de la faire pratiquer (*Histoire ancienne*, passim. Voy. notre *Introduction au Traité des sensations*, Delagrave, p. CXXX).
Comme le remarque Mayor, il n'y a pas de mot plus vague que celui de *superstition*, soit chez les Grecs, soit chez les Romains, soit, ajouterons-nous, chez les modernes. Voy. dans les *Origines de la civilisation*, de sir John Lubbock, le chapitre consacré à la religion.

3. *Superstitiosi*, Servius donne deux explications. « Aut ab aniculis dicta superstitio quia multæ *superstites* propter ætatem delirant, aut secundum Lucretium superstitio est *superstantium* rerum, id est cœlestium et divinarum quæ *super nos stant* timor. » Lactance déclare *inepte* l'étymologie de Balbus : « Superstitiosi autem vocantur non qui filios suos superstites optant (*omnes enim optamus*), sed aut ii qui *superstitem* memoriam defunctorum colunt, aut qui parentibus suis *superstites* colebant imagines eorum domi tanquam deos Penates. » Mayor se rattache à cette explication et trouve que la doctrine de l'*animisme*, comme l'appellent Tylor et Spencer, est applicable aux anciens Romains.

4. *Religiosi*. Curtius n'est pas éloigné d'accepter cette étymologie; Mayor préfère celle de Lactance : « Nomen religionis a vinculo pietatis esse deductum, quod hominem sibi Deus *religaverit* et pietate

gantes ex *eligendo*, ex *diligendo* diligentes, ex *intelligendo* intelligentes. His enim in verbis omnibus inest vis legendi eadem, quæ in religioso. Ita factum est in superstitioso et religioso alterum vitii nomen, alterum laudis. Ac mihi videor satis, et esse deos et quales essent, ostendisse.

TROISIÈME PARTIE

CAPUT XXIX

La Providence gouverne l'univers.

73. Proximum est, ut doceam deorum providentia[1] mundum administrari. Magnus sane locus et a vestris[2], Cotta, vexatus; ac nimirum vobiscum omne certamen est. Nam vobis[3], Vellei, minus notum est, quemadmodum quidque dicatur. Vestra enim solum legitis[4], vestra amatis, ceteros

---

constrinxerit... melius ergo (quam Cicero) id nomen Lucretius interpretatus est, quia ait religionum se nodos exsolvere. »

1. *Providentia*. Favorinus dit, chez Diogène Laërce, que Platon a employé le premier les mots de θεοῦ πρόνοια (*Tim.*, 30, 44); l'expression se trouve chez Euripide (*Or.*, II, 69; *Phœnis.*, 610) et Xénophon (I, *Mém.*, I, 4, 6). Chrysippe et Panétius avaient écrit sur ce sujet des traités spéciaux.

2. *A vestris*, les partisans de la nouvelle Académie représentée surtout par Arcésilas et Carnéade. Voy. *Introduction*, La vie de Cicéron.

3. *Vobis*, les épicuriens.

4. *Legitis*. Épicure recommandait à ses disciples d'apprendre par cœur les lettres et les sentences dans lesquelles il avait résumé sa doctrine. Au temps de Cicéron, ils étaient encore fidèles à la recommandation du maître. « Qui de vous, dit-il (*Fin.*, II, 20) n'a pas appris les κυρίας δόξας d'Épicure? » On accusait Épicure d'ignorance, on lui reprochait même, à lui dont le père était maître d'école, à lui qui le fut lui-même (*D. L.*, X), de n'avoir pas fait d'études élémentaires. Ces accusations ont probablement eu pour cause le mépris qu'Épicure et les

causa incognita condemnatis. Velut a te ipso hesterno die dictum est anum fatidicam πρόνοιαν [1] a Stoicis induci, id est providentiam. Quod eo errore dixisti, quia existimas ab his providentiam fingi quasi quamdam deam singularem, quæ mundum omnem gubernet et regat : sed id præcise [2] dicitur.

74. Ut, si quis dicat, Atheniensium rempublicam consilio regi, desit illud *Areopagi* [3] *:* sic, quum dicimus providentia mundum administrari, deesse arbitrato [4] *deorum*. Plene autem et perfecte sic dici existimato, providentia deorum mundum administrari. Ita salem istum, quo caret vestra natio [5], in irridendis nobis nolitote consumere, et mehercle, si me audiatis, ne experiamini quidem. Non decet, non datum est, non potestis. Nec vero hoc in te unum convenit [6], moribus domesticis ac nostrorum hominum urbanitate limatum : sed quum in reliquos vestros, tum in eum maxime,

épicuriens affectaient pour tout ce qui n'est pas la morale. Mais le grand nombre de traités de rhétorique, de musique, de poésie et de dialectique trouvés à Herculanum montre suffisamment qu'elles étaient peu fondées. Cf. c. XVIII, n. 1, 10, 11.

1. *Hesterno die*. Cicéron suppose que le sujet exposé dans le *De Natura Deorum* a été traité en trois entretiens qui auraient pris chacun une journée : Velléius et Cotta parlant le premier jour, Balbus le second, Cotta le troisième. *Anum fatidicam*, Plutarque emploie en parlant de la providence stoïcienne des expressions à peu près analogues : χρησμολόγος γραῦς (*De Nob.*, c. XIII), ἔμπουσα ἢ ποινὴ ἀλιτηριώδης καὶ τραγική (*Mor.*, 1101, D).

2. *Præcise*. C'est une expression elliptique (M).

3. *Areopagi*. Il semble que, au temps de Cicéron, l'aréopage avait plus d'autorité qu'au temps de Périclès (Ahrens, *De Athen. Statu*; Philippi, *Der Areopag. und d. Epheten*, cités par Schœmann et Mayor). Dolabella, étant proconsul d'Asie, renvoya un cas difficile à l'aréopage, ut *ad judices graviores exercitatioresque* (*Aul. Gel.*, VII, 7).

4. *Arbitrato*. Mayor conserve ce mot que donnent un certain nombre de manuscrits et remarque que c'est le seul exemple de la forme active après le temps de Plaute. Heindorf et Baiter lisent *arbitrator* que donne l'édition romaine de 1471.

5. *Salem*. Voy. § 46. — *Natio*, secte.

6. *Convenit*. Nous donnons le texte adopté par Lambin, Baiter et Mayor.

qui ista peperit, hominem sine arte, sine litteris[1], insultantem in omnes[2], sine acumine ullo, sine auctoritate, sine lepore.

CAPUT XXX

La Providence gouverne l'univers (suite).

75. Dico igitur providentia deorum mundum et omnes mundi partes et initio constitutas[3] esse et omni tempore administrari; eamque disputationem tres in partes nostri fere dividunt : quarum pars prima est, quæ ducitur ab ea ratione, quæ docet esse deos; quo concesso, confitendum est eorum consilio mundum administrari. Secunda est autem, quæ docet, omnes res subjectas esse naturæ sentienti, ab eaque omnia pulcherrime geri. Quo constituto, sequitur, ab animantibus principiis esse eam generatam[4]. Tertius est locus, qui dicitur ex admiratione rerum cœlestium atque terrestrium.

76. Primum igitur aut negandum est esse deos, quod et

---

1. *Sine litteris.* Voy. note 4, p. 156.
2. *Insultantem.* Velléius critique avec une grande sévérité les opinions de tous les philosophes, dont il n'expose pas toujours fidèlement les doctrines. Si l'on en croit Diogène Laërce et Cicéron lui-même, Épicure aurait donné l'exemple à ses disciples en critiquant avec passion et même en injuriant ses adversaires. Il est vrai que ceux-ci, comme on peut le voir par le discours de Balbus, le lui rendaient bien.
3. *Constitutas.* Il s'agit de la mise en ordre, non de la *création*. Voy. c. XXII, n. 0, et *Introduction.*
4. *Eam esse generatam.* Nous avons conservé avec Mayor la leçon donnée par la plupart des manuscrits; certains éditeurs lisent *ea esse generata*, que donne un seul manuscrit; d'autres, *omnia esse generata*. La nature douée de sentiment (*natura sentiens*) est la même chose, disent ceux qui ont changé le texte, que le principe.

Democritus simulacra¹ et Epicurus imagines inducens quodam pacto negat²; aut, qui deos esse concedant, iis fatendum est eos aliquid agere³, idque præclarum. Nihil est autem præclarius mundi administratione : deorum igitur consilio administratur. Quod si aliter est, aliquid profecto sit necesse est esse melius et majore vi præditum, quam deos, quale id cumque est, sive inanima natura⁴, sive necessitas⁵

1. *Simulacra.* Cicéron semble ici distinguer les simulacres et les images. Dans le livre I (29, 73) il parle des *imagines* de Démocrite. Lucrèce se sert indifféremment des mots *simulacra* et *imagines.* On pourrait cependant établir une certaine distinction entre l'un et l'autre ou plutôt entre la théorie de Démocrite et celle d'Épicure, si l'on s'en rapportait à Sextus Empiricus. « Il y a, dit-il, dans l'air qui nous entoure, des simulacres de grandes dimensions et à forme humaine, que les hommes, selon Démocrite, ont pris pour des dieux. Épicure, ajoute-t-il, a cru que, d'après certaines représentations nocturnes de simulacres à forme humaine, les hommes ont imaginé les dieux » (IX, 42, 63). Selon Démocrite les dieux seraient donc des esprits ou plutôt des corps subtilisés existant dans l'air; pour Épicure ces simulacres ne seraient que des émanations partant des dieux, et les dieux eux-mêmes habiteraient dans les intermondes. Quant à la théorie de la perception qui est impliquée dans cette question, on peut consulter Zeller, I, 818 ; III, 1, 421 ; Liard, *De Democrito philosopho;* Lange, *Geschichte des Materialismus;* Woltjer, *Lucretii philosophia* (Groningæ, 1877). Diogène définit les simulacres des formes semblables aux corps solides et surpassant de beaucoup en ténuité celles que nous apercevons : elles découlent sans cesse de la surface des corps ou se forment spontanément dans l'air. On peut se les représenter en les comparant à la peau infiniment amincie que perdent les serpents.

2. *Negat.* C'est une question non encore résolue, dit M. Martha, dans le *Poëme de Lucrèce,* de savoir si Épicure doit être considéré comme un athée. Nous avons essayé de résoudre ailleurs cette question.

3. Les épicuriens affirmaient l'existence des dieux, mais niaient qu'ils intervinssent dans la formation et le gouvernement de l'univers, qu'ils s'occupassent de l'homme. Voy. c. XXIII, note 2. C'est ce qui les a fait accuser d'athéisme. Voy. l'abbé d'Olivet, *Théologie des anciens philosophes grecs;* Condillac, *Traité des animaux,* et notre *Introduction* à la première partie du *Traité des sensations* (CXXIX).

4. *Inanima natura.* C'est, semble-t-il, la théorie d'Épicure et de Straton. Cf. c. XVI, p. 120, n. 1.

5. *Necessitas.* On peut conjecturer qu'il s'agit de la théorie de Démocrite. Voy. Aristote, *Phys.,* II, 4, VIII, 1 ; *De Gen. Anim.,* II, 6;

vi magna incitata, hæc pulcherrima opera efficiens; quæ videmus.

77. Non est igitur natura deorum præpotens neque excellens, siquidem ea subjecta est ei vel necessitati vel naturæ, qua cælum, terræ, maria regantur. Nihil est autem præstantius deo. Ab eo igitur necesse est mundum regi. Nulli est igitur naturæ obediens aut subjectus deus. Omnem ergo regit ipse naturam. Etenim si concedimus intelligentes esse deos, concedimus etiam providentes[1], et rerum quidem maximarum. Ergo utrum ignorant, quæ res maximæ sint, quoque eo modo tractandæ et tuendæ, an vim non habent, qua tantas res sustineant et gerant? At et ignoratio rerum aliena naturæ deorum est, et sustinendi muneris propter imbecillitatem difficultas minime cadit in majestatem deorum. Ex quo efficitur id, quod volumus, deorum providentia mundum administrari.

CAPUT XXXI

La Providence gouverne l'univers (suite).

78. Atqui necesse est, quum sint dii, si modo sunt, ut profecto sunt, animantes esse, nec solum animantes, sed etiam rationis compotes, inter seque quasi civili concilia-

---

Stobée, *Eclog. Phys.*, p. 160; Sextus Empiricus, *Adv. Math.*, IX, 113; Diog., *Laert.*, IX, 45; Simplicius, *Phys.*, fol. 736. Il faut se garder de confondre la nécessité de Démocrite qui résulte de l'enchaînement des causes efficientes avec le destin stoïcien qui les enchaîne en vue d'une fin; d'un côté règne le mécanisme aveugle, de l'autre un dynamisme auquel préside une raison souveraine. Voy. *Introduction*, La théologie stoïcienne.

1. On peut admettre que Dieu est *intelligent*, sans admettre la Providence; c'est ce que faisaient Aristote et les épicuriens.

tione et societate conjunctos¹, unum² mundum, ut communem rempublicam atque urbem aliquam, regentes.

79. Sequitur, ut eadem sit in iis, quæ humano in genere, ratio, eadem veritas utrobique sit eademque lex : quæ est recti præceptio pravique depulsio³. Ex quo intelligitur, prudentiam quoque et mentem a diis ad homines pervenisse⁴; ob eamque causam majorum institutis mens, fides, virtus, concordia consecratæ et publice dedicatæ sunt. Quæ qui convenit penes deos esse negare, quum eorum augusta et sancta simulacra veneremur? Quod si inest in hominum genere mens, fides, virtus, concordia; unde hæc in terras, nisi a superis, defluere potuerunt? Quumque sint in nobis consilium, ratio, prudentia; necesse est, deos hæc ipsa habere majora⁵, nec habere solum, sed etiam his uti in maximis et optimis rebus.

80. Nihil est autem nec majus nec melius mundo : necesse est ergo deorum consilio et providentia eum administrari. Postremo quum satis docuerimus hos esse deos, quorum insignem vim et illustrem faciem videremus, solem dico et lunam et vagas stellas et inerrantes et cælum⁶ et mundum ipsum et earum rerum vim, quæ inessent in omni mundo,

---

1. *Societate conjunctos.* Les sages, dit Platon dans le *Gorgias* (508), affirment que le ciel et la terre, les dieux et les hommes forment une communauté où règnent l'amitié, l'ordre, la sagesse, la justice et qu'on appelle pour toutes ces raisons le *Cosmos.* Cicéron exprime les mêmes idées dans le *De Finibus*, III, 64, le *De Officiis*, I, 149 et déjà dans les *Lois (Introduction).*

2. *Unum.* Platon admet aussi l'unité du monde, semblable par son unité même à l'exemplaire éternel et parfait d'après lequel le Démiurge l'a formé (*Timée*, 31). Les Epicuriens admettaient au contraire un nombre infini de *mondes* (D. L., X, 89).

3. Cf. *De Legibus*, I, 18 et c. vIII, n. 1.

4. Il s'agit des germes (*semina*) non des choses elles-mêmes. Voy. c. xIII, p. 122, n. 2.

5. *Deos habere majora.* C'est l'argument *per viam eminentiæ.* Voy. Janet, *Traité élémentaire.* L'argument est exposé par Sextus (IX, 23).

6. *Cœlum* = æther. Le ciel, dit Diogène Laërce (VII, 138), est la dernière sphère dans laquelle séjourne le divin. Voy. *Introduction.*

cum magno usu et commoditate generis humani : efficitur omnia regi divina mente atque prudentia. Ac de prima quidem parte satis dictum est.

CAPUT XXXII

La Providence gouverne l'univers (suite).

81. Sequitur, ut doceam omnia subjecta esse naturæ, eaque ab ea pulcherrime regi. Sed quid sit ipsa natura, explicandum est ante breviter, quo facilius id, quod docere volumus, intelligi possit. Namque alii naturam esse censent vim quamdam sine ratione, cientem motus in corporibus necessarios[1], alii autem vim participem rationis[2] atque ordinis, tanquam via progredientem declarantemque, quid cujusque rei causa efficiat, quid sequatur, cujus sollertiam[3] nulla ars, nulla manus, nemo opifex consequi possit imitando : seminis[4] enim vim esse tantam, ut id, quanquam sit perexiguum, tamen, si inciderit in concipientem comprehendentemque naturam nactumque sit materiam, qua ali augerique possit, ita fingat et efficiat in suo quidque genere, partim ut tantummodo per stirpes alantur suas, partim ut moveri etiam et sentire et appetere possint et ex sese sui similia gignere[5].

1. Sur cette définition de la nature, voy. p. 120 n. 1 et p. 159 n. 4.
« Je prétends, dit Cotta (III, 27), que tout subsiste indépendamment des dieux, par les forces de la nature qui, en se mouvant et se modifiant elle-même, modifie toutes choses. »
2. Voy. § 57, n. 3.
3. *Sollertiam.* Sur les rapports de la nature et de l'art, on peut lire un chapitre intéressant des *Causes finales* de M. Janet (L'industrie de l'homme et l'industrie de la nature).
4. *Seminis.* Voy. p. 122 n. 2 et *Introduction.*
5. Sur les degrés de l'existence. Voy. p. 120 n. 2.

82. Sunt autem, qui omnia naturæ nomine appellent, ut Epicurus, qui ita dividit, omnium, quæ sint, naturam esse corpora et inane[1], quæque his accidant[2]. Sed nos quum dicimus, natura constare administrarique mundum, non ita dicimus, ut glebam aut fragmentum lapidis aut aliquid ejusmodi, nulla cohærendi natura[3]; sed ut arborem, ut animal, in quibus nulla temeritas, sed ordo apparet et artis quædam similitudo.

CAPUT XXXIII

La Providence gouverne l'univers (suite).

83. Quod si ea, quæ a terra[4] stirpibus continentur, arte naturæ vivunt et vigent, profecto ipsa terra eadem vi continetur [arte naturæ], quippe quæ gravidata seminibus omnia pariat et fundat ex sese, stirpes amplexa alat et augeat ipsaque alatur vicissim a superis externisque naturis[5]. Ejus-

---

1. Epicure n'admet que les atomes et le vide : « Ergo præter inane et corpora, tertia per se nulla potest rerum in numero natura relinqui, nam quæcumque cluent aut his conjuncta duabus rebus ea invenies aut horum eventa videbis. » (*Lucr.*, I, 415.)
2. *Accidunt.* Voy. la note précédente. — Lucrèce, dit Munro, paraît avoir employé les deux mots *conjuncta* et *eventa* pour distinguer les deux espèces d'accidents (συμβεβηκότα), *inséparables* comme la solidité, ou *séparables* comme le mouvement (*Sextus Emp.*, X, 221).
3. Il semble que Balbus exclue ici des êtres inorganiques le principe d'unification, l'*habitude*, la *qualité* spéciale qui en fait la continuité. Mais nous ne croyons pas qu'on doive prendre en ce sens ce passage de Cicéron. Il parle de l'unité organique du monde : les différentes parties qui le constituent ne doivent pas être comparées aux fragments d'une pierre dont l'unité a été détruite. Il ne veut pas dire que, dans la pierre intacte ou dans les fragments eux-mêmes, il n'y ait pas un principe d'unification. — Cf. § 83.
4. Cf. p. 120 n. 2.
5. *Superis naturis*, l'eau, l'air, l'éther.

demque exspirationibus et aër alitur et æther et omnia supera. Ita, si terra natura tenetur et viget, eadem ratio in reliquo mundo est : stirpes enim terræ inhærent; animantes autem aspiratione aëris sustinentur, ipseque aer nobiscum videt[1], nobiscum audit, nobiscum sonat[2]; nihil enim eorum sine eo fieri potest. Quin etiam movetur nobiscum[3] : quacumque enim imus, quacumque movemur, videtur quasi locum dare et cedere.

84. Quæque in medium locum mundi, qui est infimus[4], et quæ a medio in superum[5], quæque conversione rotunda circum medium feruntur[6], ea continentem mundi efficiunt unamque naturam[7]. Et quum quatuor sint genera corporum, vicissitudine[8] eorum mundi continuata natura est. Nam ex terra aqua, ex aqua oritur aer, ex aere æther; deinde retrorsum vicissim ex æthere aer, ex aere aqua, ex aqua terra infima. Sic naturis his, ex quibus omnia constant, sursus deor-

---

1. *Videt.* Le toucher, le goût et l'odorat entrent directement en communication avec les objets sensibles; il n'en est pas de même de la vue et de l'ouïe qui ont besoin d'un milieu, d'un intermédiaire. (*Pseudo-Plutarque*, Plac. ph. IV, 3; *Diogène L.*, VII, 137, 138). Voy. Ogereau, *Essai sur le système philosophique des stoïciens*, p. 91. sqq.

2. Cf. Sénèque. *N. Q.*, II, 6 : « Quid est vox nisi intentio aeris... linguæ formata percussu? » *Diog. Laert.*, VII, 55.

3. *Movetur nobiscum.* L'air a un rôle fort important dans le mouvement : « Quid cursus et motus omnis nonne intenti spiritus opera sunt? hic facit vim nervis et velocitatem currentibus? » (*N. Q.*, II, 6.) — On comprend sans peine cette théorie stoïcienne si l'on se rappelle qu'ils identifient l'âme, principe d'unification dans les animaux, avec un fluide aériforme ou igné. Dès lors la sensibilité et le mouvement qui distinguent l'animal du végétal ne sauraient être produits que par ce fluide. Balbus se place ici à un point de vue moins métaphysique.

4. *Infimus*, l'eau et la terre qui se meuvent de bas en haut.

5. *In superum*, l'air et le feu qui se meuvent de haut en bas.

6. *Feruntur*, l'éther qui se meut circulairement.

7. *Continentem... naturam*, la continuité de toutes les parties de l'univers. Voy. *Introduction*, La théologie stoïcienne.

8. *Vicissitudine*, la transformation continuelle et réciproque des éléments les uns dans les autres. — C'est la doctrine d'Héraclite.

sus, ultro citro commeantibus, mundi partium conjunctio[1] continetur.

85. Quæ aut sempiterna sit necesse est, hoc eodem ornatu quem videmus, aut certe perdiuturna[2], permanens ad longinquum et immensum pæne tempus. Quorum utrumvis ut sit, sequitur natura mundum administrari. Quæ enim classium navigatio, aut quæ instructio exercitus[3], aut (rursus ut ea, quæ natura efficit, conferamus) quæ procreatio vitis aut arboris[4], quæ porro animantis figura conformatioque membrorum tantam naturæ sollertiam significat, quantam ipse mundus? Aut nihil igitur est, quod sentiente natura regatur, aut mundum regi confitendum est.

86. Etenim, qui reliquas naturas omnes earumque semina[5] contineat, qui potest ipse non natura administrari? ut, si qui dentes et pubertatem natura dicat exsistere, ipsum autem hominem, cui ea exsistant, non constare natura, non intelligat ea, quæ efferant aliquid ex sese[6], perfectiores habere naturas, quam ea, quæ ex iis efferantur[7].

1. *Conjunctio* forme pléonasme avec *continetur*.
2. *Æterna... perdiuturna*. Les deux doctrines ont été soutenues par l'école stoïcienne. Voy. *Introduction*, la théologie stoïcienne.
3. Si quelqu'un, dit Sextus, voyait du haut de l'Ida l'armée des Grecs s'avancer en ordre dans la campagne, il penserait qu'il doit y avoir un chef qui commande aux soldats de conserver leurs rangs; de même celui qui, ayant l'habitude de la navigation, aperçoit un navire qui toutes voiles dehors, est poussé par un vent favorable, comprend qu'il y a quelqu'un pour le gouverner et le diriger (IX, 26, 27).
4. Cf. Sextus Empiricus, IX, 116 et c. XIII.
5. *Semina*. Cf. p. 122, n. 2. Le monde, dit Zénon, contient les *raisons séminales* des êtres raisonnables, il est donc lui-même raisonnable.
6. *Quæ efferant aliquid ex sese*, les causes.
7. *Quæ ex iis efferantur*, les effets.

CAPUT XXXIV

La Providence gouverne l'univers (suite).

Omnium autem rerum, quæ natura administrantur, seminator et sator et parens, ut ita dicam, atque educator et altor est mundus, omniaque, sicut membra et partes suas, nutricatur et continet. Quod si mundi partes natura administrantur, necesse est mundum ipsum natura administrari[1] : cujus quidem administratio nihil habet in se, quod reprehendi possit : ex iis enim naturis, quæ erant, quod effici optimum potuit[2], effectum est.

87. Doceat ergo aliquis[3] potuisse melius. Sed nemo unquam docebit, et, si quis corrigere aliquid volet, aut deterius faciet, aut id, quod fieri non potuerit, desiderabit. Quod si omnes mundi partes ita constitutæ sunt, ut neque ad usum meliores potuerint esse, neque ad speciem pulchriores :

---

1. Cf. § 83 et 86.
2. *Ex iis... naturis quæ erant.* Les stoïciens sont dualistes comme tous les philosophes grecs. Leur dieu *organise*, il ne *crée* pas le monde. — *Quod effici optimum.* Platon, dans le *Timée*, avait déjà montré que le Démiurge avait fait le monde aussi parfait que possible, étant donnée l'imperfection de la matière. — Chrysippe remarque de même que la nécessité limite l'action de la Providence. — L'ouvrier (*artifex*), dit Sénèque, ne peut changer la matière (*Prov.*, V, 9). Voy. Zeller et notre *Introduction*, La théologie stoïcienne.

« Il demeure toujours vrai qu'il y a une infinité de mondes possibles dont il faut que Dieu ait choisi le meilleur, puisqu'il ne fait rien sans agir suivant la suprême raison. » (Leibnitz, *Théod.*, I, § 8). Voy. le *Théisme* de J. S. Mill et un article de M. Carrau sur le dualisme de Stuart Mill (*Revue philosophique*, 1879, vol. 2).

3. Le roi Alphonse de Castille disait que, si le Créateur l'avait consulté, le monde eût été construit sur un plan plus simple et meilleur. Il est vrai qu'il s'agissait du monde tel que l'imaginait Ptolémée. Voy. la fable de La Fontaine : *Le Gland et la Citrouille.* Butler dit avec raison que nous ne connaissons pas assez le monde pour affirmer qu'il est imparfait. Voy. Janet, *les Causes finales.*

videamus, utrum ea fortuitane sint, an eo statu¹, quo cohærere nullo modo potuerint, nisi sensu² moderante divinaque providentia. Si ergo meliora sunt ea, quæ natura, quam illa, quæ arte perfecta sunt, nec ars efficit quidquam sine ratione : ne natura quidem rationis expers est habenda. Qui igitur convenit, signum aut tabulam pictam³ quum aspexeris, scire adhibitam esse artem, quumque procul cursum navigii videris, non dubitare, quin id ratione atque arte moveatur; aut, quum solarium aut descriptum⁴ aut ex aqua⁵ contemplere, intelligere declarari horas arte, non casu : mundum autem, qui et has ipsas artes⁶ et earum artifices et cuncta complectatur, consilii et rationis esse expertem putare?

88. Quod si in Scythiam aut in Britanniam sphæram aliquis tulerit hanc, quam nuper familiaris noster effecit Posidonius,⁷

1. *Eo statu.* Les mêmes idées sont développées par Cicéron (*Or.*, III, 178).
2. *Sensu* = intelligence. Voy. § 85 natura *sentiens*.
3. Philon, *Prov.*, I, 82 : « Statuam videntes statuarium intelligimus; et imaginem venuste pictam cernentes pictorem ipsum admiramur; atque navem ingeniose fabricatam videntes architectum navis laudibus celebramus... quomodo non magis universorum sapientem providentiam propter constantes mundi partes sapienter ordinatas. »
4. *Solarium descriptum*, un cadran solaire, divisé par des lignes. C'est l'*horologium sciothericum* de Pline; mais il désigne toute espèce d'instruments propres à compter les heures (*horologia*), comme le montre Mayor d'après un texte de Censorinus (c. XXIII). — Vitruve explique la manière dont les lignes du cadran solaire (*descriptiones horologiorum*) peuvent être tracées (IX, 8).
5. *Solarium ex aqua.* C'est la clepsydre.
6. *Artes.* — Ces œuvres d'art (M).
7. *Posidonius.* Sur Posidonius, voy. p. 121 n. 2. *Noster*, c'est Balbus qui parle de Posidonius, un des chefs de sa secte. *Familiaris*, Cicéron semble reprendre la parole et rappeler ses relations avec Posidonius. Voy. *Introduction.*

Sphæram. Cicéron mentionne ailleurs Archimède qui, dit-il, a attaché les mouvements de la lune, du soleil, des cinq planètes, sur une sphère et a fait ainsi ce que le dieu de Platon fait dans le *Timée* pour le monde : une seule révolution gouverne les mouvements les plus différents en lenteur et en rapidité. (*Tusc.*, I, 63).

Le même argument se trouve chez Sextus (IX, 114) où la sphère d'Archimède est citée comme exemple. Lactance combat avec cet

cujus singulæ conversiones idem efficiunt in sole et in luna et in quinque stellis errántibus, quod efficitur in cælo singulis diebus et noctibus : quis in illa barbaria dubitet, quin ea sphæra sit perfecta ratione?

CAPUT XXXV

La Providence gouverne l'univers (suite).

Ili autem dubitant de mundo, ex quo et oriuntur et fiunt omnia, casune ipse sit effectus aut necessitate aliqua[1], an ratione ac mente divina, et Archimedem arbitrantur plus valuisse[2] in imitandis sphæræ conversionibus, quam naturam in efficiendis, præsertim quum multis partibus sint illa perfecta, quam hæc simulata, sollertius.

89. Atqui ille apud Attium[3] pastor, qui navem nunquam ante vidisset, ut procul divinum et novum vehiculum[4] Argonautarum e monte conspexit, primo admirans et perterritus hoc modo loquitur :

— *tanta moles labitur,*
fremebunda ex alto, ingenti sonitu et spiritu :

exemple le panthéisme stoïcien : « La raison qui guide les mouvements des astres, dit-il, est la raison divine, non celle des astres eux-mêmes. »

1. *Casune... aut necessitate aliqua.* Balbus combat la théorie épicurienne (*casu*) et celle de Démocrite (*necessitate*).

2. Les cieux, dit A. Comte, ne révèlent pas la gloire de Dieu, mais celle de Képler, de Newton, de Laplace.

3. *Attium.* Ces vers paraissent empruntés à la *Médée* (M). Sur Attius, voy. G. Boissier, *Le poète Attius.*

4. Ce navire avait été fait par les conseils et avec l'aide de Pallas, qui y avait placé une planche parlante venant du chêne sacré de Dodone et en fit ensuite une constellation (M).

Ce qu'imagine ici Attius s'est produit plus d'une fois parmi les sauvages qui voyaient venir vers leurs rivages un vaisseau européen.

*præ se undas volvit, vortices vi suscitat;
ruit prolapsa; pelagus respergit; reflat.
Ita dum interruptum credas nimbum volvier,
dum quod sublime ventis expulsum rapi
saxum, aut procellis vel globosos turbines
exsistere ictos undis concursantibus :
nisi quas terrestres Pontus strages conciet :
aut forte Triton, fuscina evertens specus,
subter radices penitus undanti in freto
molem ex profundo saxeam ad cœlum eruit?*

Dubitat primo, quæ sit ea natura, quam cernit ignotam : idemque, juvenibus visis, auditoque nautico cantu[1] sic ait[2] :

*incitati et alacres rostris perfremunt
delphini, —*

Item alia multa :

*- - Silvani melo[3]
consimilem ad aures cantum et auditum refert[4].*

90. Ergo ut hic primo aspectu inanimum quiddam sensuque vacuum se putat cernere; post autem signis certioribus, quale sit id, de quo dubitaverat, incipit suspicari : sic philosophi debuerunt, si forte eos primus aspectus mundi

---

1. *Nautico cantu.* Il s'agit du *céleuma*, du chant dont les rameurs s'accompagnaient pour s'exciter au travail. — On peut le comparer au ξυνπαπάι des matelots athéniens.
2. *Sic ait.* Nous acceptons la correction de Mayor au texte (*sicut*) donné par les manuscrits.
3. Mayor remarque que sans doute c'est la lyre d'Orphée, et non le chant nautique, qui est comparée au seul chant (*celui de Pan, identifié par les Romains avec Sylvain*) connu des bergers.
4. *Refert.* Le texte est assez obscur : le sujet est-il Orphée ou Argo? Le vaisseau renvoie aux oreilles un chant dont l'audition rappelle celui de Sylvain, telle serait dans le dernier cas la traduction approximative de ce passage. Peut-être s'agit-il (Mayor), d'un écho ou du vent apportant des fragments de chant après le passage du vaisseau.

conturbaverat, postea, quum vidissent motus ejus finitos et æquabiles, omniaque ratis ordinibus moderata immutabilique constantia, intelligere inesse aliquem[1] non solum habitatorem in hac cælesti ac divina domo, sed etiam rectorem et moderatorem et tanquam architectum tanti operis tantique muneris.

CAPUT XXXVI

La Providence gouverne l'univers (suite).

Nunc autem mihi videntur ne suspicari quidem, quanta sit admirabilitas cælestium rerum atque terrestrium.

91. Principio enim terra, sita in media parte mundi[2], circumfusa undique est hac animali spirabilique natura, cui nomen est aer, Græcum illud quidem, sed perceptum jam tamen usu a nostris : tritum est enim pro Latino. Hunc rursus amplectitur immensus æther, qui constat ex altissimis

---

1. *Inesse.* Nous avons déjà appelé l'attention (p. 110 n. 1) sur ce mot qui convient parfaitement au panthéisme des stoïciens et les distingue des déistes qui prouvent, en faisant appel à la finalité, l'existence d'un Dieu distinct du monde : « Les stoïciens, dit Fénelon, donnaient, comme les auteurs des fables, une vie, une intelligence, un art, un dessein à toutes les parties de l'univers qui paraissent les plus inanimées. Sans doute ils avaient bien senti l'art qui est dans la nature. » Voy. dans Janet, *Les Causes finales*, l'examen de la doctrine de Schopenhauer.

2. La terre est située au milieu de l'univers, selon les stoïciens; puis viennent successivement la Lune, le Soleil (p. 138 n. 1), Vénus, Mercure, Mars, Jupiter, Saturne, la sphère des astres fixes et le ciel proprement dit.

Les stoïciens s'opposaient ainsi aux pythagoriciens qui supposaient tous les corps célestes tournant autour d'un feu central, et à Aristarque de Samos qui, devançant Copernic, était accusé d'impiété par Cléanthe pour mettre en mouvement le foyer du monde.

Cf. Fénelon, *Traité de l'existence de Dieu*, Ire partie, c. II.

ignibus. Mutuemur hoc quoque verbum dicaturque tam æther Latine, quam dicitur aer, etsi interpretatur Pacuvius[1] :

Hoc, quod memoro, nostri cœlum, Graii perhibent œthera —

quasi vero non Graius hoc dicat. At latine loquitur. Siquidem nos non quasi Græce loquentem audiamus. Docet idem alio loco :

Grajugena de istoc aperit ipsa oratio.

92. Sed ad majora redeamus. Ex æthere igitur innumerabiles flammæ siderum exsistunt, quorum est princeps sol[2], omnia clarissima luce collustrans, multis partibus major atque amplior[3], quam terra universa : deinde reliqua sidera magnitudinibus immensis. Atque hi tanti ignes tamque multi non modo nihil nocent terris rebusque terrestribus, sed ita prosunt, ut, si mota loco sint, conflagrare terras necesse sit a tantis ardoribus, moderatione et temperatione sublata.

---

1. *Pacuvius* (220-130 av. J.-C.), neveu d'Ennius.
2. Cf. c. XIX avec les notes.
3. Les épicuriens soutenaient que le Soleil n'est pas plus grand qu'il nous apparaît. — Posidonius s'était occupé de cette question : « Le diamètre du soleil selon Posidonius, dit Delambre, doit être au moins dix mille fois plus grand que celui de la terre. » Mayor croit que Delambre s'est trompé dans son appréciation et que Posidonius arrivait à un résultat qui ne s'éloignait pas beaucoup de celui que donnent les modernes (le diamètre de la terre est environ $\frac{1}{117}$ de celui du soleil).

CAPUT XXXVII

La Providence gouverne l'univers (suite).

93. Hic ego non mirer esse quemquam, qui sibi persuadeat, corpora quædam solida atque individua[1] vi et gravitate ferri mundumque effici ornatissimum et pulcherrimum ex eorum corporum concursione fortuita? Hoc qui existimet fieri potuisse, non intelligo, cur non idem putet, si innumerabiles[2] unius et viginti[3] formæ litterarum, vel aureæ vel qualeslibet, aliquo conjiciantur, posse ex his in terram excussis annales Ennii[4], ut deinceps legi possint, effici; quod nescio an ne in uno quidem versu possit tantum valere fortuna.

94. Isti autem quemadmodum[5] asseverant, ex corpusculis non colore, non qualitate[6] aliqua, quam ποιότητα Græci vo-

---

1. *Corpora solida atque individua*, les atomes (ἀ-τέμνω).
2. *Innumerabiles.* Aristote (*Met.* VI, 17; *Gener. et Corr.*, I, 2), Lucrèce (I, 196, 912; II, 1013) ont comparé les atomes aux lettres.
3. *Unius et viginti.* Balbus ne compte que vingt et une lettres, parce que y et z étaient considérées comme des lettres étrangères.
4. *Ennii.* Sur Ennius, cf. p. 86 n. 4.
Fénelon, *Existence de Dieu*, Ire partie, c. 1 : « Qui croira que l'Iliade d'Homère, ce poème si parfait, n'ait jamais été composée par un effort du génie d'un grand poète et que les caractères de l'alphabet ayant été jetés en confusion, un coup de pur hasard, comme un coup de dés, ait rassemblé toutes les lettres précisément dans l'arrangement nécessaire, etc.
Sur l'argument, voy. *Lucrèce*, V, 420; Janet, *Causes finales*, 433.
5. *Quemadmodum asseverant.* Heindorf et Mayor croient qu'il y a attraction : le verbe principal « *est perfectus* » est attiré dans la construction subordonnée de la proposition relative.
6. *Colore... qualitate.* Cf. *Diog. L.*, X, 51; *Lucrèce*, II, 737. « Nullus enim color est omnino materiai corporibus, neque par rebus, neque denique dispar. » Cicéron a employé le premier le mot *qualitas*, comme le mot ποιότης semble avoir été employé d'abord par Platon (*Théét.*, 182, A). Sur le sens de ce mot dans la philosophie stoïcienne, voy. *Introduction*, La théologie stoïcienne.

cant, non sensu præditis[1], sed concurrentibus temere atque casu mundum esse perfectum? vel innumerabiles potius in omni puncto temporis alios nasci, alios interire[2]? Quod si mundum efficere potest concursus atomorum, cur porticum, cur templum, cur domum, cur urbem non potest? quæ sunt minus operosa et multo quidem [faciliora][3]. Certe ita temere de mundo effutiunt, ut mihi quidem nunquam hunc admirabilem cœli ornatum, qui locus est proximus[4], suspexisse videantur[5].

95. Præclare ergo Aristoteles[6], *si essent,* inquit, *qui sub terra semper habitavissent[7], bonis et illustribus[8] domiciliis, quæ essent ornata signis atque picturis instructaque rebus iis omnibus, quibus abundant ii, qui beati putantur, nec tamen exissent unquam supra terram, accepissent autem fama et auditione, esse quoddam numen et vim deorum; deinde aliquo tempore patefactis terræ faucibus ex illis abditis sedibus evadere in hæc loca, quæ nos incolimus, atque exire potuissent: quum repente terram et maria cælumque vidissent, nubium magnitudinem ventorumque vim cognovissent aspexissentque solem ejusque*

---

1. *Sensu præditis.* Lucrèce, II, 865 : « Nunc ea quæ sentire videmus cumque, necesse est ex insensilibus tamen omnia confiteare principiis constare.. »

2. *Innumerabiles.* Cf. I, 53. « La nature, dit Velléius, a déjà fait, elle fera encore et elle fait à toute heure une infinité de mondes. »

3. *Faciliora.* Madwig et Mayor considèrent ce mot comme une interpolation.

4. *Locus proximus.* L'auteur annonce ce qu'il va traiter. Cf. § 75 et édition J. V. Leclerc, note.

5. *Nunquam suspexisse.* Cf. p. 86 n. 1.

6. *Aristoteles.* Ce passage paraît emprunté du dialogue περὶ φιλοσοφίας. Velléius au premier livre expose la théologie d'Aristote d'après le troisième livre de cet ouvrage que cite aussi Philodème dans le Περὶ εὐσεβείας. Diogène Laërce nous dit qu'il comprenait trois livres. Des fragments se trouvent dans l'édition de Paris.

7. *Sub terra.* Ces mots font penser à la caverne de Platon, peut-être aux Troglodytes d'Hérodote.

8. *Illustribus.* bien éclairés.

tum magnitudinem pulchritudinemque, tum etiam efficientiam cognovissent, quod is diem efficeret toto cælo luce diffusa : quum autem terras nox opacasset, tum cælum totum cernerent astris distinctum et ornatum, lunæque luminum varietatem tum crescentis tum senescentis, eorumque omnium ortus et occasus, atque in omni æternitate[1] ratos immutabilesque cursus : quæ quum viderent, profecto et esse deos et hæc tanta opera deorum esse arbitrarentur[2].

CAPUT XXXVIII

La Providence gouverne l'univers (suite).

96. Atque hæc quidem ille. Nos autem tenebras cogitemus tantas, quantæ quondam eruptione[3] Ætnæorum ignium fini-

---

1. *In omni æternitate.* Aristote admet l'*éternité* du monde, Platon son *immortalité.* Les stoïciens soutiennent qu'il naît et meurt pour renaître et mourir pendant toute l'éternité. Zeus seul est éternel. Panétius s'écartait des stoïciens sur ce point.
2. Sextus Empiricus résume ainsi les idées d'Aristote (IX, 20). « Il affirmait, dit-il, que deux choses ont donné naissance à la croyance en Dieu : la contemplation de ce qui se produit dans l'âme et des météores. L'âme a dans le sommeil des enthousiasmes divins et le don de la divination. L'âme se retire alors en elle-même, reprend sa nature propre, elle prédit l'avenir, car elle est telle qu'elle devient lorsque la mort l'a séparée du corps. C'est ce qu'admet Homère : Patrocle mourant prédit la mort d'Hector, Hector celle d'Achille. C'est de là que les hommes ont soupçonné l'existence d'un Dieu semblable à l'âme et connaissant toutes choses. Lorsqu'en outre ils contemplèrent le soleil parcourant sa route journalière, le mouvement réglé des autres étoiles pendant la nuit, ils pensèrent qu'un Dieu était l'auteur de ce mouvement et de cet ordre. »
3. Il y eut une éruption de l'Etna vers l'époque où Cicéron composait cet ouvrage. Posidonius, dit Sénèque, avait accordé une grande attention aux éruptions volcaniques.

timas regiones obscuravisse dicuntur, ut per biduum nemo hominem homo¹ agnosceret : quum autem tertio die sol illuxisset, tum ut revixisse sibi viderentur. Quod si hoc idem ex æternis tenebris contingeret, ut subito lucem aspiceremus : quænam species cæli videretur? Sed assiduitate quotidiana² et consuetudine oculorum assuescunt animi neque admirantur neque requirunt rationes earum rerum, quas semper vident; proinde quasi novitas nos magis, quam magnitudo rerum debeat ad exquirendas causas excitare.

97. Quis enim hunc hominem dixerit, qui, quum tam certos cæli motus, tam ratos astrorum ordines, tamque omnia inter se connexa et apta viderit, neget in his ullam inesse rationem, eaque casu fieri dicat, quæ quanto consilio gerantur, nullo consilio³ assequi possumus? An quum machinatione quadam moveri aliquid videmus, ut sphæram, ut horas⁴, ut alia permulta, non dubitamus, quin illa opera sint rationis : quum autem impetum⁵ cæli admirabili cum celeritate moveri vertique videamus, constantissime conficientem vicissitudines anniversarias cum summa salute et conservatione rerum omnium : dubitamus, quin ea non solum ratione fiant, sed etiam excellenti divinaque ratione?

98. Licet enim jam, remota subtilitate disputandi, oculis quodam modo contemplari pulchritudinem rerum earum, quas divina providentia dicimus constitutas.

1. *Nemo (hominem) homo* = *nullus homo.*
2. *Assiduitate quotidiana.* Nous trouvons les mêmes idées exprimées par Cicéron dans la *Rhétorique ad Heren.*, III, c. 22.
3. Cf. § 115. « *Neminem esse oportere tam stulte arrogantem,* disait-il huit ans auparavant, *ut ea quæ vix summa ingenii ratione comprehendat, nulla ratione moveri putet.* » (*Leg.*, II, 16).
4. *Horas* = *horologium* (Cf. p. 167 n. 4 et 5).
5. *Impetum cæli* = l'espace que couvre le ciel.

CAPUT XXXIX

La Providence gouverne l'univers (suite).
Les merveilles de la nature.

Ac principio terra universa cernatur, locata in media mundi sede[1], solida et globosa et undique ipsa in sese nutibus suis conglobata, vestita floribus, herbis, arboribus, frugibus, quorum omnium incredibilis multitudo insatiabili varietate distinguitur[2]. Adde huc fontium gelidas perennitates, liquores perlucidos amnium, riparum vestitus viridissimos, speluncarum concavas altitudines[3], saxorum asperitates, impendentium montium altitudines immensitatesque camporum; adde etiam reconditas auri argentique venas infinitamque vim marmoris.

99. Quæ vero et quam varia genera bestiarum vel cicurum vel ferarum! qui volucrum lapsus atque cantus! qui pecudum pastus! quæ vita silvestrium! Quid jam de hominum genere dicam? qui quasi cultores terræ constituti non patiuntur eam nec immanitate belluarum efferari nec stirpium asperitate vastari : quorumque operibus agri, insulæ littoraque collucent, distincta tectis et urbibus. Quæ si, ut animis, sic oculis videre possemus, nemo cunctam intuens terram de divina ratione dubitaret.

100. At vero quanta maris est pulchritudo! quæ species

---

1. Voy. p. 170, n. 2. L'astronomie de Fénelon, malgré les découvertes de Képler, de Copernic et de Galilée, ne vaut guère mieux que celle de Balbus : « Qui est-ce qui a suspendu, dit-il, ce globe de la terre qui est *immobile*? »

2. On ne peut résumer d'une façon plus heureuse les différents aspects de la terre. Il suffit de parcourir les passages où Fénelon a abordé le même sujet pour s'apercevoir qu'il eût fait mieux de se tenir plus près de son modèle.

3. *Altitudines*. Heindorf, Daiter et Mayor lisent *amplitudines*.

universi[1] ! quæ multitudo et varietas insularum ! quæ amœnitates orarum ac littorum[2] ! quot genera quamque disparia partim submersarum, partim fluitantium et innantium belluarum, partim ad saxa nativis testis inhærentium. Ipsum autem mare sic terram appetens littoribus alludit[3], ut una ex duabus naturis conflata videatur[4].

101. Exinde mari finitimus aer die et nocte distinguitur, isque tum fusus et extenuatus sublime fertur, tum autem concretus in nubes cogitur humoremque colligens terram auget imbribus, tum effluens huc et illuc ventos efficit. Idem annuas frigorum et calorum facit varietates, idemque et volatus alitum sustinet et spiritu ductus alit et sustentat animantes.

1. *Quæ species universi*, quel aspect la mer nous présente dans son ensemble :

> J'étais seul près des flots par une nuit d'étoiles :
> Pas un nuage aux cieux, sur les mers pas de voiles.
> Mes yeux plongeaient plus loin que le monde réel.
> Et les vents et les mers, et toute la nature
> Semblaient interroger dans un confus murmure
>   Les flots des mers, les feux du ciel.
> Et les étoiles d'or, légions infinies
> A voix haute, à voix basse, avec mille harmonies,
> Disaient en inclinant leur couronne de feu ;
> Et les flots bleus, que rien ne gouverne et n'arrête
> Disaient en recourbant l'écume de leur crête :
>   « C'est le Seigneur, le Seigneur Dieu. »
>
>   (*Victor Hugo*).

2. *Orarum*, c'est la côte considérée comme limite de la terre ; *littorum*, la côte servant de limite à la mer (Mayor).

3. *Alludit*. Aquilius, dit Cicéron (*Top.*) disait à ceux qui lui demandaient ce qu'est le rivage, que c'est l'endroit où le flot vient se jouer (*qua fluctus alluderet*). Quintilien donne la même dérivation.

4. *Una ex duabus... conflata*. Balbus fait allusion à la théorie stoïcienne de la continuité des diverses parties de l'univers et de la transformation des éléments les uns dans les autres. Cf. c. XXIV, sqq. On peut comparer la première de ces théories avec la loi de continuité qui joue un si grand rôle dans la philosophie de Leibnitz.

CAPUT XL

La Providence gouverne l'univers (*suite*).
Les merveilles de la nature.

Restat ultimus et a domiciliis nostris altissimus omnia cingens et coercens cæli complexus, qui idem æther vocatur[1], extrema ora et determinatio mundi; in quo cum admirabilitate maxima igneæ formæ cursus ordinatos definiunt.

102. E quibus sol, cujus magnitudine multis partibus terra superatur[2], circum eam ipsam volvitur isque oriens et occidens diem noctemque conficit, et modo accedens, tum autem recedens, binas in singulis annis reversiones ab extremo contrarias facit, quarum intervallo tum quasi tristitia quadam contrahit terram, tum vicissim lætificat, ut cum cælo hilarata videatur[3].

---

1. Cf. p. 109 n. 3. et *Introduction*, La théologie stoïcienne.
2. Cf. ch. xxxvi et ch. xix, avec les notes.
3. Fénelon lutte encore ici assez désavantageusement avec Cicéron. Il parle comme lui du *cours constant du soleil* qui fait les jours et les nuits; mais il fait en terminant cette remarque ingénieuse : « Qu'on » cherche tant qu'on voudra dans la physique les raisons les plus » ingénieuses pour expliquer ce fait : toutes ces raisons, supposé » même qu'elles soient vraies, se tourneront en preuves de la divi- » nité. Plus le ressort qui conduit la machine de l'univers est juste, » simple, constant, assuré et fécond en effets utiles, plus il faut » qu'une main très puissante et très industrieuse ait su choisir ce res- » sort le plus parfait de tous. » Toutes les découvertes scientifiques, considérées d'abord par les déistes et par les athées comme portant atteinte à la croyance en Dieu, ont été reprises ensuite par les premiers comme des arguments en faveur de l'existence de Dieu. On peut citer comme exemple la découverte de la révolution de la terre autour du soleil. La théorie de l'évolution, que quelques-uns de ses partisans, Hœckel, par exemple, et beaucoup de ses adversaires ont considérée d'abord comme incompatible avec l'existence de Dieu, nous en fournit un exemple plus probant encore : « Ceux qui considèrent

103. Luna autem, quæ est, ut ostendunt mathematici, major, quam dimidia pars terræ[1], iisdem spatiis vagatur, quibus sol : sed tum congrediens cum sole, tum digrediens et eam lucem, quam a sole accepit, mittit in terras, et varias ipsa mutationes lucis habet; atque etiam tum subjecta atque opposita soli radios ejus et lumen obscurat, tum ipsa incidens in umbram terræ, quum est e regione solis, interpositu interjectuque terræ repente deficit. Iisdemque spatiis eæ stellæ, quas vagas dicimus, circum terram feruntur eodemque modo oriuntur et occidunt, quarum motus tum incitantur, tum retardantur, sæpe etiam insistunt.

104. Quo spectaculo nihil potest admirabilius esse, nihil pulchrius. Sequitur stellarum inerrantium maxima multitudo, quarum ita descripta distinctio est, ut ex notarum figurarum similitudine nomina invenerint.

» comme légitime, dit H. Spencer, d'arguer des phénomènes aux nou-
» mènes, peuvent à bon droit soutenir que l'hypothèse de la nébuleuse
» implique une cause première aussi supérieure au dieu mécanique de
» Paley, que celui-ci l'est au fétiche du sauvage. » « Que la doctrine
» de l'évolution n'exclue pas la doctrine des causes finales, dit de son
» côté M. Janet (p. 351), c'est ce qui résulte manifestement des faits
» mêmes que nous présente l'esprit humain. » M. Perrier (*Le transformisme avant Darwin*) exprime des idées analogues.

1. *Major quam dimidia pars terræ.* Le diamètre de la lune est un peu plus d'un quart de celui de la terre, son volume est environ le $\frac{1}{49}$ de celui de la terre. Epicure affirmait que la lune n'était pas plus grande qu'elle ne nous apparaît. Stobée dit qu'Anaximandre et Xénophane la considéraient comme environ dix-neuf fois plus grande que la terre. Les stoïciens la croyaient généralement plus grande que la terre (*Zeller*, III, 1, 190). Stobée dit, il est vrai, que Posidonius combattit cette opinion; mais Zeller, Hirzel et Diels ont montré l'erreur de Stobée, en s'appuyant sur un texte de Cléomède où est cité Posidonius. Il semble donc que sur ce point Cicéron n'a pas suivi Posidonius, mais qu'il a utilisé ce qu'il avait appris de Diodote et peut-être d'Antiochus. Voy. *Introduction*, Les sources du dialogue.

CAPUT XLI

La Providence gouverne l'univers (suite).

Atque hoc loco me intuens, Utar, inquit, carminibus Arati[1], eis, quæ a te admodum adolescentulo conversa ita me delectant, quia Latina sunt, ut multa ex iis memoria teneam. Ergo, ut oculis assidue videmus, sine ulla mutatione aut varietate

> cetera labuntur celeri cælestia motu,
> cum cæloque simul noctesque diesque feruntur,

105 quorum contemplatione nullius expleri potest animus, naturæ constantiam videre cupientis.

> Extremusque adeo duplici de cardine vertex
> dicitur esse polus.

Hunc circum Arctæ duæ feruntur, nunquam occidentes.

> Ex his altera apud Graios Cynosura[2] vocatur,
> altera dicitur esse Helice[3],

cujus quidem clarissimas stellas totis noctibus cernimus,

---

1. *Arati*, Aratus de Soli en Cilicie vécut vers la fin du III° siècle avant J.-C, à la cour du roi de Macédoine, Antigone Gonatas; il mit en vers les Φαινόμενα et le Ἔνοπτρον d'Eudoxe, le disciple de Platon. Il nous reste de lui les Φαινόμενα, où il décrit les constellations et les Διοσημεῖα, où il fait connaître les signes de la tempête. Cicéron le traduisit à l'âge de dix-sept ou de vingt et un ans. Hipparque le commenta, Maxime de Tyr le considère comme l'égal d'Homère. Sur les vers de Cicéron dont on a dit beaucoup trop de mal, voy. Patin, *Poésie latine*, II, 415-478.
2. *Cynosura*. La queue du chien.
3. Voy. Ideler, *Ueber die Usprung der Sternnamen*.

quas nostri septem soliti vocitare Triones[1].

106. Paribusque stellis similiter distinctis[2] eumdem cœli verticem lustrat parva Cynosura :

Hac fidunt dvce nocturna Phœnices in alto.
Sed prior illa magis stellis distincta refulget,
et late prima confestim,[3] a nocte videtur :
hæc vero parva est : sed nautis usus in hac est.
Nam cursu interiore brevi convertitur orbe.

CAPUT XLII

La Providence gouverne l'univers (suite).

Et quo sit earum stellarum admirabilior aspectus,

has inter, veluti rapido cum gurgite flumen,
torvus Draco serpit, subter superaque revolvens
sese conficiensque sinus e corpore flexos.

107. Ejus quum totius sit[4] præclara species, in primis aspicienda est figura capitis atque ardor oculorum :

Huic non una modo caput ornans stella relucet,
verum tempora sunt duplici fulgore notata,
e trucibusque oculis duo fervida lumina flagrant
atque uno mentum radianti sidere lucet :
obstipum caput, a tereti cervice reflexum,
obtutum in cauda Majoris figere dicas.

1. *Septemtriones.* Voy. Max Müller (*Lect.*, II, 364).
2. *Similiter distinctis,* semblablement groupées (Mayor).
3. *Confestim,* aussitôt après la chute de la nuit (Mayor).
4. *Sit.* Schœmann et Mayor lisent *sit* au lieu de *est* que donnent les manuscrits.

108. Et reliquum quidem corpus Draconis totis noctibus cernimus :

> *hoc caput hic paulum sese subito æquore condit[1],*
> *ortus ubi atque obitus partim admiscentur in unam.*

Id autem caput

> *attingens defessa velut mærentis imago*
> *vertitur,*

quam quidem Græci

> *Engonasin[2] vocitant, genibus quia nixa feratur.*
> *Hic illa eximio posita est fulgore Corona.*

Atque hæc quidem a tergo : propter caput autem Anguitenens,

> 109 *quem claro perhibent Ophiuchum nomine[3] Graii.*
> *Hic pressu duplici palmarum continet anguem,*
> *atque ejus ipse manet religatus corpore torto :*
> *namque virum medium serpens sub pectora cingit.*
> *Ille tamen nitens graviter vestigia ponit,*
> *atque oculos urget pedibus pectusque Nepaï[4].*

Septem autem triones sequitur[5]

1. *Subito æquore.* C'est la leçon adoptée par Grotius, Orelli, Baiter et Mayor, au lieu de celle que donnent les manuscrits, *subitoque recondit*. *Subito* est le participe peu employé de *subire* (Mayor).
2. *Engonasin.* Manilius lui donne également ce nom (v. 646), *nixus in genibus* ou *genu*. Il convient de rapprocher ces vers des fragments d'Aratus. On peut consulter sur l'astronomie ancienne : Sartorius, *Le Développement de l'astronomie chez les Grecs* (*Zeitschrift f. Ph. und ph. Kritik*, 1883, vol. 82). Nous avons résumé ce travail dans la *Revue philosophique*, août 1885, p. 222.
3. *Nomine.* Mayor conjecture *lumine* au lieu de *nomine*, Aratus se servant du mot φαινόμενον. *Ophiuchum* = ὀφιοῦχος, de ὄφις serpent et de ἔχω.
4. *Nepai, Festus,* p. 164 (M). « Nepa Afrorum lingua sidus, quod cancer appellatur, vel, ut quidam volunt scorpios. »
5. Cicéron a omis les lignes dans lesquelles est nommée la constellation « *Chelæ* », la Balance. p. 187, n. 1.

*Arctophylax, vulgo qui dicitur esse Bootes.
quod quasi temoni*[1] *adjunctam præ se quatit Arctum.*

110. Dein quæ sequuntur[2]. Huic Booti

— *subter præcordia fixa videtur
stella micans radiis, Arcturus nomine claro*[3]

cui subjecta fertur

spicum illustre tenens splendenti corpore Virgo.

CAPUT XLIII

La Providence gouverne l'univers (*suite*).

Atque ita demetata signa sunt, ut in tantis descriptionibus divina sollertia appareat.

Et natos Geminos[4] *invises sub caput Arcti.
Subjectus mediæ est cancer*[5] *pedibusque tenetur
Magnus Leo*[6], *tremulam quatiens e corpore flammam.*

Auriga [7]

1. *Temoni.* Madwig et Mayor lisent *temoni* au lieu de *temone. Arctophylax*, gardien.
2. Mayor transporte les mots *dein quæ sequuntur* après *Virgo*.
3. *Nomine claro*, le nom a été célèbre de bonne heure. Voy. Plaute, prologue du *Rudens*.
4. *Geminos.* Les Gémeaux étaient identifiés le plus souvent avec Castor et Pollux, quelquefois avec Amphion et Zéthus; Nigidius les confond avec les dieux Samothraces (M).
5. *Cancer.* Il avait été placé dans le ciel par Junon pour aider l'Hydre dans sa lutte avec Jupiter.
6. *Leo*, identifié avec le lion de Némée, originaire, disait-on, de la lune et envoyé sur la terre par Junon. Il semble que ce soit un symbole de la grande chaleur du soleil à ce moment (M.).
7. *Auriga*, identifié avec Erichthonius (Virg., *Géorg.*, III, 113) ou avec Myrtilus, le cocher d'Œnomaüs.

sub læva Geminorum obductus [1] *parte feretur.*
Adversum caput huic Helicæ truculenta tuetur.
At Capra[2] *lævum humerum clara obtinet.* —

Tum quæ sequuntur,

*Verum hæc est magno atque illustri prædita signo,
contra Hædi exiguum jaciunt mortalibus ignem.*

cujus sub pedibus

corniger est valido connexus corpore Taurus.

111. Ejus caput stellis conspersum est frequentibus :

Has Græci stellas Hyadas vocitare suerunt,

(a pluendo; ὕειν enim est pluere); nostri imperite Suculas[3]; quasi a subus essent, non ab imbribus nominatæ. Minorem autem Septemtrionem Cepheus[4] passis palmis a tergo subsequitur :

Namque ipse ad tergum Cynosuræ vertitur Arcti.

Hunc antecedit

*obscura specie stellarum Cassiopea.
Hanc autem illustri versatur corpore propter
Andromeda, aufugiens aspectum mæsta parentis.*

1. *Obductus.* Germanicus et Vitruve traduisent plus exactement le mot κεκλιμένον par *transversus*.
2. *Capra*, identifiée avec la chèvre Amalthée, la nourrice de Jupiter.
3. *Suculas*, jeunes truies. Pline et Tiron, chez Aulu-Gelle, donnent la même étymologie. Aulu-Gelle croit que *sucula* correspond à ὕας comme *super* à ὑπέρ. Vaniçek et Nitzsch le font dériver, comme en grec, de la racine *sus* (M).
4. *Cepheus.* Cepheus (*Tusc.*, V, 8), n'eût pas été transformé en étoile, *stellatus*, par la tradition, avec sa femme (*Cassiopée*), son gendre (*Persée*) et sa fille (*Andromède*), si la connaissance des choses célestes n'avait fait introduire leurs noms dans des fables mensongères.

Huic Equus¹ ille, jubam quatiens fulgore micanti,
summum contingit caput alvo, stellaque jungens
una tenet duplices communi lumine formas,
æternum ex astris cupiens connectere nodum.
Exin contortis Aries² cum cornibus hæret;

quem propter

Pisces, quorum alter paulum prælabitur ante,
et magis horriferis aquilonis tangitur auris.

CAPUT XLIV

La Providence gouverne l'univers (suite).

112. Ad pedes Andromedæ Perseus describitur,

quem summa ab regione aquilonis flamina pulsant.

Cujus propter lævum genu

— Vergilias³ tenui cum luce videbis.
Inde Fides posita et leviter convexa videtur.
Inde est ales avis,⁴ lato sub tegmine cæli.

Capiti autem Equi proxima est Aquarii⁵ dextra, totusque deinceps Aquarius.

1. *Equus*, Pégase.
2. *Aries*. On croyait que c'était le bélier qui avait porté Phrixus et Hellé.
3. *Vergilias*. Max Müller dérive ce mot de *virga*, bourgeon, parce que, visibles en mai, elles annoncent le retour de l'été.
4. *Avis*. Mayor écrit avec raison ce mot par une minuscule et le considère comme une épithète.
5. *Aquarius*. Ce nom lui vient sans doute de ce qu'on croyait le passage du soleil à travers ce signe accompagné de pluie (ὑδροχόος = Aquarius).

*Tum gelidum valido de pectore frigus anhelans,
corpore semifero[1] magno Capricornus in orbe;
Quem quum perpetuo vestivit lumine Titan[2],
brumali flectens contorquet tempore currum.*

113. Hinc autem aspicitur,

*ut sese ostendens emergit Scorpios alte,
posteriore trahens flexum vi corporis[3] Arcum,
quem propter nitens pennis convolvitur Ales.
At propter se Aquila[4] ardenti cum corpore portat.*

Deinde Delphinus[5];

Exinde Orion[6] obliquo corpore nitens.

114. Quem subsequens,

fervidus ille Canis stellarum luce refulget.

Post Lepus subsequitur,

*curriculum nunquam defesso corpore sedans.
At Canis ad caudam serpens prolabitur Argo.
Hanc Aries tegit et squamoso corpore Pisces,
fluminis illustri tangentem pectora[7] ripas.*

Quem longe serpentem et manantem

1. *Semifero*, se dit au sens propre celui qui est moitié homme, moitié animal, comme *Pan* (*Lucr.*, IV, 587).
2. *Titan*, nom du soleil identifié avec Hypérion ou le fils d'Hypérion (*Empédocle*, frag. 1).
3. *Corporis*, l'archer était supposé être un centaure.
4. *Aquila*, l'aigle est appelé : « *Jovis ales nuntius.* »
5. *Delphinus*, placé dans le ciel par Neptune, identifié par d'autres avec le dauphin d'Orion.
6. *Orion*. Homère appelle Orion un puissant chasseur (*Il.*, XVIII, 486). Il était considéré par les astronomes de l'Orient comme le géant Nemrod.
7. *Pectore*. Nous conservons ce mot avec Heinsius et Mayor au lieu de *corpore*. Le fleuve dont il est ici question est selon Aratus le mystérieux Eridan, identifié avec le Pô ou même avec le Nil.

*— aspicies; proceraque Vincla videbis,
quœ retinent Pisces caudarum a parte locata. — —
Inde Nepæ cernes propter fulgentis acumen
Aram, quam flatu permulcet spiritus austri.*

Propterque Centaurus

*cedit, Equi partes properans subjungere Chelis[1].
Illic dextram porgens, quadrupes[2] qua vasta tenetur,
tendit et illustrem truculentus cædit ad aram;
hic sese infernis se partibus erigit Hydra :*

cujus longe corpus est fusum[3];

*in medioque sinu[4] fulgens Cratera relucet.
Extremam nitens plumato corpore Corvus
rostro tundit; et hic Geminis est ille sub ipsis
Antecanis[5], Προκύων Graio qui nomine fertur.*

115. Hæc omnis descriptio siderum[6] atque hic tantus cæli ornatus ex corporibus, huc et illuc casu et temere cursitantibus[7], potuisse effici, cuiquam sano videri potest?

1. La constellation qui formait d'abord les pinces (*Chelis*) du Scorpion devint plus tard la Balance (*Libra*), § 108, n. 5.

2. *Quadrupes* = lupus. Les Grecs ne lui avaient pas donné de nom spécial.

3. *Fusum.* L'Hydre s'étend vers trois autres signes.

4. *In medioque sinu* : « Videtur rostro caudam Hydræ verberare ut tanquam sinat se ad Crateram transire » (Hyginus cité par Mayor).

5. *Ante canis.* Mayor réunit les deux mots *ante Canem* et en fait un seul qu'il met au nominatif, comme, de *pro-consule*, on a fait proconsul. Pline dit de cette étoile : « Elle n'a pas de nom chez les Romains, à moins que nous ne voulions l'appeler *Caniculam, id est minorem canem* » (*N. H.*, XVIII, 68).

6. *Descriptio siderum.* Cicéron nomme quarante-huit étoiles ou constellations. Il en omet un certain nombre citées par Aratus : Vindemiatrix après la Vierge; Deltoton après Aries, Cetus ou Pistrix après Argo; Piscis Australis et Aqua après Vincla. L'omission de Pistrix donne une situation défectueuse à la constellation suivante : aussi Lescalopier et Bouhier ont-ils proposé d'ajouter *tum Pistrix* avant *hanc Aries*. Mayor est assez disposé à accepter cette correction.

7. *Temere cursantibus.* Cf. *Manilius*, I, 488.

Aut vero alia quæ¹ natura, mentis et rationis expers, hæc efficere potuit? quæ non modo, ut fierent, ratione eguerunt, sed intelligi qualia sint, sine summa ratione non possunt.

CAPUT XLV

La Providence gouverne l'univers (*suite*).

Nec vero hæc solum admirabilia, sed nihil majus, quam quod ita stabilis² est mundus, atque ita cohæret ad permanendum, ut nihil ne excogitari quidem possit aptius. Omnes enim partes ejus undique medium locum capessentes nituntur æqualiter. Maxime autem corpora inter se juncta permanent, quum quodam quasi vinculo circumdato colligantur : quod facit ea natura, quæ per omnem mundum, omnia mente et ratione conficiens, funditur et ad medium rapit et convertit extrema.

116. Quocirca, si mundus globosus est ob eamque causam omnes ejus partes undique æquabiles ipsæ per se atque inter se continentur, contingere idem terræ necesse est, ut, om-

---

1. *Alia quæ natura*. A cette leçon, conservée par Baiter, Mayor substitue *aliqua natura*, Heindorf *alia quædam natura*. On peut conserver l'ancien texte en traduisant : *ou des choses qu'une nature sans intelligence et sans raison n'eût pu produire*.
2. *Stabilis*. On sait que le monde formé dans le *Timée* ne doit jamais avoir de fin, quoiqu'il ait eu un commencement, parce que telle est la volonté du Démiurge. Cf. c. XII, n. 4. S'agit-il, comme le veut Zeller, d'une opinion propre à Posidonius, qui s'était rapproché de Platon sur bien des points? Mayor remarque que Cléomède prête aux stoïciens en général et à Posidonius les mêmes idées sur ce sujet. Il s'agit donc probablement d'une stabilité durant autant que le monde, soit qu'on admette la destruction périodique, soit qu'on la nie. Cf. p. 174, n. 1.

nibus ejus partibus in medium vergentibus (id autem medium infimum in sphæra est), nihil interrumpat[1], quo labefactari possit tanta contentio gravitatis et ponderum. Eademque ratione mare, quum supra terram sit, medium tamen terræ locum expetens conglobatur undique æquabiliter neque redundat unquam neque effunditur.

117. Huic autem continens aer fertur ille quidem levitate sublimis, sed tamen in omnes partes se ipso fundit : itaque et mari continuatus et junctus est, et natura fertur ad cœlum, cujus tenuitate et calore temperatus vitalem et salutarem spiritum præbet animantibus. Quem complexa summa pars cœli, qui ætherea dicitur, et suum retinet ardorem tenuem et nulla admixtione concretum et cum aëris extremitate conjungitur.

CAPUT XLVI

La Providence gouverne l'univers (*suite*).

In æthere autem astra volvuntur, quæ se et nisu suo conglobata continent, et forma ipsa figuraque sua momenta sustentant : sunt enim rotunda, quibus formis, ut ante dixisse videor[2], minime noceri potest.

118. Sunt autem stellæ natura flammeæ : quocirca terræ, maris, aquarum[3] vaporibus aluntur iis, qui a sole ex agris

---

1. *Interrumpat*, il n'y a aucune solution de continuité. Nous avons vu qu'il n'y a pas de vide dans l'intérieur du monde, selon les stoïciens, en désaccord sur ce point avec les épicuriens.
2. Voy. p. 132, n. 5.
3. Mayor lit : *aquarumque reliquarum vaporibus*. Le soleil, selon les stoïciens, se nourrit de la mer, la lune des cours d'eau, les étoiles de l'humidité de la terre. Cf. § 40 et 83. — Voy. *Introduction*, La théologie stoïcienne.

tepefactis et ex aquis excitantur; quibus altæ renovatæque stellæ atque omnis æther refundunt eadem et rursum trahunt indidem, nihil ut fere intereat, aut admodum paulum, quod astrorum ignis et ætheris flamma consumat[1]. Ex quo eventurum nostri[2] putant id, de quo Panætium[3] addubitare dicebant, ut ad extremum omnis mundus ignesceret, quum, humore consumpto, neque terra ali posset neque remearet aer; cujus ortus, aqua omni exhausta, esse non posset; ita relinqui nihil præter ignem, a quo rursum animante ac deo renovatio mundi fieret, atque idem ornatus oriretur.

119. Nolo in stellarum ratione multus[4] vobis videri, maximeque earum, quæ errare dicuntur. Quarum tantus est concentus ex dissimillimis motibus, ut, quum summa Saturni refrigeret, media Martis incendat, his interjecta Jovis illustret et temperet infraque Martem duæ Soli obœdiant[5], ipse Sol mundum omnem sua luce compleat ab eoque Luna illuminata graviditates et partus afferat[6] maturitatesque gignendi. Quæ copulatio rerum et quasi consentiens ad mundi incolumitatem coagmentio naturæ quem non movet, hunc horum nihil unquam reputavisse certo scio.

---

1. *Consumat.* C'est la leçon de presque tous les manuscrits. Lambin, suivi par la plupart des éditeurs, a donné *consumit.* Il n'y a pas de raison, dit Mayor, pour ne pas conserver le subjonctif.

2. *Nostri,* les stoïciens auxquels je me rattache.

3. Panétius commença ce rapprochement du stoïcisme et du Platonisme. Quand Philon et surtout Antiochus eurent de leur côté fait des concessions au stoïcisme, il se forma la doctrine éclectique que Varron et Lucullus nous exposent dans les *Académiques.* Voy. *Introduction.* Sur la doctrine de l'embrasement universel, on peut consulter Ogereau, *Op. cit.,* p. 67, sqq. Balbus expose les deux opinions (§ 85). — Voy. également notre *Introduction,* La théologie stoïcienne.

4. *Multus* = ennuyeux par un *trop long* discours.

5. *Obediant.* Cf. p. 138, n. 1.

6. Sur l'influence de la lune, voy. § 50, n. 6.

CAPUT XLVII

La Providence gouverne l'univers (*suite*).

120. Ago, ut a cœlestibus rebus ad terrestres veniamus, quid est in his, in quo non naturæ ratio intelligentis appareat? Principio eorum, quæ gignuntur e terra, stirpes et stabilitatem dant iis, quæ sustinent, et e terra succum trahunt, quo alantur ea, quæ radicibus [1] continentur, obducunturque libro aut cortice [2] trunci, quo sint a frigoribus et caloribus tutiores. Jam vero vites sic claviculis adminicula tanquam manibus apprehendunt atque ita se erigunt, ut animantes [3]. Quin etiam a caulibus [4], si propter sati sint, ut a pestiferis et nocentibus refugere dicuntur nec eos ulla ex parte contingere.

121. Animantium vero quanta varietas est! quanta ad eam rem vis, ut in suo quæque genere permaneat [5]! Quarum aliæ coriis tectæ sunt, aliæ villis vestitæ, aliæ spinis hirsutæ, pluma alias, alias squama videmus obductas; alias esse cornibus armatas, alias habere effugia pennarum [6]. Pastum autem animantibus large et copiose natura eum, qui cuique aptus erat, comparavit. Enumerare possum, ad eum pastum capessendum conficiendumque quæ sit in figuris animantium,

---

1. Cf. § 83 et p. 120, n. 2.
2. *Libro aut cortice.* D'ordinaire *liber* désigne l'écorce interne, *cortex*, l'écorce externe.
3. Voy. ce qu'a dit Darwin des plantes grimpantes.
4. L'antipathie de la vigne pour le chou est affirmée par la plupart des écrivains anciens, Horace, Juvénal, Pline l'Ancien, Caton, Théophraste, etc. (Voy. Mayor).
5. Baiter et Mayor lisent avec un certain nombre de manuscrits *permaneat* au lieu de *permaneant*, *quæque* étant pris comme un féminin remplaçant *animans*, qui est du féminin dans le sens de *bestia*.
6. *Effugia pinnarum* = pennas quibus effugiant (M).

et quam sollers subtilisque descriptio partium ¹ quamque admirabilis fabrica membrorum. Omnia enim, quæ quidem intus inclusa sunt, ita nata atque ita locata sunt, ut nihil eorum supervacaneum sit, nihil ad vitam retinendam non necessarium.

122. Dedit autem eadem natura belluis et sensum et appetitum ², ut altero conatum haberent ad naturales pastus capessendos, altero secernerent pestifera a salutaribus. Jam vero alia animalia gradiendo, alia serpendo ad pastum accedunt, alia volando, alia nando; cibumque partim oris hiatu et dentibus ipsis capessunt, partim ungium tenacitate arripiunt, partim aduncitate rostrorum; alia sugunt, alia carpunt, alia vorant, alia mandunt. Atque etiam aliorum ea est humilitas, ut cibum terrestrem rostris facile contingant.

123. Quæ autem altiora sunt, ut anseres, ut cygni, ut grues, ut cameli, adjuvantur proceritate collorum. Manus ³ etiam data elephanto est, quia propter magnitudinem corporis difficiles aditus habebat ad pastum.

CAPUT XLVIII

La Providence gouverne l'univers (suite).

At, quibus bestiis erat is cibus, ut alii generis bestiis

---

1. *Descriptio partium.* Il faut se rappeler, en lisant tout ce qui va suivre, combien l'anatomie et surtout la physiologie des anciens étaient peu avancées. L'absence des instruments de toute espèce qui ont fait faire à la science moderne des progrès si considérables, l'habitude de chercher l'explication des phénomènes, de conclure pour les êtres avant d'avoir suffisamment examiné les phénomènes eux-mêmes, ont été les causes principales de leur infériorité.

2. *Sensum et appetitum.* Cf. § 34, n. 1.

3. *Manus.* La trompe, dit Aristote, a été donnée à l'éléphant en guise de main. Lucrèce appelle les éléphants, *boves... anguimanus.*

vescerentur, aut vires natura dedit aut celeritatem. Data est quibusdam etiam machinatio quædam atque sollertia : ut in araneolis aliæ quasi rete texunt, ut, si quid inhæserit, conficiant : aliæ autem observant et, ex inopinato [1], si quid incidit, arripiunt, idque consumunt [2]. Pina [3] vero (sic enim Græce dicitur), duabus grandibus patula conchis, cum parva squilla quasi societatem coit comparandi cibi : itaque quum pisciculi parvi in concham hiantem innataverunt, tum admonita squillæ morsu comprimit conchas. Sic dissimillimis bestiolis communiter cibus quæritur.

124. In quo admirandum est, congressune aliquo inter se, an jam inde ab ortu natura ipsa congregatæ sint. Est etiam admiratio nonnulla [4] in bestiis aquatilibus iis, quæ gignuntur in terra : veluti crocodili fluviatilesque testudines quædamque serpentes ortæ extra aquam, simul ac primum niti possunt, aquam persequuntur. Quin etiam anitum ova gallinis sæpe supponimus; e quibus pulli orti primum aluntur ab his, ut a matribus, a quibus exclusi fotique sunt; deinde eas relinquunt, et effugiunt sequentes, quum primum aquam,

---

1. *Ex inopinato.* Les manuscrits placent ces deux mots avant *Observant.* Mayor, après Allen, remarque avec raison qu'ils n'ont pas de sens, si on ne les met après *et.*

2. *Consumunt.* L'exemple des araignées, leur art comparé à celui du tisserand, ont été cités par tous ceux qui ont tenté de démontrer l'existence de Dieu d'après la considération de la nature. Voy. Janet, *Les causes finales.*

3. « Le pinnotère (*squilla* = πιννοτήρης), dit Plutarque, est un petit
» animal de la sorte d'un cancre, lequel vit et se tient toujours avec
» la pinne, qui est cette espèce de grande coquille que nous appe-
» lons nacre, et demeure toujours comme un portier assis à l'ouver-
» ture de cette coquille, laquelle il tient continuellement entrebâillée et
» ouverte, jusqu'à ce qu'il y voie entrer quelques petits poissons de
» ceux qu'ils peuvent bien prendre : car alors il entre au-dedans de la
» nacre, et lui mord la chair; elle, incontinent ferme sa coquille et
» lors eux deux ensemble mangent leur proie enfermée dedans leur
« fort. » Le passage de Cicéron semble la traduction d'un passage de Chrysippe conservé par Athénée (III, c. XXXVIII).

4. *Est admiratio nonnulla,* on a lieu aussi de s'étonner.

quasi naturalem domum, videre potuerunt. Tantam ingenuit animantibus conservandi sui natura custodiam [1].

CAPUT XLIX

La Providence gouverne l'univers (suite).

Legi etiam scriptum, esse avem quamdam, quæ Platalea [2] nominaretur; eam sibi cibum quærere advolantem ad eas aves, quæ se in mari mergerent; quæ quum emersissent piscemque cepissent, usque eo premere earum capita mordicus, dum illæ captum amitterent, id quod ipsa invaderet. Eademque hæc avis scribitur conchis se solere complere [3] easque, quum stomachi calore concoxerit, evomere, atque ita eligere ex iis, quæ sunt esculenta.

125. Ranæ autem marinæ dicuntur obruere sese arena solere, et moveri prope aquam, ad quas quasi ad escam pisces quum accesserint, confici a ranis atque consumi. Miluo est quoddam bellum quasi naturale cum corvo. Ergo alter alterius, ubicumque nactus est, ova frangit. Illud vero ab

---

[1]. On soutient de nos jours que cet instinct qui porte le petit canard à se plonger dans l'eau est une chose acquise, par suite de l'adaptation au milieu, et transmise par hérédité. On a essayé de le prouver en montrant que la neuvième ou dixième génération des canards élevés en dehors de l'eau n'avait plus aucune tendance à quitter la poule par laquelle elle avait été couvée. — L'animal a-t-il été organisé par un être intelligent qui lui a donné ce qui était nécessaire pour subsister, ou bien, placé dans des circonstances déterminées, a-t-il subi des modifications qui lui ont permis de continuer à vivre? voilà ce qui faisait, au temps des stoïciens et des épicuriens, voilà ce qui fait aujourd'hui, entre les adversaires et les partisans de l'évolution, le fond d'un débat qui n'est pas sans doute près de finir.

[2]. *Platalea*. Pline la nomme *Platea* (X, 49). Mayor croit que le fait cité par Balbus concorde avec ce qu'on rapporte de la frégate.

[3]. C'est ce que dit Aristote du pélican, Élien et Plutarque du héron.

Aristotele animadversum, a quo pleraque[1], quis potest non mirari? grues, quum loca calidiora petentes maria transmittant, trianguli efficere formam; ejus autem summo angulo aer ab iis adversus pellitur; deinde sensim[2] ab utroque latere tanquam remis, ita pennis cursus avium levatur. Basis autem trianguli, quem grues efficiunt, ea tamquam a puppi ventis adjuvatur, eæque in tergo prævolantium colla et capita reponunt; quod quia ipse dux facere non potest, quia non habet, ubi nitatur[3], revolat, ut ipse quoque quiescat. Et in ejus locum succedit ex iis, quæ acquierunt, eaque vicissitudo in omni cursu conservatur.

126. Multa ejusmodi proferre possum, sed genus ipsum videtis. Jam vero illa etiam notiora, quanto se opere custodiant bestiæ, ut in pastu circumspectent, ut in cubilibus delitescant.

CAPUT L

La Providence gouverne l'univers (suite).

Atque illa mirabilia. Quod ea, quæ nuper, id est paucis ante sæculis, medicorum ingeniis reperta sunt? vomitione canes, purgantes autem alvos[4] ibes se Ægyptiæ curant. Auditum

---

1. Balbus emprunte probablement ces faits au Περὶ φιλοσοφίας (Cf. p. 173, n. 6) qui semble avoir été avec le *Timée* une des sources où Chrysippe a puisé le plus pour démontrer l'existence de la Providence.
2. *Sensim.* Il faut ajouter probablement, dit Mayor, *dilatante se cuneo.*
3. *Ubi nitatur.* Baiter et Mayor acceptent cette leçon donnée par quelques manuscrits de préférence à *cui innitatur*, accepté par Heindorf et Schœmann d'après d'autres manuscrits.
4. Pline dit que l'usage des clystères a été emprunté aux animaux.

est, pantheras, quæ in barbaria venenata carne caperentur, remedium quoddam habere, quo quum essent usæ, non morerentur; capras autem in Creta feras, quum essent confixæ venenatis [1] sagittis, herbam quærere, quæ dictamnus vocaretur; quam quum gustavissent, sagittas excidere dicunt e corpore.

127. Cervæque paulo ante partum perpurgant se quadam herbula, quæ *seselis* dicitur. Jam illa cernimus, ut contra vim et metum suis se armis quæque defendat. Cornibus tauri, apri dentibus, morsu leones, aliæ fuga se, aliæ occultatione tutantur, atramenti effusione sepiæ [2]; torpore torpedines [3]: multæ etiam insectantes odoris intolerabili fœditate depellunt.

CAPUT LI

La Providence gouverne l'univers (*suite*).

Ut vero perpetuus mundi esset ornatus, magna adhibita cura est a providentia deorum, ut semper essent et bestiarum

---

Hippocrate paraît avoir été le premier à soutenir que l'art médical devait sa naissance à l'imitation des animaux.

1. *Venenatis.* La plupart des éditeurs conservent cette leçon, Allen et Mayor préfèrent *venantis.*

2. *Sepiæ.* « La sèche, dit Plutarque, ayant auprès du cou une grosse vessie pleine d'une humeur noire, laquelle pour cette cause on nomme encre, quand elle se sent surprise en un filet, elle jette son encre dehors, afin que noircissant la mer à l'entour d'elle, et se couvrant d'une obscurité ténébreuse, elle se puisse sauver et échapper de la vue de celui qui la chasse, en quoi elle imite les dieux d'Homère. »

3. *Torpedines.* « La torpille, dit Plutarque, non seulement endort et rend sans sentiment les membres qui la touchent, mais aussi à travers les filets de la seine, elle transmet une pesanteur endormie et amortie aux mains de ceux qui la remuent (*qui remuent la seine*). »

genera et arborum omniumque rerum, quæ a terra stirpibus continerentur[1]. Quæ quidem omnia eam vim seminis habent in se, ut ex uno plura generentur, idque semen inclusum est in intima parte earum bacarum[2], quæ ex quaque stirpe[3] funduntur; iisdemque seminibus et homines affatim vescuntur et terræ ejusdem generis stirpium renovatione complentur.

128. Quid loquar, quanta ratio in bestiis ad perpetuam conservationem generis earum appareat? Nam primum aliæ mares, aliæ feminæ sunt, quod perpetuitatis causa machinata natura est. Deinde partes corporis et ad procreandum et ad concipiendum aptissimæ et in mare et in femina commiscendorum corporum miræ libidines. Quum autem in locis[4] semen insedit, rapit omnem fere cibum ad sese, eoque sæptum fingit animal[5], quod quum ex utero elapsum excidit, in iis animantibus, quæ lacte aluntur, omnis fere cibus matrum lactescere incipit: eaque, quæ paulo ante nata sunt, sine magistro, duce natura, mammas appetunt, earumque ubertate saturantur. Atque, ut intelligamus, nihil horum

---

1. La permanence des espèces résulte, selon les stoïciens et la plupart des panthéistes, du dessein conçu et exécuté par un Dieu intelligent qui est *dans* l'univers; pour les déistes, du même dessein conçu et exécuté par un Dieu *distinct* de l'univers; pour certains philosophes comme Schopenhauer et Hartmann, c'est l'œuvre d'un Être inconscient, aveugle et méchant; pour les mécanistes, pour Épicure et certains transformistes modernes, c'est l'œuvre de la nature, c'est-à-dire de forces purement physiques. Voy. Janet, *Causes finales;* Caro, l'*Idée de Dieu;* Hæckel, la *Création naturelle.*

2. *Bacarum.* Cicéron se sert souvent de ce mot pour désigner tous les fruits à noyaux.

3. *Stirpe* = Plante. Le mot est pris au sens large.

4. *Locis*, utérus. « Quod alio nomine *locos* appellant » (Pline, XI, 84).

5. *Animal.* Ce texte, dit Mayor, présente certaines difficultés : 1° l'ablatif avec *fingo* indique l'instrument, la matière dont une chose est formée s'exprimant par l'ablatif avec *ex;* 2° il paraît étrange de parler du *semen* comme de quelque chose d'extérieur à l'animal; 3° *sæptum* se rapporte-t-il à *semen* ou à *animal*? Et il propose de lire : *ex eoque conceptum* (ou *cœptum*) *fingit animal.*

esse fortuitum, et hæc omnia esse opera providæ sollertisque naturæ; quæ multiplices fetus procreant, ut sues, ut canes, his mammarum data est multitudo; quas easdem paucas habent eæ bestiæ, quæ pauca gignunt[1].

129. Quid dicam, quantus amor bestiarum sit in educandis custodiendisque iis, quæ procreaverunt, usque ad eum finem, dum possint se ipsa defendere? Etsi pisces, ut aiunt, ova quum genuerunt, reliquunt : facile enim illa aqua et sustinentur, et fetum fundunt.

CAPUT LII

La Providence gouverne l'univers (suite).

Testudines autem et crocodilos dicunt, quum in terra partum ediderint, obruere ova, deinde discedere : ita et nascuntur et educantur ipsa per sese. Jam gallinæ avesque reliquæ et quietum requirunt ad pariendum locum, et cubilia sibi nidosque construunt, eosque quam possunt mollissime substernunt, ut quam facillime ova serventur : e quibus pullos quum excluserunt, ita tuentur, ut et pennis foveant, ne frigore lædantur, et, si est calor a sole, se opponant. Quum autem pulli pennulis uti possunt, tum volatus eorum matres prosequuntur, reliqua cura liberantur.

130. Accedit etiam ad nonnullorum animantium et earum rerum, quas terra gignit, conservationem et salutem hominum sollertia et diligentia. Nam multæ et pecudes et stirpes sunt, quæ sine procuratione hominum salvæ esse non possunt. Magnæ etiam opportunitates ad cultum hominum atque

---

1. Les transformistes répondent en demandant quel peut être l'usage des mamelles chez l'homme. Voy. Lucrèce, IV, 822. Janet, *Causes finales*; Darwin, *l'Origine des espèces*.

abundantiam aliæ aliis in locis reperiuntur. Ægyptum Nilus irrigat, et, quum tota æstate[1] obrutam oppletamque tenuit, tum recedit mollitosque et oblimatos agros ad serendum relinquit. Mesopotamiam fertilem efficit Euphrates, in quam quot annis quasi novos agros invehit. Indus[2] vero, qui est omnium fluminum maximus, non aqua solum agros lætificat et mitigat, sed eos etiam conserit : magnam enim vim seminum secum frumenti similium dicitur deportare.

131. Multaque alia in aliis locis commemorabilia proferre possum, multos fertiles agros, alios aliorum fructuum.

CAPUT LIII

La Providence gouverne l'univers (suite).

Sed illa quanta benignitas naturæ, quod tam multa ad vescendum, tam varia, tamque jucunda gignit, neque ea uno tempore anni, ut semper et novitate delectemur et copia! Quam tempestivos autem dedit, quam salutares non modo hominum, sed etiam pecudum generi, iis denique omnibus, quæ oriuntur e terra, ventos Etesias[3], quorum flatu nimii

---

1. *Tota æstate*, l'inondation commence en juin et atteint son apogée en septembre.
2. *Indus*. C'est selon Arrien le plus grand fleuve d'Asie et d'Europe, à l'exception du Gange qui surpasse en longueur tous les fleuves et le Nil lui-même. En réalité, l'Indus a un cours plus long que le Gange, mais qui n'approche pas de celui du Volga et d'autres fleuves de la Sibérie et de la Chine.
3. *Etesias*. Vents périodiques (ἔτος) qui se lèvent deux jours après que le soleil est entré au signe du Lion et règnent quarante jours de suite. Tous les soirs ils se calment pour ne reparaître qu'avec l'aurore. On les appelle sur mer les *dormeurs*. — Sur toute cette partie de l'exposition, voy. Bernardin de Saint-Pierre, *les Harmonies de la Nature*;

temperantur calores! Ab iisdem etiam maritimi cursus celeres et certi diriguntur. Multa prætereunda sunt, et tamen multa dicuntur[1].

132. Enumerari enim non possunt fluminum opportunitates, æstus maritimi [multum] accedentes et recedentes, montes vestiti atque silvestres, salinæ ab ora maritima remotissimæ, medicamentorum salutarium plenissimæ terræ, artes denique[3] innumerabiles ad victum et ad vitam necessariæ. Jam diei noctisque vicissitudo conservat animantes, tribuens aliud agendi tempus, aliud quiescendi. Sic undique omni ratione concluditur, mente consilioque divino omnia in hoc mundo ad salutem omnium conservationemque admirabiliter administrari.

133. Hic quærat[4] quispiam, cujusnam causa tantarum rerum molitio facta sit; arborumne et herbarum? quæ quanquam sine sensu sunt, tamen a natura sustinentur. At id quidem absurdum est. An bestiarum? Nihilo probabilius, deos mutorum et nihil intelligentium causa tantum laborasse[5]. Quorum igitur causa quis dixerit effectum esse mundum? Eorum scilicet animantium, quæ ratione utuntur. Ili sunt

---

Chateaubriand, *le Génie du Christianisme;* Fénelon, etc. et M. Lévêque, *les Harmonies providentielles.*

1. *Et tamen multa dicuntur.* Baiter et Mayor considèrent ces mots comme une interpolation d'un lecteur que lassait la liste des merveilles mentionnées par Cicéron.

2. *Multum.* Ce mot est mis entre crochets par Orelli, Baiter et Mayor; d'autres lisent *mutuo* ou *tum.*

3. *Artes denique.* Moser et Baiter lisent, au lieu de *artes, res,* Schœmann *dotes,* d'autres *utilitates.* Mayor conserve *artes* et rapproche ce passage d'un autre des *Lois* (I, 26) : *Artes repertæ sunt docente natura.*

4. *Hic quærat,* c'est la leçon adoptée par Orelli, Baiter, Schœmann; la plupart des manuscrits donnent *sin quæret,* Mayor lit *sed quæret.*
Balbus semble dans ce paragraphe empiéter sur la 4ᵉ section.

5. *Laborasse.* Le mot ne saurait être pris à la lettre, car il est en opposition avec la doctrine stoïcienne : *Dicere soletis,* dit Cotta à Balbus, *nihil esse quod deus efficere non possit, et quidem sine labore ullo* (III, 92).

dii et homines, quibus profecto nihil est melius : ratio est enim, quæ præstet omnibus. Ita fit credibile deorum et hominum[1] causa factum esse mundum quæque in eo sint omnia.

TROISIÈME ET QUATRIÈME PARTIES

CAPUT LIV

La Providence gouverne l'univers (*suite*) et s'occupe de l'homme.

Faciliusque intelligetur, a diis immortalibus hominibus esse provisum, si erit tota hominis fabricatio perspecta, omnisque humanæ naturæ figura atque perfectio[2].

134. Nam quum tribus rebus animantium vita teneatur, cibo, potione, spiritu : ad hæc omnia percipienda os est aptissimum : quod adjunctis naribus spiritu[3] augetur. Dentibus autem in ore constructis manditur, atque ab iis extenuatur et molitur cibus[4]. Eorum adversi[5] acuti morsu dividunt escas, intimi[6] autem conficiunt, qui genuini vocantur; quæ confectio etiam a lingua adjuvari videtur.

1. *Deorum et hominum.* Cf. p. 161, n. 1.
2. Nous ne pouvons que répéter ici ce que nous avons déjà dit : nous nous trouvons en présence d'une anatomie et surtout d'une physiologie que le manque d'instruments et d'observation désintéressée ont rendues nécessairement fort défectueuses.
3. Cf. Aristote, *De Resp.*, c. xi, et Pouchet, *la Biologie d'Aristote*. *Teneatur* = dépend de.
4. Cf. Fénelon : « Quand les lèvres s'ouvrent, elles découvrent un double rang de dents dont la bouche est ornée : ces dents sont de petits os enchâssés avec ordre dans les deux mâchoires, etc. » *Constructis*, un autre manuscrit donne *constrictis* que conserve Mayor. *Ab iis*, Ces mots sont supprimés comme interpolés par Baiter.
5. *Adversi* = πρόσθιοι (Aristote).
6. *Intimi* = *genuini* (*gena*) = maxillares ou molares. On trouve chez

135. Linguam autem ad radices ejus hærens excipit stomachus [1], quo primum illabuntur ea, quæ accepta sunt ore. Is utraque ex parte tonsillas [2] attingens palato extremo atque intimo terminatur. Atque is [3] agitatione et motibus linguæ quum depulsum et quasi detrusum cibum accepit, depellit. Ipsius autem partes eæ, quæ sunt infra quam id, quod devoratur, dilatantur : quæ autem supra, contrahuntur.

136. Sed quum aspera arteria [4] (sic enim a medicis appellatur) ostium habeat, adjunctum linguæ radicibus, paulo supra, quam ad linguam stomachus annectitur, eaque ad pulmones usque pertineat excipiatque animam eam, quæ ducta est [5] spiritu, eamdemque a pulmonibus respiret et reddat : tegitur quodam quasi operculo [6], quod ob eam causam datum est, ne, si quid in eam cibi forte incidisset, spiritus impediretur. Sed quum alvi natura [7], subjecta stomacho, cibi et potionis sit receptaculum, pulmones autem et cor extrinsecus spiritum adducant [8] : in alvo multa sunt mirabiliter effecta ; quæ constat fere e nervis, est autem multiplex et tortuosa arcetque et continet, sive illud aridum est, sive

Xénophon, chez Platon et chez Aristote les idées que développe ici Balbus.

1. *Stomachus* = œsophage. C'est longtemps après Hippocrate que ce mot a été employé dans le sens que nous lui donnons aujourd'hui.

2. *Tonsillas* = amygdales, ainsi nommées parce qu'elles empêchent le passage de la nourriture (Mayor).

3. *Atque is*, c'est la leçon donnée par la plupart des manuscrits et des éditeurs. Mayor supprime *is*. Au lieu de *depulsum* qui suit, Mayor propose *delapsum*, Heindorf *depressum*.

4. *Aspera arteria*, la trachée artère.

5. *Est*. Les manuscrits donnent *sit*. Klotz, Baiter, Mayor lisent *est*.

6. *Operculo*, l'épiglotte (Aristote). Cf. Fénelon : « Il y a un conduit qui va au dedans du cou, depuis le palais jusqu'à la poitrine : ce sont des anneaux de cartilage enchâssés très juste les uns dans les autres, etc., etc. »

7. *Alvi natura*. Il s'agit ici de ce que Caton appelle le « venter » ou « alvus superior, » c'est-à-dire de ce que nous appelons l'estomac.

8. *Abducant*. D'autres lisent *ducant*, Mayor, *addant*. Les anciens croyaient que le ventricule gauche approvisionnait d'air les artères. Cf. § 138.

humidum, quod recepit, ut id mutari et concoqui possit; eaque tum astringitur, tum relaxatur, atque omne, quod accepit, cogit et confundit; ut facile et calore, quem multum habet, et terendo cibo et præterea spiritu omnia cocta atque confecta in reliquum corpus dividantur.

CAPUT LV

La Providence gouverne l'univers (*suite*) et s'occupe de l'homme.

In pulmonibus autem inest raritas quædam[1] et assimilis spongiis mollitudo, ad hauriendum spiritum aptissima : qui tum se contrahunt aspirantes, tum in respiratu[2] dilatant, ut frequenter ducatur cibus animalis, quo maxime aluntur animantes.

137. Ex intestinis autem et alvo, secretus a reliquo cibo, sucus is, quo alimur, permanat ad jecur, per quasdam a medio intestino usque ad portas jecoris[3] (sic enim appellantur) ductas et directas vias, quæ pertinent ad jecur eique

1. Cf. Platon, *Timée*, 70.
2. *Tum in respiratu*, c'est la leçon acceptée par Lambin, Klotz, Schœmann et Mayor; — les manuscrits donnent *in re spiritu, in respiram, se spiritu* : Madwig, Orelli, Baiter, *intrante spiritu*. — Nous n'avons par besoin de montrer combien est inexacte toute cette description de la digestion.
3. Cf. Platon, *Timée*, 71. Cf. Aristote; *H. A.*, I, 71; VII, 8; Voltaire, *Discours* :

>   Demandez à Silva par quel secret mystère,
>   Ce pain, cet aliment, dans mon corps digéré,
>   Se transforme en un lait doucement préparé,
>   etc.

Les travaux des physiologistes modernes ont réussi à nous faire connaître souvent le *comment*, en laissant de côté la recherche du *pourquoi* (Voy. Claude Bernard, *Introduction à la médecine expérimentale*).

adhærent. Atque inde aliæ alio pertinentes sunt, per quas cadit cibus a jecore delapsus. Ab eo cibo quum est secreta bilis iique humores[1], qui e renibus profunduntur : reliqua se in sanguinem vertunt ad easdemque portas jecoris confluunt, ad quas omnes ejus viæ pertinent : per quas lapsus cibus in hoc ipso loco in eam venam, quæ cava appellatur, confunditur, perque eam ad cor confectus jam coctusque perlabitur; a corde[2] autem in totum corpus distribuitur per venas admodum multas, in omnes partes corporis pertinentes.

138. Quemadmodum autem reliquiæ cibi depellantur tum astringentibus se intestinis, tum relaxantibus, haud sane difficile dictu est, sed tamen prætereundum est, ne quid habeat injucunditatis oratio. Illa potius explicetur incredibilis fabrica naturæ. Nam quæ spiritu in pulmones anima ducitur, ea calescit primum ab ipso spiritu, deinde coagitatione pulmonum : ex eaque pars redditur respirando, pars concipitur cordis parte quadam, quem ventriculum cordis[3] appellant, cui similis alter adjunctus est, in quem sanguis a jecore per venam illam cavam influit. Eoque modo ex his partibus et sanguis per venas in omne corpus diffunditur, et spiritus per arterias. Utræque autem crebræ multæque toto corpore intextæ vim quamdam incredibilem artificiosi operis divinique testantur[4].

1. Galien, *Us. Part.*, V, 10.
2. *Corde.* Platon considère le cœur comme l'origine des veines et du sang (*Timée*, 70).
3. *Ventriculum cordis* = κοιλίαι τῆς καρδίας (Aristote). Les anciens croyaient que le ventricule droit remplissait les veines avec le sang qu'il recevait de la veine cave, que le ventricule gauche fournissait aux artères l'air qu'il recevait des poumons (Galien, *Us. Part.*, VI, 7). Cf. Sprengel, *Beiträge zur Geschichte der Medizin*. Aristote confond les artères et les veines sous le nom de φλέβες. Praxagoras aurait le premier distingué les unes des autres. Il faut aller jusqu'à Harvey (1629) pour trouver la véritable théorie de la circulation.
4. Cf. Fénelon. « On trouve dans le corps humain des rameaux innombrables : les uns portent le sang du centre aux extrémités et se nomment artères, les autres le rapportent des extrémités au centre

139. Quid dicam de ossibus[1], quæ subjecta corpori mirabiles commissuras habent, et ad stabilitatem aptas et ad artus finiendos accomodatas et ad motum et ad omnem corporis actionem. Huc adde nervos, a quibus artus continentur, eorumque amplicationem toto corpore pertinentem : qui sicut venæ et arteriæ a corde[2] tractæ et profectæ in corpus omne ducuntur.

CAPUT LVI

La Providence gouverne l'univers *(suite)* et s'occupe de l'homme.

140. Ad hanc providentiam naturæ tam diligentem tamque sollertem adjungi multa possunt, e quibus intelligatur, quantæ res hominibus a diis, quamque eximiæ tributæ sint : qui primum eos humo excitatos celsos et erectos constituerunt[3], ut deorum cognitionem cælum intuentes capere pos-

et se nomme veines. Par ces divers rameaux coule le sang, liqueur douce, etc.

1. Cf. Fénelon : « Les os sont brisés de distance en distance ; ils ont des jointures (*commissuras* chez Cicéron) où ils s'emboîtent les uns dans les autres, etc.

2. *Corde*. Aristote faisait du cœur le point de départ de tous les nerfs, Hérophilus le premier, dit Sprengel, aurait fait partir les nerfs du cerveau et de la moelle épinière et distingué les nerfs sensitifs des nerfs moteurs. Galien attribue la découverte du premier fait à Hippocrate et blâme Aristote et Praxagoras d'avoir abandonné la doctrine d'Hippocrate. Les stoïciens plaçaient dans le cœur le siège du *principe dirigeant* et des nerfs. Voy. Pouchet, *Biologie aristotélique* et notre *Introduction*, La théologie stoïcienne.

3. *Constituerunt*. Mayor conserve « *a diis* » dans la ligne précédente et corrige le *constituit*, que donnent la plupart des manuscrits. D'autres mettent « *a diis* » entre parenthèses et conservent *constituit*. Voy. sur le sujet traité dans ce chapitre Xénophon, *Mémorables*, et Platon, *Timée*; Aristote, *De Part. An.* Cicéron avait déjà exprimé ces idées, qui se retrouvent chez Sénèque et Epictète, dans le *De Legibus*.

sent. Sunt enim ex terra homines non ut incolæ atque habitatores, sed quasi spectatores superarum rerum atque cœlestium, quarum spectaculum ad nullum aliud genus animantium pertinet. Sensus autem, interpretes ac nuntii rerum, in capite tanquam in arce[1] mirifice ad usus necessarios et facti et collocati sunt. Nam oculi tanquam speculatores altissimum locum obtinent, ex quo plurima conspicientes fungantur suo munere.

141. Et aures, quum sonum percipere debeant, qui natura sublime[2] fertur, recte in altis corporum partibus collocatæ sunt. Itemque nares, et quod omnis odor ad supera fertur, recte sursum sunt: et quod cibi et potionis judicium magnum earum est, non sine causa vicinitatem oris secutæ sunt. Jam gustatus[3], qui sentire eorum, quibus vescimur, genera debet, habitat in ea parte oris, qua esculentis et potulentis iter natura patefecit. Tactus autem toto corpore æquabiliter fusus est, ut omnes ictus omnesque minimos et frigoris et caloris appulsus sentire possimus. Atque, ut in ædificiis architecti avertunt ab oculis et naribus dominorum ea, quæ profluentia necessario tætri essent aliquid habitura; sic natura res similes procul amandavit[4] a sensibus.

Cf. *Fénelon*. « C'est pour nous faire admirer le ciel, dit Cicéron, que Dieu a fait l'homme autrement que les autres animaux. Il est droit, et lève la tête pour être occupé de ce qui est au-dessus de lui. » Cf. Charron, *De la Sagesse*, I, 2, 3; L. Racine, *La Religion*, ch. 1.

1. *In arce*, la comparaison se trouve dans Platon (*Timée*, 70).
2. *Sublime*. Mayor lit *in sublime*, cf. § 41.
3. *Gustatus*. Sur les sens, voy. Bernstein, *Les sens*, et le *Traité des sensations de Condillac*, première partie, avec notre *Introduction* (Delagrave).
4. *Amandavit*, éloigna de.

CAPUT LVII

La Providence gouverne l'univers (*suite*) et s'occupe de l'homme.

142. Quis vero opifex præter naturam[1], qua nihil potest esse callidius, tantam sollertiam persequi potuisset in sensibus? quæ primum oculos membranis tenuissimis vestivit et sæpsit[2] : quas primum perlucidas fecit, ut per eas cerni posset, firmas autem, ut continerentur. Sed lubricos oculos fecit et mobiles, ut et declinarent, si quid noceret, et aspectum, quo vellent, facile converterent; aciesque ipsa, qua cernimus, quæ pupilla vocatur, ita parva est, ut ea, quæ nocere possint, facile vitet : palpebræque, quæ sunt tegmenta oculorum, mollissimæ tactu, ne læderent aciem, aptissimæ factæ sunt, et ad claudendas pupillas, ne quid incideret, et ad aperiendas : idque providit, ut identidem fieri posset cum maxima celeritate.

143. Munitæque sunt palpebræ[3] tanquam vallo pilorum, quibus et apertis oculis, si quid incideret, repelleretur, et somno conniventibus, quum oculis ad cernendum non egeremus, ut qui tanquam involuti quiescerent. Latent præterea utiliter, et excelsis undique partibus sæpiuntur. Primum enim superiora, superciliis obducta, sudorem a capite et a fronte defluentem repellunt. Genæ deinde ab inferiore parte tutantur subjectæ leniterque eminentes. Nasusque ita locatus est, ut quasi murus oculis interjectus esse videatur.

1. *Naturam.* Sur le sens de ce mot, voy. p. 120, n. 1; 122, n. 5, etc.
2. Cf. Galien, *Us part.*, X; Fénelon : « Les deux yeux sont égaux, placés vers le milieu et aux deux côtés de la tête, afin qu'ils puissent découvrir sans peine de loin, à droite et à gauche, tous les objets étrangers, etc., etc.
3. Cf. Xénophon, *Mém.*, I, 4.

144. Auditus autem semper patet[1]; ejus enim sensu etiam dormientes egemus : a quo quum sonus est acceptus, etiam e somno excitamur. Flexuosum iter habet, ne quid intrare possit, quod posset, si simplex et directum pateret; provisum etiam, ut, si qua minima bestiola conaretur irrumpere[2], in sordibus aurium tanquam in visco inhærescoret. Extra autem eminent, quæ appellantur aures, et tegendi causa factæ tutandique sensus, et ne adjectæ voces laberentur atque errarent, priusquam sensus ab his pulsus esset. Sed duros et quasi corneolos habent introitus multisque cum flexibus; quod his naturis relatus amplificatur sonus. Quocirca et in fidibus testudine[3] resonatur aut cornu et ex tortuosis locis et inclusis soni referuntur ampliores.

145. Similiter nares, quæ semper propter necessarias utilitates patent, contractiores habent introitus, ne quid in eas, quod noceat, possit pervadere, humoremque semper habent, ad pulverem multaque alia depellenda non inutilem. Gustatus præclare sæptus est : ore enim continetur : et ad usum apte et ad incolumitatis custodiam. Omnisque sensus hominum multo antecellit sensibus bestiarum[4].

1. *Patet.* Cf. Fénelon : « Avec quel soin l'ouvrier qui a fait nos corps a-t-il donné à nos yeux une enveloppe humide et coulante, etc., etc.
2. *Irrumpere.* Mayor conjecture *irrepere*.
3. *In fidibus testudine. Fides* désigne un instrument à cordes en général : il s'agit ici de la *chelys* ou *testudo*, c'est-à-dire d'une lyre augmentée d'une planche sonore. — Mercure, disait-on, avait fait le premier de ces instruments avec une écaille de tortue (*testudo*), et la forme de la plaque était souvent celle de la tortue. Mais elle était ordinairement en corne (Mayor).
4. Aristote est plus exact : « Pour l'odorat et la vue, l'ouïe et le goût, l'homme est inférieur à certains animaux; par le toucher il les surpasse tous » (*Anim.*, II, 9). Pline dit aussi : « Les aigles voient beaucoup mieux, les vautours ont l'odorat meilleur, les taupes l'ouïe beaucoup plus fine (*H. N.*, X, § 191). Cicéron lui-même a critiqué, dans les *Académiques*, la théorie stoïcienne d'après laquelle nos sens seraient aussi parfaits qu'on peut le souhaiter.

CAPUT LVIII

La Providence gouverne l'univers (*suite*) et s'occupe de l'homme.

Primum enim oculi in iis artibus, quarum judicium est oculorum, in pictis, fictis[1] cælatisque[2] formis, in corporum etiam motione atque gestu multa cernunt subtilius; colorum etiam et figurarum tum venustatem atque ordinem et, ut ita dicam, decentiam[3] oculi judicant : atque etiam alia majora. Nam et virtutes et vitia cognoscunt : iratum propitium, lætantem dolentem, fortem ignavum, audacem timidumque cognoscunt.

146. Auriumque item est admirabile quoddam artificiosumque judicium[4], quo judicatur et in vocis, et in tibiarum nervorumque cantibus[5] varietas sonorum, intervalla, distinctio et vocis genera permulta ; canorum[6] fuscum, leve asperum, grave acutum, flexibile durum ; quæ hominum

---

1. *Fictis. Fingo* est le terme employé pour désigner l'art de la statuaire en général; on se sert du terme plus précis *scalpo* (§ 150) ou *sculpo* (M.).
2. *Cœlatis. Cœlatura* = τορευτική se dit des ouvrages faits avec l'or, l'argent, l'airain et le fer, et plus particulièrement de la *gravure* sur les métaux.
3. *Decentiam*, convenance.
4. Les mêmes idées sont exposées par Lucullus dans les *Académiques* (II, 20) et critiquées ensuite par Cicéron. Condillac remarque avec raison, dans le *Traité des Animaux*, que l'homme seul crée les arts, mais il n'en attribue pas le mérite aux sens; c'est à la raison, à la réflexion, à l'abstraction et à la généralisation, à l'usage des signes que l'homme doit sa supériorité en ce point sur l'animal. Voy. notre *Introduction au Traité des Sensations*.
5. *Vocis tibiarumque nervorumque cantibus*, la musique vocale et instrumentale.
6. V. Le Clerc traduit ainsi cette phrase : « L'oreille distingue les » tons, les mesures, les pauses, les diverses sortes de voix, les claires, » les sourdes, les douces, les aigres, les basses, les hautes, les flexi- » bles, les rudes. » Voy. *Quintilien*, X, 3, § 15.

solum auribus judicantur. Nariumque item et gustandi et
parte tangendi¹ magna judicia sunt. Ad quos sensus capiendos
et perfruendos plures etiam, quam vellem, artes repertæ
sunt. Perspicuum est enim, quo compositiones unguen-
torum, quo ciborum conditiones², quo corporum lenocinia³
processerint.

CAPUT LIX

La Providence gouverne l'univers (*suite*) et s'occupe de l'homme.

147. Jam vero animum ipsum mentemque hominis, rationem, consilium, prudentiam qui non divina cura perfecta
esse perspicit, is his ipsis rebus mihi videtur carere. De quo
dum disputarem, tuam mihi dari vellem, Cotta, eloquentiam.
Quo enim tu illa modo diceres! Quanta primum intelligentia! deinde consequentium rerum cum primis conjunctio⁴
et comprehensio esset in nobis, ex quo⁵ videlicet⁶, quid ex

---

1. *Et parte tangendi.* Mayor supprime ces mots. Baiter lit « *arte tangendi* », Schœmann et Allen après Davies « *et pariter tangendi* ». Il semble bien que ces mots sont une interpolation de quelque copiste qui a voulu compléter Cicéron en ajoutant le toucher aux autres sens.
2. *Conditiones,* les sauces, les assaisonnements.
3. *Corporum lenocinia.* Mayor traduit ces mots par « *meretriciæ adornments of the person* ».
4. *Conjunctio.* Balbus semble opposer ici la perception simple ou le jugement (*intelligentia*) à la faculté par laquelle nous unissons les jugements qui constituent les prémisses avec celui qui en est la consé-
quence (*consequentium rerum cum primis conjunctio*) et à la faculté par laquelle nous faisons un tout, en saisissant comme dans la main (*comprehensio*), les jugements auparavant réunis. — Voy. p. 87, n. 1.
5. *Ex quo* ne se rapporte qu'à *conjunctio* et à *comprehensio*.
6. *Videlicet.* Mayor propose de prendre ce mot à la lettre, *videre licet,* ou d'intercaler un mot, comme *judicamus*.

quibusque rebus efficiatur¹, idque ratione, concludimus : singulasque res definimus circumscripteque complectimur²; ex quo scientia intelligitur quam vim habeat, qualisque sit³, qua ne in deo quidem est res ulla præstantior. Quanta vero illa sunt, quæ vos Academici infirmatis et tollitis, quod et sensibus et animo ea, quæ extra sunt⁴, percipimus atque comprehendimus!

148. Ex quibus collatis inter se et comparatis artes⁵ quoque efficimus, partim ad usum vitæ, partim ad oblectationem necessarias. Jam vero domina rerum, ut vos soletis dicere, eloquendi vis, quam est præclara, quamque divina! quæ primum efficit, ut et ea, quæ ignoramus, discere et ea, quæ scimus, alios docere possimus. Deinde hac cohortamur, hac persuademus, hac consolamur afflictos, hac deducimus perterritos a timore, hac gestientes comprimimus, hac cupiditates iracundiasque restinguimus; hæc nos juris, legum, urbium societate devinxit, hæc a vita immani et fera segregavit⁶.

---

1. *Quibusque rebus efficiatur*, quelle conclusion découle de chaque couple de prémisses. *Rebus* est au pluriel parce que toute conclusion dépend au moins de deux jugements.

2. Sur la logique stoïcienne, voy. Prantl, *Die Entwicklung der Logik im Alterthum*, I; Zeller, III, 1, 85; Ogereau, *Op. cit.*, ch. VI. — *Circumscripte*, cf. *Orat.*, I, 189 : « Est enim definitio rerum earum » quæ sunt ejus rei propriæ, quam definire volumus, brevis et *circum-* » *scripta* quædam explicatio. »

3. *Qualisque sit*. Nous ajoutons le *que* avec Moser et Mayor à la leçon des manuscrits.

4. *Quæ extra sunt*, « le monde extérieur ». Sur les théories des Académiciens, auxquels se rattache Cotta, voy. *Introduction*.

5. *Artes*. L'art, selon les stoïciens, est un système de *compréhensions* liées ensemble par l'exercice. « Ars vero quæ potest esse nisi quæ » non ex una aut duabus, sed ex multis animi perceptionibus constat? » (*Acad.*, II, 22.)

6. « Quelle autre puissance que l'éloquence a pu rassembler en un seul lieu les hommes dispersés ou les faire passer de la vie sauvage et agreste à une vie cultivée et véritablement humaine (*Leg.*, I, 62)? » Ailleurs (*Tusc.*, V, 5), Cicéron rattache à la philosophie les origines de la civilisation. Mais on sait quelle étroite alliance il établissait entre la philosophie et l'éloquence. Voy. *Introd.*, La vie de Cicéron.

149. Ad usum autem orationis, incredibile est, si[1] diligenter attenderis, quanta opera machinata natura sit. Primum enim a pulmonibus arteria usque ad os intimum pertinet, per quam vox, principium a mente ducens[2], percipitur et funditur.

Deinde in ore sita lingua est, finita dentibus. Ea vocem immoderate profusam fingit et terminat : atque sonos vocis distinctos et pressos efficit, quum et ad dentes et ad alias partes pellit oris. Itaque plectri[3] similem linguam nostri solent dicere, chordarum dentes, nares cornibus iis, qui ad nervos resonant in cantibus.

CAPUT LX

La Providence gouverne l'univers (suite) et s'occupe de l'homme.

150. Quam vero aptas, quamque multarum artium ministras manus[4] natura homini dedit! Digitorum enim contractio facilis facilisque porrectio propter molles commissuras et artus nullo in motu laborat. Itaque ad pingendum, ad fingen-

---

1. *Si.* Nous suivons Kindervater, Madwig, Baiter et Mayor. Les manuscrits donnent *nisi ;* Heindorf, Klotz *ubi.*

2. *Vox... ducens.* La voix est une des sept facultés qui partent du *principe dirigeant ;* c'est un souffle qui va du principe dirigeant (*du cœur*) jusqu'au pharynx et à la glotte. Dans le cœur elle est appelée la *parole intérieure ;* dans la bouche la *parole extérieure.*

3. *Plectri.* Cf. Fénelon : « La langue est un tissu de petits muscles et de nerfs, si souple qu'elle se replie, comme un serpent, etc., etc. »

4. *Manu.* Anaxagore, selon Aristote, disait que l'homme est le plus sage des animaux, parce qu'il a des mains. Lucrèce (IV, 830) soutient que les mains n'ont pas été données à l'homme en vue d'un but déterminé, mais qu'il s'est trouvé les avoir et s'en est servi. Sur le rôle de la main dans l'acquisition des connaissances, voy. notre Introduction à la première partie du *Traité des Sensations*, p. LXL, sqq.

dum, ad scalpendum, ad nervorum eliciendos sonos ac tibiarum apta manus est admotione digitorum. Atque hæc oblectationis : illa necessitatis, cultus dico agrorum, exstructionesque tectorum, tegumenta corporum vel texta vel suta, omnemque fabricam aeris et ferri : ex quo intelligitur, ad inventa[1] animo, percepta sensibus, adhibitis opificum manibus, omnia nos consecutos, ut tecti, ut vestiti, ut salvi esse possemus, urbes, muros, domicilia, delubra haberemus.

151. Jam vero operibus hominum, id est manibus, cibi etiam varietas invenitur et copia. Nam et agri multa efferunt manu quæsita, quæ vel statim consumantur, vel mandentur condita vetustati, et præterea vescimur bestiis et terrenis et aquatilibus et volatilibus, partim capiendo, partim alendo. Efficimus etiam domitu nostro quadrupedum vectiones : quorum celeritas atque vis nobis ipsis affert vim et celeritatem. Nos onera quibusdam bestiis, nos juga imponimus; nos elephantorum acutissimis sensibus, nos sagacitate canum ad utilitatem nostram abutimur; nos e terræ cavernis ferrum elicimus, rem ad colendos agros necessariam; nos aeris, argenti, auri venas penitus abditas invenimus et ad usum aptas et ad ornatum decoras : arborum autem consectione omnique materia et culta et silvestri partim ad calefaciendum corpus igni adhibito et ad mitigandum cibum utimur, partim ad ædificandum, ut, tectis sæpti, frigora caloresque pellamus.

152. Magnos vero usus affert ad navigia facienda, quorum cursibus suppeditantur omnes undique ad vitam copiæ : quasque res violentissimas natura genuit, earum moderationem nos soli habemus, maris atque ventorum, propter nauticarum rerum scientiam; plurimisque maritimis rebus

---

1. *Inventa.* On peut lire dans Lewis, *Methods of observation,* ch. XXII, les conjectures des anciens sur l'invention des arts et voir dans sir John Lubbock les résultats positifs auxquels est arrivée la science moderne.

fruimur atque utimur. Terrenorum item commodorum omnis est in homine dominatus. Nos campis, nos montibus fruimur; nostri sunt amnes, nostri lacus : nos fruges serimus, nos arbores; nos aquarum inductionibus terris fecunditatem damus; nos flumina arcemus, dirigimus, avertimus; nostris denique manibus in rerum natura quasi alteram naturam[1] efficere conamur.

CAPUT LXI

La Providence gouverne l'univers (*suite*) et s'occupe de l'homme.

153. Quid vero? hominum ratio non in cœlum usque penetravit? Soli enim ex animantibus nos astrorum ortus, obitus cursusque cognovimus; ab hominum genere finitus[2] est dies, mensis, annus; defectiones solis et lunæ cognitæ prædictæque[3] in omne posterum tempus, quæ, quantæ, quando futuræ sint. Quæ contuens animus accedit ad cognitionem deorum[4] e qua oritur pietas, cui conjuncta[5] jus-

1. *Alteram naturam*. Cette expression est beaucoup plus souvent appliquée à la modification de nous-mêmes qu'à la modification du monde extérieur : « L'habitude est une seconde nature » était déjà chez les anciens une expression passée en proverbe.
2. *Finitus dies*. On a marqué les *limites* du jour, du mois, de l'année.
3. *Prædictæ :* On rapporte que Thalès le premier, en Grèce tout au moins, prédit une éclipse de soleil. Le fait n'est pas établi d'une manière indiscutable. Voy. Zeller, *Die Philosophie der Griechen*, I.
4. *Animus accedit ad cognitionem deorum*. Nous acceptons la leçon d'Orelli, de Baiter, de Müller et de Mayor. Sur l'apparition du sentiment religieux, voy. Condillac (*Introduction*, p. CXXIX.
5. C'est une doctrine stoïcienne que celui qui a une vertu doit les avoir toutes. Quant à la prédominance accordée à la piété, elle vient de ce que les stoïciens recommandent l'imitation de la *nature*, c'est-à-dire de *l'âme* qui gouverne l'univers, du *Dieu* qui par sa tension fait du monde un tout continu et ordonné. Voy. *Introduction*, La théologie stoïcienne.

titia est reliquæque virtutes, e quibus vita beata¹ exsistit
par et similis deorum²; nulla alia re, nisi immortalitate,
quæ nihil ad bene vivendum pertinet³, cedens cœlestibus.
Quibus rebus expositis, satis docuisse videor, hominis natura
quanto omnes anteiret animantes. Ex quo debet intelligi,
nec figuram situmque membrorum, nec ingenii mentisque
vim talem effici potuisse fortuna.

151. Restat, ut doceam atque aliquando perorem, omnia,
quæ sint in hoc mundo, quibus utantur homines, hominum
causa facta esse et parata.

QUATRIÈME PARTIE

CAPUT LXII

La Providence veille sur l'homme.

Principio ipse mundus deorum hominumque causa factus

1. *Vita beata.* On sait que pour les stoïciens la vertu suffit à elle seule pour nous rendre heureux; les péripatéticiens soutenaient que les biens extérieurs, la santé, la richesse contribuent, quoique dans une proportion moindre, à rendre l'homme heureux.

2. Nous avons montré §§ 17, 31, 36, 37, 39, 79 qu'il ne fallait pas prendre à la lettre cette doctrine. Il faut ajouter en outre qu'il s'agit de l'homme qui a atteint la sagesse parfaite, c'est-à-dire d'un idéal dont nous pouvons nous rapprocher de plus en plus par un progrès incessant, mais que fort peu d'entre nous peuvent atteindre. — Ils placent très haut l'idéal qu'ils nous proposent, — aucun d'eux n'a jamais prétendu qu'il l'avait atteint lui-même, — aucun d'eux ne s'est considéré comme l'égal de Jupiter et n'a mérité ces accusations d'orgueil que Pascal et Bossuet ne leur ont pas épargnées.

3. Les épicuriens et les stoïciens s'accordaient à affirmer que la durée n'a aucune importance pour le bonheur : le temps, disaient-ils, n'ajoute rien à la félicité.

est, quæque in eo sunt, ea parata ad fructum hominum et inventa sunt. Est enim mundus quasi communis deorum atque hominum domus aut urbs utrorumque[1]. Soli enim ratione utentes jure ac lege vivunt. Ut igitur Athenas[2] et Lacedæmonem Atheniensium Lacedemoniorumque causa putandum est conditas esse, omniaque, quæ sint in his urbibus, eorum populorum recte esse dicuntur : sic, quæcumque sunt in omni mundo, deorum atque hominum putanda sunt.

155. Jam vero circumitus solis et lunæ reliquorumque siderum, quanquam etiam ad mundi cohærentiam[3] pertinent, tamen et spectaculum hominibus præbent[4], nulla est enim insatiabilior species, nulla pulchrior et ad rationem sollertiamque præstantior; eorum enim cursus dimetati, maturitates temporum et varietates mutationesque cognovimus. Quæ si hominibus solis nota sunt, hominum causa facta esse judicandum est.

156. Terra vero feta frugibus et vario leguminum[5] genere, quæ cum maxima largitate fundit, ea ferarumne, an hominum

---

1. C'est la doctrine attribuée à Posidonius par Diogène Laërce (VII, 138); le monde est le système qui comprend le ciel, la terre et les *natures* contenues dans le ciel et dans la terre; ou encore c'est le système des dieux et des hommes et de tout ce qui a été produit en vue des uns et des autres. Lescalopier et Diels ont montré que le passage d'*Arius* chez Eusèbe où les mêmes idées sont développées vient de Posidonius. Philodème attribue la même doctrine à Chrysippe. Elle semble en réalité avoir appartenu à l'école tout entière et elle est complètement en accord avec l'ensemble de la philosophie stoïcienne; il y a communauté de nature entre les hommes et les dieux, puisque le même éther établit et maintient la continuité des particules matérielles qui constituent les uns et les autres. Voy. *Introduction*, La théologie stoïcienne.

2. Cf. *Marc-Aurèle*, IV, 3. « Celui-là dit : ô chère cité de Cécrops ! toi, tu dois dire : ô chère cité de Jupiter. »

3. *Cohærentiam.* Cicéron expose cette idée non seulement dans les *Académiques* (I, 28) mais déjà dans le *De Legibus* (fr).

4. Les stoïciens, se trouvant en présence de choses qui ne peuvent servir à l'usage direct de l'homme, soutenaient qu'elles ont été faites pour le charmer par leur beauté. Voy. ch. xlv et *Introduction*.

5. *Leguminum*, tout ce qui croît dans des cosses (a *legendo, quod ea non secantur sed vellendo leguntur*).

causa gignere videtur? Quid de vitibus olivetisque dicam? quarum uberrimi lætissimique fructus nihil omnino ad bestias pertinent. Neque enim serendi, neque colendi, nec tempestive demetendi percipiendique fructus, neque condendi ac reponendi ulla pecudum scientia est, earumque omnium rerum hominum est et usus et cura.

CAPUT LXIII

La Providence s'occupe de l'homme (suite).

157. Ut fides igitur et tibias eorum causa factas dicendum est, qui illis uti possunt, sic ea, quæ dixi, iis solis confitendum est esse parata, qui utuntur; nec si quæ bestiæ furantur aliquid ex iis aut rapiunt, illarum quoque causa ea nata esse dicemus. Neque enim homines murum aut formicarum causa frumentum condunt, sed conjugum et liberorum et familiarum suarum. Itaque bestiæ furtim, ut dixi, fruuntur, domini palam et libere.

158. Hominum igitur causa eas rerum copias comparatas esse fatendum est : nisi forte tanta ubertas et varietas pomorum, eorumque jucundus non gustatus solum, sed odoratus etiam et aspectus dubitationem affert, quin hominibus solis ea natura donaverit. Tantumque abest, ut hæc bestiarum etiam causa parata sint, ut ipsas bestias hominum gratia generatas esse videamus. Quid enim oves aliud afferunt, nisi ut earum villis[1] confectis atque contextis homines vestiantur? Quæ quidem neque ali, neque sustentari, neque

---

[1]. Mayor remarque qu'il est assez singulier de voir Balbus passer sous silence l'usage qu'on peut faire de leur viande : « Cela tient, ajoute-t-il, à ce qu'elle n'a jamais été estimée des Romains. »

ullum fructum edere ex se sine cultu hominum et curatione potuissent. Canum vero tam fida custodia, tamque amans dominorum adulatio, tantumque odium in externos, et tam incredibilis ad investigandum sagacitas narium, tanta alacritas in venando quid significat aliud, nisi se ad hominum commoditates esse generatos?

159. Quid de bobus loquar? quorum ipsa terga declarant non esse se ad onus accipiendum figurata : cervices autem natæ ad jugum : tum vires humerorum et latitudines ad aratra extrahenda. Quibus quum terræ subigerentur fissione glebarum, ab illo aureo genere[1], ut poetæ loquuntur, vis nulla unquam afferebatur.

Ferrea tum vero proles exorta repente est,
ausaque funestum prima est fabricarier ensem
et gustare manu vinclum domitumque juvencum[2].

Tanta putabatur utilitas percipi e bobus, ut eorum visceribus vesci scelus haberetur.

1. *Aureo genere.* Dicéarque et Posidonius donnèrent une forme rationnelle à cette croyance poétique : « Illo ergo sæculo quod aureum perhibent, penes sapientes fuisse regnum Posidonius judicat » (Sénèque, *Ep.*, 90, § 3). Lucrèce est un des rares poètes qui aient peint, avec de sombres couleurs, les premiers âges de l'humanité, et les découvertes de l'anthropologie moderne ont semblé lui donner raison.

2. Ces vers sont une traduction d'Aratus. Cf. Virg., *Géorg.*, II, 536. Les idées qui y sont exprimées avaient été empruntées à Hésiode, à Empédocle, à Platon, aux Pythagoriciens. Elien cite une loi d'Athènes qui défendait le sacrifice du bœuf de labour (Mayor).

Chez les Dinka, peuplade de l'Afrique orientale et centrale, la mort d'une vache est pleurée comme celle d'un parent; les bœufs ne sont sacrifiés que pour les festins de noce ou d'enterrement, et les voyageurs ne peuvent s'en procurer que moyennant un prix élevé en cuivre ou en perles de verre (*Kauffmann*).

CAPUT LXIV

La Providence s'occupe de l'homme (suite).

Longum est mulorum persequi utilitates et asinorum, quæ certe ad hominum usum paratæ sunt.

160. Sus vero quid habet præter escam? Cui quidem, ne putesceret, animam ipsam pro sale datam dicit esse Chrysippus[1]. Qua pecude, quod erat ad vescendum hominibus apta, nihil genuit natura fecundius. Quid multitudinem suavitatemque piscium dicam? quid avium? ex quibus tanta percipitur voluptas, ut interdum Pronoea nostra Epicurea fuisse videatur[2]. Atque eæ ne caperentur quidem, nisi hominum ratione atque sollertia[3]; quanquam aves quasdam, et alites et oscines, ut nostri augures appellant, rerum augurandarum causa esse natas putamus.

161. Jam vero immanes et feras belluas nanciscimur venando ut et vescamur iis, et exerceamur in venando ad similitudinem bellicæ disciplinæ, et utamur domitis et condocefactis, ut elephantis, multaque ex earum corporibus remedia morbis et vulneribus eliciamus, sicut ex quibusdam stirpibus et herbis, quarum utilitates longinqui temporis usu et periclitatione percepimus. Totam licet ani-

---

1. *Chrysippus*. Clément d'Alexandrie attribue cette plaisanterie à Cléanthe; Plutarque à quelques-uns des stoïciens; Porphyre à Chrysippe.

2. *Pronoea... Epicurea fuisse videatur*. « Notre Providence paraît avoir suivi les maximes d'Épicure en préparant toutes choses pour notre plaisir. » — Tout ce passage est emprunté à Chrysippe comme le montre un passage de Porphyre (*Abst.*, III, 20) dont il est presque la traduction littérale. Mayor croit que c'est par l'intermédiaire de Posidonius. Nous n'avons aucun document qui nous permette d'accepter ou de combattre cette conjecture.

3. *Atque eæ... sollertia*. Mayor considère avec raison ce passage comme une interpolation.

mis, tamquam oculis, lustrare terram mariaque omnia; cernes, jam spatia frugifera atque immensa camporum vestitusque densissimos montium, pecudum pastus, tum incredibili cursus maritimos celeritate.

162. Nec vero supra terram, sed etiam in intimis ejus tenebris [1] plurimarum rerum latet utilitas, quæ, ad usum hominum orta, ab hominibus solis invenitur.

CAPUT LXV

La Providence s'occupe de l'homme (suite).

Illud vero, quod uterque vestrum fortasse arripiet ad reprehendendum : Cotta, quia Carneades libenter in Stoicos invehebatur [2], Velleius, quia nihil tam irridet Epicurus [3], quam prædictionem rerum futurarum : mihi videtur vel maxime confirmare, deorum providentia consuli rebus humanis. Est enim profecto divinatio, quæ multis locis, rebus, temporibus apparet, quum in privatis, tum maxime in publicis.

163. Multa cernunt haruspices [4], multa augures [5] provident, multa oraculis declarantur, multa vaticinationibus, multa somniis, multa portentis [6]; quibus cognitis, multæ

---

1. *In intimis tenebris.* Cf. § 98 « *reconditas venas* ».
2. *Carneades.* Cicéron emprunte à Clitomaque, le disciple de Carnéade, les arguments qu'il fait valoir dans les *Académiques* contre la théorie stoïcienne de la connaissance, et ceux qu'il fait valoir contre la divination (*N. D.*, III, et peut-être *De Divinatione*).
3. *Epicurus.* Diogène Laërce s'accorde avec Cicéron pour affirmer qu'Épicure niait la divination. Sur la divination, voy. la première partie de notre texte (c. III et IV avec les notes) et l'*Introduction*.
4. *Haruspices.* Cf. p. 96, n. 5.
5. *Augures.* Cf. p. 97, n. 2.
6. *Portentis.* Cf. p. 91, n. 1.

sæpe res ex hominum sententia atque utilitates partæ, multa etiam pericula depulsa sunt. Hæc igitur sive vis sive ars sive natura¹, ad scientiam rerum futurarum homini profecto est nec alii cuiquam a diis immortalibus data. Quæ si singula vos forte non movent, universa certe tamen inter se connexa atque conjuncta movere debebant².

164. Nec vero universo generi hominum solum, sed etiam singulis³ a diis immortalibus consuli et provideri solet. Licet enim contrahere universitatem generis humani eamque gradatim ad pauciores, postremo deducere ad singulos.

CAPUT LXVI

La Providence s'occupe de l'homme (suite).

Nam si omnibus hominibus, qui ubique sunt, quacumque in ora ac parte terrarum, ab hujusce terræ, quam nos incolimus, continuatione distantium, deos consulere censemus ob eas causas, quas ante diximus : his quoque hominibus consulunt, qui has nobiscum terras ab oriente ad occidentem colunt.

165. Sin autem iis consulunt, qui quasi magnam quamdam insulam⁴ incolunt, quam nos orbem terræ vocamus : etiam illis consulunt, qui partes ejus insulæ tenent, Europam, Asiam, Africam. Ergo et earum partes diligunt, ut Romam,

1. *Natura.* Cicéron (*De Div.*, I, 11) distingue deux espèces de divination, l'une pratiquée par les haruspices est l'effet de *l'art* : l'autre relève de la *nature* et comprend le délire prophétique et les visions du sommeil.
2. *Debebant.* Mayor et Baiter préfèrent l'imparfait, comme plus énergique, au futur donné par quelques autres éditeurs.
3. L'argument se trouve dans Platon et dans Xénophon.
4. Cf. *R. P.*, VI, 21. Voy. le *Phédon* de Platon, p. 109 B.

Athenas, Spartam, Rhodum¹, et earum urbium separatim ab universis singulos diligunt, ut Pyrrhi bello Curium, Fabricium, Coruncanium, primo Punico Calatinum, Duillium, Metellum, Lutatium; secundo Maximum, Marcellum, Africanum; post hos Paulum, Gracchum, Catonem, patrumve memoria Scipionem, Lælium², multosque præterea et nostra civitas et Græcia tulit singulares viros; quorum neminem, nisi juvante deo, talem fuisse credendum est.

166. Quæ ratio poetas maximeque Homerum³ impulit, ut principibus heroum, Ulixi, Diomedi, Agamemnoni, Achilli, certos deos discriminum et periculorum comites adjungeret. Præterea ipsorum deorum sæpe præsentiæ⁴, quales supra commemoravi, declarant, ab his et civitatibus et singulis hominibus consuli : quod quidem intelligitur etiam significationibus rerum futurarum, quæ tum dormientibus, tum vigilantibus portenduntur. Multa præterea ostentis, multa extis admonemur, multisque rebus aliis : quas diuturnus usus ita notavit, ut artem divinationis efficeret.

167. Nemo igitur vir magnus sine aliquo afflatu divino unquam fuit⁵. Magnis⁶ autem viris prospere semper eveniunt omnes res, si quidem satis a nostris et a principe phi-

---

1. *Rhodum.* Rhodes comme Athènes était une ville ayant une constitution libre, une grande puissance maritime, un centre scolaire où l'on s'occupait surtout d'éloquence. Panétius était Rhodien, Posidonius résida longtemps à Rhodes.

2. Sur ces hommes dont la plupart ont été cités dans nos notes de la première et de la deuxième partie, voy. Duruy, *Histoire Romaine.*

3. *Homerum.* Cf. Sextus Empiricus, IX, 63.

4. *Præsentiæ.* Cf. c. II avec les notes.

5. *Fuit.* Mayor remarque que toute cette dernière partie de l'argument stoïcien est cruellement mutilée. Démocrite et Platon soutenaient que le génie est dû à l'inspiration divine. Mayor, en rapprochant ce passage d'un autre passage emprunté à Sénèque : « Bonus vir sine deo nemo est » (*Epist.*, 41), croit que *magnus* est ici synonyme de *bonus.*

6. Mayor place ici cette phrase qui dans les autres éditions vient après *negligunt.* Nous adoptons sa correction. Madwig croit qu'il y a ici des lacunes. C'est ce que semble indiquer le passage correspondant du troisième livre.

losophiæ Socrate[1] dictum est de ubertatibus virtutis et copiis. Nec vero ita refellendum est, ut, si segetibus aut vinetis cujuspiam tempestas nocuerit, aut si quid e vitæ commodis casus abstulerit, eum, cui quid horum acciderit, aut invisum deo aut neglectum a deo judicemus[2]. Magna dii curant, parva negligunt[3].

CAPUT LXVII

Conclusion.

168. Hæc mihi fere in mentem veniebant, quæ dicenda putarem de natura deorum. Tu autem, Cotta, si me audias, eamdem causam agas teque et principem civem et pontificem[4] esse cogites et, quoniam in utramque partem[5] vobis licet disputare, hanc potius sumas, eamque facultatem disserendi, quam tibi a rhetoricis exercitationibus acceptam

---

1. *Socrate.* Cf. *Apol.*, 41 D. et dans la *République*, l'éloge de la justice.
2. Voy. Leibnitz, *Essais de théodicée;* Janet, *Les causes finales*, appendice X. Voltaire a combattu cette théorie dans *Candide* avec une âpreté que n'ont pas surpassée Schopenhauer, Léopardi et Hartmann.
3. Cf. Chrysippe chez Plutarque. *Sto. Rep.*, 37, p. 1051.
Xénophon, *Mém.*, I, 4; Platon, *Leg.*, X, 902.
Saint Jerôme ad Hab., I : « Absurdum esse ad hoc Dei deducere majestatem ut sciat per momenta singula quot nascantur culices... nec enim aquila capit muscas, nec elephantus mures venatur, nec de *minimis curat prætor.* »
Voy. aussi la théorie de Malebranche : *Dieu gouverne l'univers par des lois générales,* et le dialogue de Valla complété par Leibnitz.
4. Cf. c. 1, n. 2.
5. *Div.*, II, 150 : « Quum proprium sit Academiæ judicium suum nullum interponere, ea probare quæ simillima veri videantur, conferre causas, et quid in quamque sententiam dici possit expromere. » Voy. *Introduction*, La vie de Cicéron.

amplificavit Academia[1], huc potius conferas. Mala enim et impia consuetudo est contra deos disputandi, sive ex animo id fit, sive simulate.

1. Cf. *De Fato*, 3. « Orator subtilitatem ab Academia mutuatur et ei vicissim reddit ubertatem orationis. » Voy. *Introduction*, La vie de Cicéron.

FIN DU LIVRE II

SUJETS DE DISSERTATIONS

I. — Quels sont les systèmes philosophiques qu'a étudiés Cicéron et quelle confiance peut-on lui accorder comme historien de la philosophie?

II. — La philosophie de Cicéron.

III. — Les preuves de l'existence de la Divinité selon les stoïciens.

IV. — La finalité dans le stoïcisme.

V. — La Providence et la théorie de l'optimisme chez les stoïciens.

VI. — Importance de la théologie dans le stoïcisme.

VII. — Influence de la théologie stoïcienne dans l'antiquité et les temps modernes.

TABLE DES MATIÈRES

INTRODUCTION

LE TEXTE	1
I. — LA VIE DE CICÉRON	4
Sa jeunesse, son éducation	5
Cicéron avocat et homme politique	12
Dernières années de Cicéron : ses œuvres purement philosophiques	30
II. — LA PHILOSOPHIE DE CICÉRON	39
Cicéron historien de la philosophie	42
Cicéron philosophe	46
Conclusion	59
III. — LA THÉOLOGIE STOÏCIENNE	59
IV. — LE DE NATURA DEORUM	68
Les personnages du dialogue, la date de sa composition	68
Analyse du dialogue	71
Les sources du second livre	76

LE SECOND LIVRE DU DE NATURA DEORUM (TEXTE)

1re partie : Les preuves de l'existence de la Divinité, ch. I à XVI	83
2e partie : La nature de la Divinité, ch. XVII à XXVIII	130
3e partie : La Providence gouverne l'univers, ch. XXIX à LIII	156
3e et 4e parties : La Providence gouverne l'univers et s'occupe de l'homme, ch. LIV à LXI	201
4e partie : La Providence veille sur l'homme, ch. LXII à LXVI	215
Conclusion, ch. LXVII	223

BOURLOTON. — Imprimeries réunies, B.

ANCIENNE LIBRAIRIE GERMER BAILLIÈRE et Cⁱᵉ
FÉLIX ALCAN, ÉDITEUR

BIBLIOTHÈQUE CLASSIQUE D'OUVRAGES PHILOSOPHIQUES
AUTEURS
Devant être expliqués dans les classes de philosophie
Conformement aux programmes de l'enseignement secondaire classique prescrits par arrêté du 22 janvier 1885.

Auteurs français

DESCARTES. — *Discours sur la méthode; première méditation*, avec notes, introduction et commentaires par M. V. BROCHARD, professeur au lycée Condorcet. 1 vol. in-12, 2ᵉ édition............ 2 fr.

DESCARTES. — *Les Principes de la philosophie*, livre 1 avec notes, par M. V. BROCHARD, professeur au lycée Condorcet. 1 vol. in-12, broché. 1 fr. 25

LEIBNIZ. — *Monadologie*, avec notes, introduction et commentaires par M. D. NOLEN, recteur de l'Académie de Douai. 1 vol. in-12.... 2 fr.

LEIBNIZ. — *Nouveaux essais sur l'entendement humain*, avant-propos et livre Iᵉʳ avec notes par M. Paul JANET, professeur à la Faculté des lettres de Paris. 1 vol. in-12.......... 1 fr.

MALEBRANCHE. — *De la recherche de la vérité*, livre II (de l'Imagination), avec notes de M. Pierre JANET, professeur au lycée du Havre. 1 vol. in-12. 1 fr. 80

PASCAL. — *De l'autorité en matière de philosophie. — De l'esprit géométrique. — Entretien avec M. de Sacy*, avec notes par M. ROBERT, doyen de la Faculté des lettres de Rennes. 1 vol. in-12............ 1 fr.

CONDILLAC. — *Traité des sensations*, livre Iᵉʳ avec notes, par M. Georges LYON, professeur au lycée Henri IV, 1 vol. in-12.......... 1 fr. 40

Auteurs latins

LUCRÈCE. — *De natura rerum*, livre V, avec notes, introduction et commentaires par M. Georges LYON, professeur au lycée Henri IV. 1 vol. in-12.

CICÉRON. — *De natura deorum*, livre II, avec notes, introduction et commentaires, par M. PICAVET, agrégé de l'Université, 1 vol. in-12....... 2 fr.

CICÉRON. — *De officiis*, livre Iᵉʳ, avec notes, introduction et commentaires par M. BOIRAC, professeur au lycée Condorcet. 1 vol in-12..... 1 fr. 40

SÉNÈQUE. — *Lettres à Lucilius* (les 16 premières), avec notes par M. DAURIAC, professeur à la Faculté des lettres de Montpellier. 1 vol. in-12.

Auteurs grecs

XÉNOPHON. — *Mémorables*, livre Iᵉʳ, avec notes, introduction et commentaires, par M. PENJON, professeur à la Faculté des lettres de Douai.1 vol. in-12. 1 fr. 25

PLATON. — *La République*, livre VI, avec notes, introduction et commentaires, par M. ESPINAS, professeur à la Faculté des lettres de Bordeaux. 1 vol. in-18.

ARISTOTE. — *Éthique à Nicomaque*, livre X, avec notes, introduction et commentaires, par M. L. CARRAU, maître de conférences à la Faculté des lettres de Paris. 1 vol. in-12............ 1 fr. 25

ÉPICTÈTE. — *Manuel*, avec notes, introduction et commentaires, par M. MONTARGIS, agrégé de l'Université. 1 vol. in-12............. 1 fr.

Allemand

Morceaux choisis des philosophes allemands, avec notices biographiques, notes et arguments analytiques par M. Antoine LÉVY, agrégé de l'Université, professeur d'allemand au lycée Charlemagne. 1 vol. in-12........ 2 fr. 50

OUVRAGES SCIENTIFIQUES POUR LA CLASSE DE PHILOSOPHIE

RICHE. — *Cours de chimie*. 1 vol. in-12 cartonné, 2ᵉ édition....... 3 fr. »

DUFET. — *Cours élémentaire de physique*. 1 fort volume in-12 avec 613 figures dans le texte, cartonné................. 10 fr. »

LE MONNIER. — *Anatomie et physiologie végétales*. 1 vol. in-12, avec figures................ 3 fr. »

PORCHON. — *Éléments d'arithmétique*. 1 vol. in-12 cart......... 2 fr. »

PORCHON. — *Éléments de géométrie*. 1 vol. in-12 cart......... 3 fr. 50

PORCHON. — *Éléments d'algèbre*. 1 vol. in-12 cart........... 2 fr. 50

PORCHON. — *Éléments de cosmographie*. 1 vol. in-12 cart....... 3 fr. 50

www.ingramcontent.com/pod-product-compliance
Lightning Source LLC
Chambersburg PA
CBHW060131170426
43198CB00010B/1121